U0710850

高等职业教育土木建筑类专业新形态教材

建筑工程资料管理

主　编　刘　洋　贾云岭　石　彤

副主编　秦国兰　屈雪梅

主　审　李　斌

北京理工大学出版社

BEIJING INSTITUTE OF TECHNOLOGY PRESS

内容提要

本书详尽介绍了建筑工程项目资料管理的一些基本理论和相关建设项目资料管理实例，根据土建类专业特点，分别介绍了工程资料管理法律法规，基建文件管理、监理、施工及现场安全管理资料等，还简单介绍了资料管理软件相应内容。本书以项目教学为引领，以工作任务为主线，以实践为导向，由易到难，图文并茂，通俗易懂地设计了8个模块：模块1建筑工程资料管理相关知识，模块2基建文件管理，模块3监理资料管理，模块4施工资料管理，模块5竣工图及工程竣工文件，模块6施工现场安全管理资料，模块7建筑工程资料的归档、组卷与移交，模块8建筑工程资料管理软件。

本书可以作为高等院校土木工程、工程造价、建设工程管理等土建类专业的教材，也可作为相关专业工程技术人员的培训及参考用书。

图书在版编目（CIP）数据

建筑工程资料管理 / 刘洋，贾云岭，石彤主编.
北京：北京理工大学出版社，2025.1（2025.2重印）.
ISBN 978-7-5763-4774-6

Ⅰ.G275.3

中国国家版本馆CIP数据核字第2025UW9091号

责任编辑：江　立	文案编辑：江　立
责任校对：周瑞红	责任印制：王美丽

出版发行 / 北京理工大学出版社有限责任公司

社　　址 / 北京市丰台区四合庄路6号

邮　　编 / 100070

电　　话 / (010) 68914026（教材售后服务热线）
　　　　　　(010) 63726648（课件资源服务热线）

网　　址 / http://www.bitpress.com.cn

版 印 次 / 2025年2月第1版第2次印刷

印　　刷 / 天津旭非印刷有限公司

开　　本 / 787 mm×1092 mm　1/16

印　　张 / 14

字　　数 / 332千字

定　　价 / 39.00元

图书出现印装质量问题，请拨打售后服务热线，负责调换

前　言

建设工程资料管理是建筑施工企业进行工程项目管理的一项重要内容，是项目参与各方岗位工作的主要内容之一。在建筑行业"智能化、数字化、工业化、低碳化"转型升级的背景下，建筑企业相关项目过程资料信息化管理在企业项目管理工作中具有重要地位。

根据国家高职高专教育的特点、要求和人才培养目标，以应用性职业岗位需求为中心，以素质教育、创新教育为基础，以学生能力培养、技能实训为本位，力求培养适应社会经济建设和发展，以及符合行业需求的合格人才。本书以项目教学为引领，以工作任务为主线，以实践为导向，由易到难，将素养教育元素通过系统性的课程设计，以无缝对接和有机互融的方式，与专业知识深度融合。本书编写人员由来自天津国土资源和房屋职业学院教学一线的双师型教师、中国中建设计研究院有限公司天津分公司职员组成。

本书注重理论知识兼顾企业项目实践，以建筑施工企业资料员岗位工作任务内容为主线，基于施工企业项目施工员、资料员岗位工作过程和职业考试要求内容，突出能力培养、技能实训。

本书由刘洋、贾云岭、石彤担任主编，由秦国兰、屈雪梅担任副主编。具体分工如下：刘洋编写模块4、模块7，贾云岭编写模块1、模块2、模块3，石彤编写模块8，秦国兰编写模块6，屈雪梅编写模块5，全书由李斌统稿并审定。

本书依托天津市"智能建造"高水平专业群建设，面向涵盖建筑工程技术、工程造价、智能建造等高职土建类专业，同时可以发挥学院与行业企业紧密型合作的优势，开展面向行业企业的技术开发、技术服务和面向区域经济发展所需的技术技能培训教材，以适应生源多样化特点，加强继续教育、优质数字化教学资源建设。

由于编者水平有限，书中难免有不足之处，恳请各位专家和读者批评指正。

编　者

前　言

目　录

模块 1　建筑工程资料管理相关知识

模块 1　课程内容及对应素养元素

章节	内容	讨论	素养元素
模块 1　建筑工程资料管理相关知识	建筑工程资料管理的作用	1. 你认为建筑工程资料管理对工程项目规范化建设起到了哪些作用？ 2. 你认为建筑工程资料管理对施工企业的发展和社会声誉起到了哪些作用？	职业精神 企业标准
	建筑工程资料管理职责	建筑工程资料管理中各单位有哪些职责？	社会责任 实事求是
	建筑工程标准	1. 建筑工程标准有哪些？ 2. 建筑工程标准是如何编号的？	规范道德 法律意识

思 维 导 图

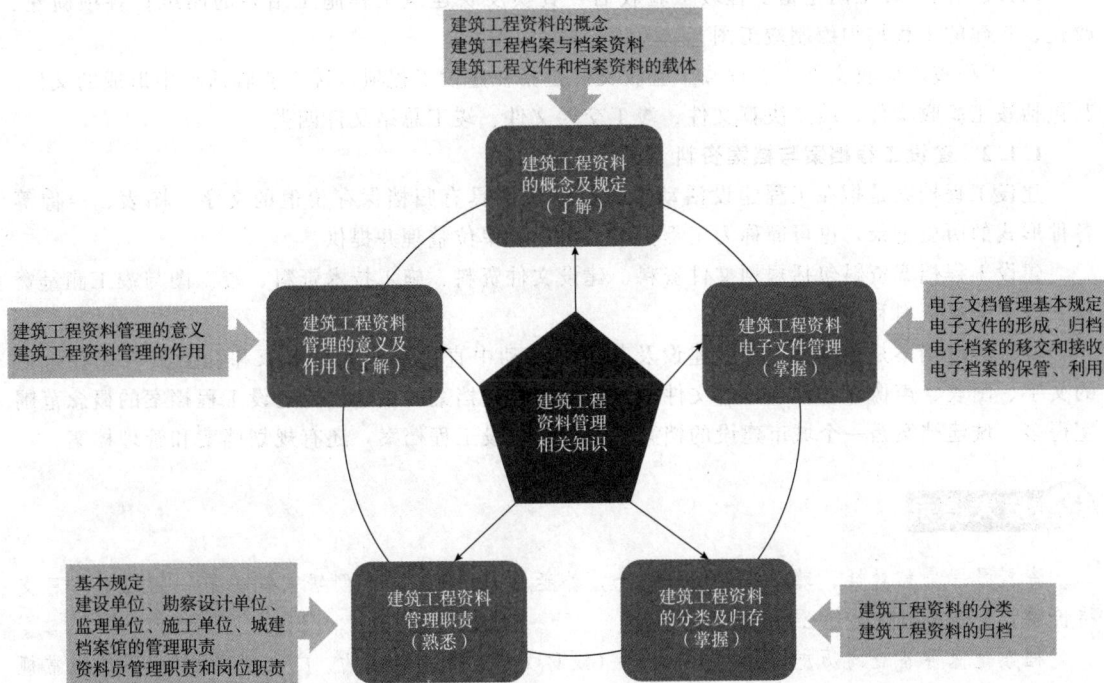

建筑工程资料是证明工程合法身份和合格质量的重要文件，主要内容是记录施工单位、建设单位的工作情况，包括建筑工程的报批、施工、竣工验收等一系列工作。它是工程施工情况的

最直观体现，在开展后续的质量验收工作时，也需要将其作为主要根据。工程信息和资料不完整，直接影响建筑工程后期的管理、维护、改建及扩建等工作，在一定程度上影响工程质量，造成安全隐患，同时，也给城市未来的改造、建设带来诸多不便。因此，做好工程资料管理工作对于提高工程质量及城市建设的发展有着十分重要的作用，必须给予这项工作足够的重视，才能促进工程建设业的健康、可持续发展。

1.1 建筑工程资料的概念及规定

1.1.1 建筑工程资料的概念

建筑工程资料是指工程建设从项目的提出、筹备、勘察、设计、施工到竣工投产等过程中形成的文件材料、图样、图表、计算材料、声像材料等各种形式的信息总和，简称工程资料。建筑工程资料可分为工程准备阶段文件、监理资料、施工资料、竣工图和工程竣工验收文件五类。

（1）工程准备阶段文件。工程准备阶段文件是指建设单位在工程建设管理过程中形成的文件，即工程开工前，在立项、审批、用地、拆迁、勘察、设计、招标投标、开工审批等工程准备阶段形成的文件，由建设单位整理并提供。

（2）监理资料。监理资料是指监理单位在工程设计、施工等监理过程中形成的资料。其包括监理管理资料、进度控制资料、质量控制资料、造价控制资料、合同管理资料、竣工验收资料六类，由监理单位整理并提供。

（3）施工资料。施工资料是指施工单位在工程施工管理过程中形成的资料。其包括施工管理资料、施工技术资料、施工进度及造价资料、施工物资资料、施工记录、施工试验记录及检测报告、施工质量验收记录、竣工验收资料八类，由施工单位整理并提供。

（4）竣工图。竣工图是指工程竣工验收后，真实反映建筑工程施工结果的图纸；各项新建、改建、扩建的工程均须编制竣工图。

（5）工程竣工验收文件。工程竣工验收文件是指在建设工程项目竣工验收活动中形成的文件。其包括竣工验收文件、竣工决算文件、竣工交档文件、竣工总结文件四类。

1.1.2 建设工程档案与档案资料

建设工程档案是指在工程建设活动中直接形成的具有归档保存价值的文字、图表、声像等各种形式的历史记录，也可简称为工程档案，由建设单位整理并提供。

建设工程档案资料包括规划文件资料、建设文件资料、施工技术资料、竣工图与竣工测量资料、竣工验收资料和声像资料等。

城市建设档案是在城市规划、建设及其管理活动中直接形成的对国家和社会具有保存价值的文字、图表、声像等各种载体的文件材料。城市建设档案的概念要比建设工程档案的概念范围宽得多，城建档案是一个城市建设的档案，不仅有建设工程档案，还有规划档案和管理档案。

技术提示

资料是一个相对性、动态性极强的概念，外延极宽。只要对人们研究解决某一问题有信息支持价值，无论其具体是什么均可视为资料。

档案是保存备查的历史文件，是由文件（或称文书）转化而来的。广义的"文件"不仅指常规的机关文书，也包括技术文件、各种手稿等工作中直接使用的材料。

文件转化为档案的条件主要有以下三点。

（1）办理完毕（或处理完毕）的文件才能作为档案。

（2）对日后实际工作和科学研究等活动具有一定参考利用价值的文件，才有必要作为档案保存。

（3）按照一定的规律保存起来的文件，最后才能成为档案。

1.1.3　建设工程文件和档案资料的载体

建筑工程在建设过程中，工程建设信息记录的方式有多种，主要有以下四种载体。

（1）纸质载体。以纸张为基础的载体形式。

（2）光盘载体。以光盘为基础，利用计算机技术对工程资料进行存储的载体形式。

（3）磁性载体。以磁性记录材料（磁带、磁盘等）为基础，对工程资料的电子文件、声音、图像进行存储的方式。

（4）缩微品载体。以胶片为基础，利用缩微技术对工程资料进行保存的载体形式。

根据工程资料和档案管理工作需要，工程资料主要采用纸质载体、光盘载体和磁性载体三种形式，工程档案则采用包括缩微品载体在内的上述四种形式。采用纸质载体、光盘载体、磁性载体三种形式的工程资料都要在工程建设过程中形成、收集和整理；采用缩微品载体的工程档案要在纸质载体的工程档案经城建档案馆和有关部门验收合格的前提下，凭城建档案馆签署的"准可微缩证明书"进行微缩制作。

1.2　建筑工程资料管理的意义和作用

1.2.1　建筑工程资料管理的意义

建筑工程资料管理是对建筑工程资料形成过程中各个管理环节的统称。其包括工程资料的填写、编制、审核、审批、收集、整理、验收、组卷、移交等环节的管理，简称工程资料管理。建筑工程作为一个工程实体，在建设过程中涉及规划、勘察、设计、施工、监理等各项技术工作，这些在不同阶段形成的工程资料或文件，经过规划、勘察、设计、施工、监理等不同单位相关人员积累、收集、整理，形成具有归档保存价值的工程档案。

建筑工程资料是工程建设的一个缩影，工程建设期间各个环节都会形成大量的文件、图纸和资料，它们是工程建设的真实记录和重要组成部分，是展示工程项目管理水平和体现规范标准的载体，是项目成果的重要展示形式，是工程建设及检查验收的主要内容和依据，也是对工程进行竣工验收、交接、维护、管理、使用、改建、扩建项目后评价和质量事故调查的重要原始凭证。由于档案具有完整性、一致性、有效性、可追溯性的本质属性和职能，同步收集积累和整理编制好建设全过程产生的图纸、文件资料，对工程建设有着重要的历史价值和现实意义。

1.2.2　建筑工程资料管理的作用

（1）建筑工程资料是建筑工程质量的具体体现。建筑工程资料的形成与建筑施工工程进度是同步的，既是工程质量的具体反映，又对工程施工具有指导作用。在工程竣工验收之后，建筑工程资料档案还是工程管理、检修、改建及扩建项目的重要信息依据。

（2）建筑工程资料是施工单位管理水平的具体体现。建筑工程资料在建筑工程中所占据的地位并不亚于实体工程，反映了整体建筑工程的概貌，是工程项目承包合同中的重要组成部分。建筑工程资料记录并全面反映了建筑施工的全部过程，可以直观地体现出建筑施工单位的综合管理水平。

（3）建筑工程资料是城市建设管理工作的重要信息依据。建筑工程资料最终交至城市建设档案部门存档，当建筑物出现结构损害或对建筑物进行改建、扩建时，这些资料便成了重要的信息依据。此外，城市建设、维护、管理、规划同样离不开建筑工程资料。

1.3 建筑工程资料管理职责

1.3.1 基本规定

施工技术资料的形成应符合国家相关的法律、法规、施工质量验收标准和规范、工程合同与设计文件等规定。

工程各参建单位应将施工技术资料的形成和积累纳入施工管理的各个环节和有关人员的职责范围。建设、监理、勘察、设计、施工、检测（试验）等单位项目负责人应对工程施工资料形成的全过程负总责。工程各参建单位应在合同中对施工资料的管理提出明确要求，其中技术要求不得低于《建筑工程资料管理规程》（JGJ/T 185—2009）的要求。建设过程中施工技术资料的收集、整理及审核应有专人负责。

施工技术资料应随工程进度同步形成、收集、整理、签发并按规定移交，由工程各参建单位共同完成，要求书写认真、字迹清晰、内容完整、签字齐全。施工资料的形成、收集、整理及审核应符合有关规定，签字并加盖相应的资格印章。

工程合同中应约定文件、资料的责任签字权限，有关签字人员也应有相应的授权证明。单位（子单位）工程、地基与基础分部工程、主体结构分部工程、建筑节能分部工程及专业分包项目验收应使用企业法定公章，其他分部或项目验收应使用项目部（专业分包单位）符合相应授权的公章。

工程各参建单位应确保各自资料的真实、有效、及时和完整，对工程资料进行涂改、伪造、随意抽撤或损毁、丢失等情况，应按有关规定予以处罚，情节严重的应依法追究法律责任。

工程竣工后，单位（子单位）工程竣工验收应由建设单位组织勘察、设计、监理、施工等有关单位进行验收，并形成竣工验收文件。按照有关竣工验收备案的规定，提交完整的竣工备案验收文件，并报备案机关。

执行注册师签章制度，应当认真贯彻落实国家、省有关注册师施工管理文件签章的规定，凡是未按规定在相关管理文件上签章的，或仅有注册师签字而未同时加盖执业印章的，一律视为无效管理文件。

推广施工资料数字化管理，逐步实现以缩微品载体和光盘载体代替纸质载体。属国家、省重点工程的施工资料宜采用缩微品载体。

1.3.2 建设单位工程资料管理职责

建设单位工程资料管理职责具体如下。

（1）负责收集和汇总勘察、设计、监理、施工等单位组卷归档的工程资料。

（2）建立工程资料管理制度，并督促工程各参建单位建立资料管理制度，将资料管理纳入工程建设管理的各个环节和各级人员的职责范围。

（3）负责基建文件管理。基建文件管理实行建设单位项目负责人负责制，建设单位应建立基建文件管理制度。

（4）在工程招标及与勘察、设计、施工、监理等单位签订协议、合同时，应对工程资料的套数、费用、质量、移交时间等提出明确要求。

（5）按《建设工程质量管理条例》规定向有关勘察、设计、施工、监理等单位提供与工程有关的原始资料。

（6）对需签认的工程资料及时签署意见。

（7）负责督促检查各参建单位工程资料管理工作，也可委托监理单位。

（8）负责组织竣工图的绘制工作，也可委托设计单位、监理单位或施工单位。

（9）列入城市建设档案馆（简称城建档案馆）接收范围的工程，在组织工程竣工验收前，应提请城建档案馆对工程档案进行预验收。

(10)单位工程验收合格后，按规定进行竣工备案。

(11)组织勘察、设计、监理、施工等有关单位进行工程竣工验收，形成竣工验收文件，并按规定进行工程档案移交。

1.3.3 勘察、设计单位工程资料管理职责

勘察、设计单位工程资料管理职责具体如下。

(1)勘察、设计单位分别负责勘察、设计文件管理，勘察、设计文件管理实行项目负责人负责制。

(2)勘察、设计单位要建立勘察、设计文件管理制度。

(3)勘察单位要提供工程地质、水文地质勘察报告，进行工程勘察交底，出具竣工质量检查报告并参与工程竣工验收；设计单位要提供工程设计文件，进行工程设计交底，参与图纸会审，提出设计变更或审核工程洽商文件，出具竣工质量检查报告并参与工程验收。

1.3.4 监理单位工程资料管理职责

监理单位工程资料管理职责具体如下。

(1)负责监理资料管理，实行总监理工程师负责制。

(2)要建立监理资料管理制度。

(3)依据合同约定，在施工阶段对施工技术资料的形成、积累、组卷和归档进行监督、检查，使施工资料的真实性、完整性和准确性符合有关要求。

(4)在工程竣工验收前，负责提供合格、完整的监理资料，并提供工程质量评估报告。

1.3.5 施工单位工程资料管理职责

施工单位工程资料管理职责具体如下。

(1)负责施工资料管理，实行项目经理负责制。

(2)建立施工资料管理制度。

(3)建筑工程实行总承包的，施工总承包单位对施工资料总体负责，专业承包单位对承包范围内的施工资料负责；专业承包单位将承包范围内的施工资料收集、整理、组卷后移交施工总承包单位，由施工总承包单位汇总后移交建设单位。

(4)在工程竣工验收前，将工程的施工资料整理、汇总、组卷，并按合同约定数量编制成一套完整的施工技术资料，移交建设单位，自行保存一套。

1.3.6 城建档案馆工程资料管理职责

城建档案馆工程资料管理职责具体如下。

(1)城建档案馆负责所辖区域内城市建设档案的管理，对建设系统列入城建档案业务范围的单位和部门的城建档案工作进行行业业务指导、监督与检查。

(2)协调和组织全市地下管线普查，接收和编制地下管网图并进行动态管理工作。

(3)负责工程项目竣工档案的验收。

(4)负责统筹规划建设信息系统的建设、业务指导及运行管理工作。

(5)接收和保管应当永久与长期保管的各种载体的城建档案、资料。

(6)对接收进城建档案馆的城建档案、资料实行科学管理、安全保护和为社会提供利用服务。

(7)广泛征集城市建设、管理过程中形成的各种载体的历史档案、资料，开展城建年鉴、史志编辑，档案专题编研。

(8)拍摄、编辑反映城市建设历史及新貌的声像专题片，宣传城市建设成就和建设战线精神文明风貌。

1.3.7 资料员管理职责

建设工程资料管理工作主要包括工程资料的收集、积累、整理、立卷、验收与移交。各单位有资料员负责。其中施工资料员管理职责如下。

(1)资料计划管理：协助制订施工资料管理计划；协助建立施工资料管理规章制度。

(2)资料收集整理：负责建立施工资料收集台账，进行施工资料交底；负责施工资料的收集、审查及整理。

(3)资料使用保管：负责施工资料的往来传递、追溯及借阅管理；负责提供管理数据、信息资料。

(4)资料归档移交：负责施工资料的立卷、归档；负责施工资料的封存和安全保密工作；负责施工资料的验收与移交。

(5)资料信息系统管理：参与建立施工信息管理系统；负责施工信息管理系统的运用、服务和管理。

1.3.8 资料员岗位职责

资料员负责工程项目的资料档案管理、计划、统计管理及内业管理工作。

1. 负责工程项目资料、图纸等档案的收集、管理

(1)负责工程项目所有图纸的接收、清点、登记、发放、归档、管理的工作，在收到工程图纸并进行登记以后，按规定向有关单位和人员签发，由收件方签字确认；负责收存全部工程项目图纸，且每个项目应收存不少于两套正式图纸，其中至少一套图纸有设计单位图纸专用章。竣工图采用散装方式折叠，按资料目录的顺序，对建筑平面图、立面图、剖面图，以及建筑详图、结构施工图等建筑工程图纸进行分类管理。

(2)负责收集整理施工过程中所有技术变更、洽商记录、会议纪要等资料并归档；负责对每日收到的管理文件、技术文件进行分类、登录、归档；负责项目文件资料的登记、受控、分办、催办、签收、用印、传递、立卷、归档和销毁等工作；负责做好各类资料积累、整理、处理、保管、归档和立卷等工作，注意保密的原则。来往文件资料收发应及时登记台账，视文件资料的内容和性质准确及时递交项目经理批阅，并及时送有关部门办理。确保设计变更、洽商的完整性，要求各方严格执行接收手续，所接收到的设计变更、洽商，须经各单位签字确认并加盖公章，设计变更(包括图纸会审纪要)原件存档。所收存的技术资料须为原件，无法取得原件的，应详细备注，并加盖公章。做好信息收集、汇编工作，确保管理目标的全面实现。

2. 参加分部分项工程的验收工作

(1)负责备案资料的填写、会签、整理、报送、归档，负责工程备案管理，实现对竣工验收相关指标(包括质量资料审查记录、单位工程综合验收记录)做备案处理。对桩基工程、基础工程、主体工程、结构工程备案资料核查。严格遵守资料整编要求，符合分类方案、编码规则，资料份数应满足资料存档的需要。

(2)监督检查施工单位施工资料的编制、管理，做到完整、及时，要与工程进度同步。对施工单位形成的管理资料、技术资料、物资资料及验收资料，按施工顺序进行全程督查，保证施工资料的真实性、完整性、有效性。

(3)按时向建设单位档案室移交有关资料。在工程竣工后，负责将文件资料、工程资料立卷移交建设单位。文件材料移交与归档时，应有"归档文件材料交接表"，交接双方必须根据移交目录清点核对，履行签字手续。移交目录一式两份，双方各持一份。

(4)负责向市城建档案馆的档案移交工作，提请城建档案馆对列入城建档案馆接收范围的工程档案进行预验收，取得"建设工程竣工档案预验收意见"，在竣工验收后将工程档案移交城建档案馆。

（5）指导工程技术人员对施工技术资料（包括设备进场开箱资料）的保管，指导工程技术人员对施工组织设计及施工方案、技术交底记录、图纸会审记录、设计变更通知单、工程洽商记录等技术资料分类保管交资料室。指导工程技术人员对工作活动中形成的，经过办理完毕的，具有保存价值的文件材料交资料室；基建工程进行鉴定验收时归档的科技文件材料交资料室；已竣工验收的工程项目的工程资料分级保管交资料室。

3. 负责计划、统计的管理工作

（1）负责对施工部位、产值完成情况的汇总、申报，按月编制施工统计报表；在平时统计资料的基础上，编制整个项目当月进度统计报表和其他信息统计资料。编制的统计报表要按现场实际完成情况严格审查核对，不得多报、早报、重报、漏报。

（2）负责与项目有关的各类合同的档案管理，负责对签订完成的合同进行收编归档，并开列编制目录。做好借阅登记，不得擅自抽取、复制、涂改，不得遗失，不得在案卷上随意画线、抽拆。

（3）负责向销售策划提供工程主要形象进度信息，向各专业工程师了解工程进度，随时关注工程进展情况，为销售策划提供准确、可靠的工程信息。

4. 负责工程项目的内业管理工作

（1）协助项目经理做好对外协调、接待工作，协助项目经理做好对内协调施工单位部门之间的工作、对外协调施工单位之间的工作。做好与有关部门及外来人员的联络接待工作，树立企业形象。

（2）负责工程项目的内业管理工作，汇总各种内业资料，及时准确统计，登记台账，按要求上报报表。通过实时跟踪、反馈监督、信息查询、经验积累等多种方式，保证汇总的内业资料反映施工过程中的各种状态和责任，能够真实地再现施工时的情况，从而找到施工过程中的问题所在。对产生的资料及时收集和整理，确保工程项目的顺利进行。有效地利用内业资料记录、参考、积累，为企业发挥它们的潜在作用。

（3）负责工程项目的后勤保障工作；负责做好文件收发、归档工作；负责部门成员考勤管理和日常行政管理等经费报销工作；负责对竣工工程档案的整理、归档、保管，便于有关部门查阅调用；负责公司文字及有关表格等打印。保管工程印章，对工程盖章登记，并留存备案。

另外，资料员还需要完成工程部经理交办的其他任务。

施工资料员应具备的岗位技能见表1-1。

表 1-1　施工资料员应具备的岗位技能

分类	岗位技能
资料计划管理	能够参与编制施工资料管理计划
资料收集整理	能够建立施工资料台账
	能够进行施工资料交底
	能够收集、审查、整理施工资料
资料使用保管	能够检索、处理、存储、传递、追溯、应用工程资料
	能够安全保管施工资料
资料归档移交	能够对施工资料立卷、归档、验收、移交
资料信息系统管理	能够参与建立施工资料计算机辅助管理平台
	能够应用专业软件进行施工资料的处理
备注	鉴于土建施工、建筑设备安装等不同分部工作差异较为明显，资料员的岗位技能要不断地培训和学习

1.4 建筑工程资料的分类及归存

1.4.1 建筑工程资料的分类

为便于对建筑工程资料进行管理，一般按照工程文件资料的来源、类别、形成的先后顺序，以及收集和整理单位的不同进行分类。《建设工程文件归档规范（2019 年版）》（GB/T 50328—2014）中，将工程资料分为工程准备阶段文件、监理文件、施工文件、竣工图和竣工验收文件，也称为工程文件。《建筑工程资料管理规程》（JGJ/T 185—2009）将其分为工程准备阶段文件（A类）、监理资料（B类）、施工资料（C类）、竣工图（D类）和竣工验收文件（E类）五大类。施工过程中建筑工程资料的详细分类可参考表 1-2～表 1-6。

表 1-2　建筑工程资料分类表（A类）

工程资料类别		工程资料名称	工程资料来源
A类		工程准备阶段文件	
A1类	决策立项文件	项目建议书	建设单位
		项目建议书的批复文件	住房城乡建设管理部门
		可行性研究报告及附件	建设单位
		可行性研究报告的批复文件	住房城乡建设管理部门
		关于立项的会议纪要、领导批示	建设单位
		工程立项的专家建议资料	建设单位
		项目评估研究资料	建设单位
A2类	建设用地文件	选址申请及选址规划意见通知书	建设单位规划部门
		建设用地批准文件	土地行政管理部门
		拆迁安置意见、协议、方案等	建设单位
		建设用地规划许可证及其附件	规划行政管理部门
		国有土地使用证	土地行政管理部门
		划拨建设用地文件	土地行政管理部门
A3类	勘察设计文件	岩土工程勘察报告	勘察单位
		建设用地钉桩通知单（书）	规划行政管理部门
		地形测量和拔地测量成果报告	测绘单位
		审定设计方案通知书及审查意见	规划行政管理部门
		审定设计方案通知书要求征求有关部门的审查意见和要求取得的有关协议	有关部门
		初步设计图及设计说明	设计单位
		消防设计审核意见	公安机关消防机构
		施工图及设计说明	设计单位
		施工图设计文件审查通知书及审查报告	施工图审查机构

工程资料类别		工程资料名称	工程资料来源
A4类	招投标及合同文件	勘察招投标文件	建设单位、勘察单位
		设计招投标文件	建设单位、设计单位
		施工招投标文件	建设单位、施工单位
		监理招投标文件	建设单位、监理单位
		勘察合同	建设单位、勘察单位
		设计合同	建设单位、设计单位
		施工合同	建设单位、施工单位
		委托监理合同	建设单位、监理单位
A5类	开工文件	建设项目列入年度计划的申报文件	建设单位
		建设项目列入年度计划的批复文件或年度计划项目表	住房城乡建设管理部门
		规划审批申报表及报送的文件和图纸	建设单位设计单位
		建设工程规划许可证及其附件	规划部门
		建设工程施工许可证及其附件	住房城乡建设管理部门
		工程质量安全监督注册登记	质量监督机构
		工程开工前的原貌影像资料	建设单位
		施工现场移交单	建设单位
A6类	商务文件	工程投资估算资料	建设单位
		工程设计概算资料	建设单位
		工程施工图预算资料	建设单位

表 1-3　建筑工程资料分类表（B 类）

工程资料类别		工程资料名称	工程资料来源
B 类		监理资料	
B1类	监理管理资料	监理规划、监理实施细则	监理单位
		监理月报	监理单位
		监理会议纪要	监理单位
		监理工作日志	监理单位
		监理工作总结	监理单位
		工作联系单	监理单位、施工单位
		监理工程师通知	监理单位
		监理工程师通知回复单	监理单位
		工程暂停令	监理单位
		工程复工报审表	施工单位
B2类	进度控制资料	工程开工报审表	施工单位
		施工进度计划报审表	施工单位

工程资料类别		工程资料名称	工程资料来源
B3 类	质量控制资料	质量事故报告及处理资料	施工单位
		旁站监理记录	监理单位
		见证取样和送检见证人员备案表	监理单位或建设单位
		见证记录	监理单位
		工程技术文件报审表	施工单位
B4 类	造价控制资料	工程款支付申请表	施工单位
		工程款支付证书	监理单位
		工程变更费用报审表	施工单位
		费用索赔申请表	施工单位
		费用索赔审批表	监理单位
B5 类	合同管理资料	委托监理合同	监理单位
		工程延期申请表	施工单位
		工程延期审批表	监理单位
		分包单位资质报审表	施工单位
B6 类	竣工验收资料	单位(子单位)工程竣工预验收报验表	施工单位
		单位(子单位)工程质量竣工验收记录	施工单位
		单位(子单位)工程质量控制资料核查记录	施工单位
		单位(子单位)工程安全和功能检验资料检查及主要功能抽查记录	施工单位
		单位(子单位)工程观感质量检查记录	施工单位
		工程质量评估报告	监理单位
		监理费用决算资料	监理单位
		监理资料移交书	监理单位

表 1-4　建筑工程资料分类表(C 类)

工程资料类别		工程资料名称	工程资料来源
C 类		施工资料	
C1 类	施工管理资料	工程概况表	施工单位
		施工现场质量管理检查记录	施工单位
		企业资质证书及相关专业人员岗位证书	施工单位
		分包单位资质报审表	施工单位
		建设工程质量事故调查、勘查记录	调查单位
		建设工程质量事故报告书	调查单位
		施工监测计划	施工单位
		见证记录	监理单位
		见证试验检测汇总表	施工单位
		施工日志	施工单位
		监理工程师通知回复单	施工单位

工程资料类别		工程资料名称	工程资料来源
C2类	施工技术资料	工程技术文件报审表	施工单位
		施工组织设计及施工方案	施工单位
		危险性较大分部分项工程施工方案专家论证表	施工单位
		技术交底记录	施工单位
		图纸会审记录	施工单位
		设计变更通知单	设计单位
		工程洽商记录(技术核定单)	施工单位
C3类	进度造价资料	工程开工报审表	施工单位
		工程复工报审表	施工单位
		施工进度计划报审表	施工单位
		施工进度计划	施工单位
		人、机、料动态表	施工单位
		工程延期申请表	施工单位
		工程款支付申请表	施工单位
		工程变更费用报审表	施工单位
		费用索赔申请表	施工单位
C4类	施工物资资料	出厂质量证明文件及检测报告	
		砂、石、砖、水泥、钢筋、隔热保温、防腐材料、轻集料出厂质量证明文件	施工单位
		其他物资出厂合格证、质量保证书、检测报告和报关单或商检证等	施工单位
		材料、设备的相关检验报告、型式检测报告、3C强制认证合格证书或3C标志	采购单位
		主要设备、器具的安装使用说明书	采购单位
		进口的主要材料设备的商检证明文件	采购单位
		涉及消防、安全、卫生、环保、节能的材料、设备的检测报告或法定机构出具的有效证明文件	采购单位
		进场检验通用表格	
		材料、构配件进场检验记录	施工单位
		设备开箱检验记录	施工单位
		设备及管道附件试验记录	施工单位
		进场复试报告	
		钢材试验报告	检测单位
		水泥试验报告	检测单位
		砂试验报告	检测单位
		碎(卵)石试验报告	检测单位

工程资料类别	工程资料名称		工程资料来源
C4类	施工物资资料	外加剂试验报告	检测单位
		防水涂料试验报告	检测单位
		防水材卷材试验报告	检测单位
		砖(砌块)试验报告	检测单位
		预应力筋复试报告	检测单位
		预应力锚具、夹具和连接器复试报告	检测单位
		装饰装修用门窗复试报告	检测单位
		装饰装修用人造木板复试报告	检测单位
		装饰装修用花岗石复试报告	检测单位
		装饰装修用安全玻璃复试报告	检测单位
		玻璃性能检测报告(安全玻璃应有安全检测报告)	检测单位
		装饰装修用外墙面砖复试报告	检测单位
		钢结构用钢材复试报告	检测单位
		钢结构用焊接材料复试报告	检测单位
		钢结构用高强度大六角头螺栓连接副复试报告	检测单位
		钢结构用扭剪型高强度螺栓连接副复试报告	检测单位
		幕墙用铝塑板、石材、玻璃、结构胶复试报告	检测单位
		散热器、采暖系统保温材料、通风与空调工程绝热材料、风机盘管机组、低压配电系统电缆的见证取样复试报告	检测单位
		节能工程材料复试报告	检测单位
C5类	施工记录	通用表格	
		隐蔽工程验收记录	施工单位
		施工检查记录	施工单位
		交接检查记录	施工单位
		专用表格	
		工程定位测量记录	施工单位
		基槽验线记录	施工单位
		楼层平面放线记录	施工单位
		楼层标高抄测记录	施工单位
		建筑物垂直度、标高观测记录	施工单位
		沉降观测记录	建设单位 委托测量单位 提供单位
		基坑支护水平位移监测记录	施工单位
		桩基、支护测量放线记录	施工单位

工程资料类别		工程资料名称	工程资料来源
C5类	施工记录	地基验槽记录	施工单位
		地基钎探记录	施工单位
		混凝土浇灌申请书	施工单位
		预拌混凝土运输单	施工单位
		混凝土开盘鉴定	施工单位
		混凝土拆模申请单	施工单位
		混凝土预拌测温记录	施工单位
		混凝土养护测温记录	施工单位
		大体积混凝土养护测温记录	施工单位
		大型构件吊装记录	施工单位
		焊接材料烘焙记录	施工单位
		地下工程防水效果检查记录	施工单位
		防水工程试水检查记录	施工单位
		通风(烟)道、垃圾道检查记录	施工单位
		预应力筋张拉记录	施工单位
		有黏结预应力结构灌浆记录	施工单位
		钢结构施工记录	施工单位
		网架(索膜)施工记录	施工单位
		木结构施工记录	施工单位
		幕墙注胶检查记录	施工单位
		自动扶梯、自动人行道的相邻区域检查记录	施工单位
		电梯电气装置安装检查记录	施工单位
		自动扶梯、自动人行道电气装置检查记录	施工单位
		自动扶梯、自动人行道整机安装质量检查记录	施工单位
C6类	施工试验记录及检测报告	通用表格	
		设备单机试运转记录	施工单位
		系统试运转调试记录	施工单位
		接地电阻测试记录	施工单位
		绝缘电阻测试记录	施工单位
		专用表格	
		建筑与结构工程	
		锚杆试验报告	检测单位
		地基承载力检验报告	检测单位
		土工击实试验报告	检测单位
		回填土试验报告	检测单位

工程资料类别		工程资料名称	工程资料来源
C6类	施工试验记录及检测报告	钢筋机械连接试验报告	检测单位
		钢筋焊接机械连接试验报告	检测单位
		砂浆配合比申请单、通知单	检测单位
		砂浆抗压强度试验报告	检测单位
		砌筑砂浆试块强度统计、评定记录	检测单位
		混凝土配合比申请单、通知单	施工单位
		混凝土抗压强度试验报告	检测单位
		混凝土试块强度统计、评定记录	施工单位
		混凝土抗渗试验报告	检测单位
		砂、石、水泥放射性指标报告	施工单位
		混凝土碱总量计算书	施工单位
		外墙饰面砖样板黏结强度试验报告	检测单位
		后置埋件抗拔试验报告	检测单位
		超声波探伤报告、探伤记录	检测单位
		钢构件射线探伤报告	检测单位
		主磁粉探伤报告	检测单位
		高强度螺栓抗滑移系数检测报告	检测单位
		钢结构焊接工艺评定	检测单位
		网架节点承载力试验报告	检测单位
		钢结构防腐、防火涂料厚度检测报告	检测单位
		木结构胶缝试验报告	检测单位
		木结构构件力学性能试验报告	检测单位
		木结构防护剂试验报告	检测单位
		幕墙双组分硅酮结构密封胶混匀性及拉断试验报告	检测单位
		幕墙的抗风压性能、空气渗透性能、雨水渗透性能及平面内变形性能检测报告	检测单位
		外门窗的抗风压性能、空气渗透性能和雨水渗透性能检测报告	检测单位
		墙体节能工程保温板材与基层粘结强度现场拉拔试验	检测单位
		外墙保温浆料同条件养护试件试验报告	检测单位
		结构实体混凝土强度检验记录	施工单位
		结构实体钢筋保护层厚度检验记录	施工单位
		围护结构现场实体检验	检测单位
		室内环境检测报告	检测单位
		节能性能检测报告	检测单位

工程资料类别		工程资料名称	工程资料来源
C6类	施工试验记录及检测报告	给水排水及采暖工程	
		灌(满)水试验记录	施工单位
		通水试验记录	施工单位
		冲(吹)洗试验记录	施工单位
		通球试验记录	施工单位
		补偿器安装记录	施工单位
		消火栓试射记录	施工单位
		安全附件安装检查记录	施工单位
		锅炉烘炉试验记录	施工单位
		锅炉煮炉试验记录	施工单位
		锅炉试运行记录	施工单位
		安全阀定压合格证书	施工单位
		自动喷水灭火系统联动试验记录	施工单位
		建筑电气工程	
		电气接地装置平面示意图表	施工单位
		电气器具通电安全检查记录	施工单位
		电气设备空载试运行记录	施工单位
		建筑物照明通电试运行记录	施工单位
		大型照明灯具承载试验记录	施工单位
		漏电开关模拟试验记录	施工单位
		大容量电气线路结点测温记	施工单位
		低压配电电源质量测试记录	施工单位
		建筑物照明系统照度测试记录	施工单位
		智能建筑工程	
		综合布线测试记录	施工单位
		光纤损耗测试记录	施工单位
		视频系统末端测试记录	施工单位
		子系统检测记录	施工单位
		系统试运行记录	施工单位
		通风与空调工程	
		风管漏光检测记录	施工单位
		风管漏风检测记录	施工单位
		现场组装除尘器、空调机漏风检测记录	施工单位
		各房间室内风量测量记录	施工单位
		管网风量平衡记录	施工单位

工程资料类别		工程资料名称	工程资料来源
C6类	施工试验记录及检测报告	空调系统试运转调试记录	施工单位
		空调水系统试运转调试记录	施工单位
		制冷系统气密性试验记录	施工单位
		净化空调系统检测记录	施工单位
		防排烟系统联合试运行记录	施工单位
		电梯工程	
		轿厢平层准确度测量记录	施工单位
		电梯层门安全装置检测记录	施工单位
		电梯电气安全装置检测记录	施工单位
		电梯整机功能检测记录	施工单位
		电梯主要功能检测记录	施工单位
		电梯负荷运行试验记录	施工单位
		电梯负荷运行试验曲线图表	施工单位
		电梯噪声测试记录	施工单位
		自动扶梯、自动人行道安全装置检测记录	施工单位
		自动扶梯、自动人行道整机性能、运行试验记录	施工单位
C7类	施工质量验收记录	检验批质量验收记录	施工单位
		分项工程质量验收记录	施工单位
		分部(子分部)工程质量验收记录	施工单位
		建筑节能分部工程质量验收记录	施工单位
		自动喷水系统验收缺陷项目划分记录	施工单位
		程控电话交换系统分项工程质量验收记录	施工单位
		会议电视系统分项工程质量验收记录	施工单位
		卫星数字电视系统分项工程质量验收记录	施工单位
		有线电视系统分项工程质量验收记录	施工单位
		公共广播与紧急广播系统分项工程质量验收记录	施工单位
		计算机网络系统分项工程质量验收记录	施工单位
		应用软件系统分项工程质量验收记录	施工单位
		网络安全系统分项工程质量验收记录	施工单位
		空调与通风系统分项工程质量验收记录	施工单位
		变配电系统分项工程质量验收记录	施工单位
		公共照明系统分项工程质量验收记录	施工单位
		给排水系统分项工程质量验收记录	施工单位
		热源和热交换系统分项工程质量验收记录	施工单位
		冷冻和冷却水系统分项工程质量验收记录	施工单位

工程资料类别		工程资料名称	工程资料来源
C7 类	施工质量验收记录	电梯和自动扶梯系统分项工程质量验收记录	施工单位
		数据通信接口分项工程质量验收记录	施工单位
		中央管理工作站及操作分站分项工程质量验收记录	施工单位
		系统实时性、可维护性、可靠性分项工程质量验收记录	施工单位
		现场设备安装及检测分项工程质量验收记录	施工单位
		火灾自动报警及消防联动系统分项工程质量验收记录	施工单位
		综合防范功能分项工程质量验收记录	施工单位
		视频安防监控系统分项工程质量验收记录	施工单位
		入侵报警系统分项工程质量验收记录	施工单位
		出入口控制(门禁)系统分项工程质量验收记录	施工单位
		巡更管理系统分项工程质量验收记录	施工单位
		停车场(库)管理系统分项工程质量验收记录	施工单位
		安全防范综合管理系统分项工程质量验收记录	施工单位
		综合布线系统安装分项工程质量验收记录	施工单位
		综合布线系统性能检测分项工程质量验收记录	施工单位
		系统集成网络连接分项工程质量验收记录	施工单位
		系统数据集成分项工程质量验收记录	施工单位
		系统集成整体协调分项工程质量验收记录	施工单位
		系统集成综合管理及冗余功能分项工程质量验收记录	施工单位
		系统集成可维护性和安全性分项工程质量验收记录	施工单位
		电源系统分项工程质量验收记录	施工单位
C8 类	竣工验收资料	工程竣工报告	
		单位(子单位)工程竣工预验收报验表	施工单位
		单位(子单位)工程质量竣工验收记录	施工单位
		单位(子单位)工程质量控制资料核查记录	施工单位
		单位(子单位)工程安全和功能检验资料核查及主要功能抽查记录	施工单位
		单位(子单位)工程观感质量检查记录	施工单位
		施工决算资料	施工单位
		施工资料移交书	施工单位
		房屋建筑工程质量保修书	施工单位

表 1-5　建筑工程资料分类表(D 类)

工程资料类别	工程资料名称			工程资料来源
D 类	竣工图			
D 类	竣工图	建筑与结构竣工图	建筑竣工图	编制单位
			结构竣工图	编制单位
			钢结构竣工图	编制单位
		建筑装饰与装修竣工图	幕墙竣工图	编制单位
			室内装饰竣工图	编制单位
		建筑给水、排水与采暖竣工图		编制单位
		建筑电气竣工图		编制单位
		智能建筑竣工图		编制单位
		通风与空调竣工图		编制单位
		室外工程竣工图	室外给水、排水、供热、供电、照明管线等竣工图	编制单位
			室外道路、园林绿化、花坛、喷泉等竣工图	编制单位

表 1-6　建筑工程资料分类表(E 类)

工程资料类别	工程资料名称		工程资料来源
E 类	工程竣工文件		
E1 类	竣工验收文件	单位(子单位)工程质量竣工验收记录	施工单位
		勘察单位工程质量检查报告	勘察单位
		设计单位工程质量检查报告	设计单位
		工程竣工验收报告	建设单位
		规划、消防、环保等部门出具的认可文件或准许使用文件	政府主管部门
		房屋建筑工程质量保修书	施工单位
		住宅质量保证书、住宅使用说明书	建设单位
		建设工程竣工验收备案表	建设单位
E2 类	竣工决算文件	施工决算资料	施工单位
		监理费用决算资料	监理单位
E3 类	竣工交档文件	工程竣工档案预验收意见	城建档案管理部门
		施工资料移交书	施工单位
		监理资料移交书	监理单位
		城市建设档案移交书	建设单位
E4 类	竣工总结文件	工程竣工总结	建设单位
		竣工新貌影像资料	建设单位

1.4.2 建筑工程资料的归档

1. 建筑工程标准的代号

(1)强制性国家标准的代号为"GB"：GB××××—××××(标准顺序号、标准发布年号)

例：《建筑防火通用规范》(GB 55037—2022)。

(2)推荐性国家标准的代号为"GB/T"：GB/T××××—××××。

例：《绿色建筑评价标准(2024年版)》(GB/T 50378—2019)。

(3)强制性行业标准：行业不同代号不同。

①城镇建设工程行业标准：CJJ××—××××。

②建筑工程行业标准：JGJ××—××××。

例：《档案馆建筑设计规范》(JGJ 25—2010)。

(4)推荐性行业标准：行业标准代号后加"T"。

城镇建设工程行业标准：CJJ/T××—××××。

例：《建设电子文件与电子档案管理规范》(CJJ/T 117—2017)。

建筑工程行业标准：JGJ/T××—××××。

档案行业标准：DA/T××—××××

例：《档号编制规则》(DA/T 13—2022)。

(5)地方标准的代号为"DB"：DB××/×××—××××。

例：《建筑工程资料管理规程》(DBJ 01—51—2016)。

2. 建筑工程资料的类别编号

我国大类建筑工程资料的编号用大写的英文字母A、B、C、D、E分别表示建设单位的文件资料、监理单位的文件资料、施工单位的文件资料、竣工图工程竣工类文件资料。在各小类的编号中，对于这五类资料中所含的小类资料，分别按照在A、B、C、D、E类别中加1、2、3等顺序号来表示。如A类资料中所含的小类资料为A1、A2、A3、A4、A5、A6、A7等；B类资料中所含的小类资料为B1、B2、B3、B4等。

3. 建筑工程资料的编号

工程准备阶段文件、监理资料、工程竣工文件宜按《建筑工程资料管理规程》(JGJ/T 185—2009)附录A表A.2.1中规定的类别和形成时间顺序编号。

施工资料编号宜符合下列规定：施工资料编号可由分部、子分部、分类、顺序号四组代号组成，组与组之间应用横线隔开(图1-1)。

$$××—\underset{①}{××}—\underset{②}{××}—\underset{③}{××}—\underset{④}{×××}$$

图1-1 施工资料编号

图1-1中①、②、③的具体含义如下。

①为分部工程代号，可按《建筑工程资料管理规程》(JGJ/T 185—2009)附录表A.3.1的规定执行。

②为子分部工程代号，可按《建筑工程资料管理规程》(JGJ/T 185—2009)附录表A.3.1的规定执行。

③为资料的类别编号，可按《建筑工程资料管理规程》(JGJ/T 185—2009)附录表A.2.1定执行。

④为顺序号，可根据相同表格、相同检查项目，按形成时间顺序填写。

另外，在施工资料编制时，属于单位工程整体管理内容的资料编号中的分部、子分部工程代号可用"00"代替；同一厂家、同一品种、同一批次的施工物资用在两个分部、子分部工程中时，资料编号中的分部、子分部工程代号可按主要使用部位填写。

竣工图宜按《建筑工程资料管理规程》(JGJ/T 185—2009)附录 A 表 A.2.1 中规定的类别和形成时间顺序编号。

工程资料的编号应及时填写，专用表格的编号应填写在表格右上角的编号栏中；非专用表格应在资料右上角的适当位置注明资料编号。

在四大类资料中最复杂的是施工资料，施工资料编号应填入表格右上角的编号栏。

通常情况下，资料应有七位编号，由分部工程代号（2 位）、资料类别编号（2 位）和顺序号（3 位）组成，每部分之间可以用横线隔开。分部（子分部）工程代号规定应参考《建筑工程施工质量验收统一标准》(GB 50300—2013)的划分原则。

4. 建筑工程资料的归档

建筑工程资料的归档是指建筑工程资料形成单位完成其工作任务后，将形成的资料整理立卷，按规定移交档案管理机构。归档包括两个方面含义：一是建设、勘察、设计、施工、监理等单位将本单位在建筑工程建设过程中形成的资料向本单位档案管理机构移交；二是勘察、设计、施工、监理等单位将本单位在工程建设过程中形成的资料向建设单位档案管理机构移交。

工程资料归档应符合下列规定。

（1）归档资料必须完整、准确、系统，能够反映建筑工程建设的全过程。归档的资料必须经过分类整理，并应组成符合要求的案卷。

（2）根据工程建设的程序和特点，归档可以分阶段进行，也可以在单位或分部工程通过竣工验收后进行。一般规定勘察、设计单位应当在任务完成时，施工、监理单位应当在工程竣工验收前，将各自形成的有关工程档案向建设单位归档。

（3）勘察、设计、施工单位在收齐工程文件并整理立卷后，建设单位、监理单位应根据城市建设管理机构的要求对档案文件的完整、准确、系统情况和案卷质量进行审查，审查合格后向建设单位移交。

（4）工程档案一般不少于两套，一套由建设单位保管；另一套（原件）移交当地城建档案馆。

（5）勘察、设计、施工、监理等单位向建设单位移交档案时，应编制移交清单，双方签字、盖章后方可交接。

（6）凡设计、施工及监理单位需要向本单位归档的文件，应按国家有关规定的要求单独立卷归档。

1.5 建筑工程资料电子文件管理

为规范建设电子文件的形成、归档，以及建设电子档案的管理，确保建设电子文件与电子档案的真实性、完整性、可靠性、可用性和安全性，促进建设电子文件与电子档案的安全保管及有效利用，更好地实现建设电子文件的形成、归档，以及建设电子档案的移交、接收、保管、利用等全过程管理，中华人民共和国住房和城乡建设部发布了第 1519 号公告，批准《建设电子文件与电子档案管理规范》为行业标准，编号为 CJJ/T 117—2017，自 2017 年 10 月 1 日起实施。原《建设电子文件与电子档案管理规范》(CJJ/T 117—2007)同时废止。

1.5.1 电子文档管理基本规定

（1）电子文件形成单位应规范电子文件形成与办理工作流程，建立电子文件归档管理制度，明确电子文件和电子档案管理职责。

（2）电子文件形成单位应建立与业务系统相衔接的电子文件管理系统，实现电子文件自形成到归档、保管、利用的全过程管理。

（3）业务管理电子文件形成单位的档案部门应监督和指导本单位业务管理电子文件的形成、捕获、整理与归档，并定期向当地城建档案管理机构移交。

（4）在工程项目建设过程中，建设单位应负责工程电子文件管理的组织协调，并按下列流程开展工程电子文件的形成、归档、验收、移交等工作。

①在建设工程招标及与勘察、设计、施工、监理等单位签订协议、合同时，对工程电子档案的移交时间、移交对象、质量等提出明确要求，所需经费应列入工程预算。

②收集和积累工程准备阶段、竣工验收阶段形成的电子文件，并进行整理归档。

③组织、督促和检查勘察、设计、施工、监理、测量等各参建单位工程电子文件的形成、捕获、整理和归档工作。

④收集和汇总勘察、设计、施工、监理、测量等各参建单位形成的工程电子档案。

⑤在组织工程竣工验收前，请当地城建档案管理机构对工程纸质档案和工程电子档案进行预验收。

⑥对列入城建档案管理机构接收范围的工程，应在国家规定的期限内，将建设工程电子档案与纸质档案同步向当地城建档案管理机构移交。

（5）在工程项目建设过程中，勘察、设计、施工、监理、测量等各参建单位应将本单位形成的工程电子文件捕获、整理和归档，并向建设单位交付。

（6）城建档案管理机构应根据建设行业信息化现状，及时提出建设电子文件归档的技术性指导意见，对电子文件的全过程管理进行指导，并加强对电子文件的前端控制。

（7）电子文件和电子档案的形成、保管与提供利用单位应采取有效的技术手段及管理措施，确保其信息安全和保密。

1.5.2　电子文件的形成

1. 电子文件的创建和保存

（1）形成电子文件时，应根据电子文件的内容及特征，提炼出题名。在业务系统中创建电子文件时，应自动或人工对电子文件赋予题名。

（2）电子文件形成单位使用的有关业务系统，应具备记录电子文件处理、审批、分发等过程元数据的功能。

（3）电子文件应以单份文件或一个复合文件为一个保存单位。

（4）多个具有紧密联系的单份文件可组合成一个复合文件，并应符合下列规定。

①正文与附件、转发文与被转发文、请示与批复、来文与回复文件、正文与链接文件，应分别作为两个或两个以上的单份文件保存，也可作为一个复合文件保存。

②采用 CAD 技术形成的电子文件应以一个图幅为一个单份文件；多个图幅组成的电子图可作为一个或多个单份文件，也可作为一个复合文件保存。

③在建设工程中，N 天的施工日志可作为 N 个单份文件，也可作为一个复合文件保存；N 个检测报告、试验报告、检验批质量验收记录等可作为 N 份电子文件保存，也可作为一个复合文件保存。

④应记录重要文件的主要修改过程和办理情况，对有参考价值的不同稿本，可作为多个单份文件或 1 个复合文件保存。

（5）电子文件形成单位应在其业务系统中对复合文件的每个单份文件建立关联，也可采取下列方式将复合文件联系在一起。

①将组成复合文件的单份文件保存在同一文件夹内。

②对组成复合文件的单份文件赋予相同的题名，并在题名后加 01、02、03 等阿拉伯数字加

以区分。

(6)电子文件形成后,不应被非正常修改、获取和删除。

(7)形成电子文件的业务系统和个人应随时保存电子文件,并根据文件重要程度,定期备份电子文件。

(8)电子文件的离线备份应存储于移动硬盘、光盘、磁带等能够脱机保存的存储媒体上。

2.电子文件的分类

(1)在电子文件形成、积累过程中,应根据文件内容和性质对电子文件进行分类保存。

(2)电子文件形成单位应根据本单位机构设置、工作职能、业务范围、专业性质、工程项目等,预先设置电子文件分类方案。

(3)电子文件分类方案应根据需要设置一级至 N 级类目(图 1-2)。类目级别不宜超过九级。

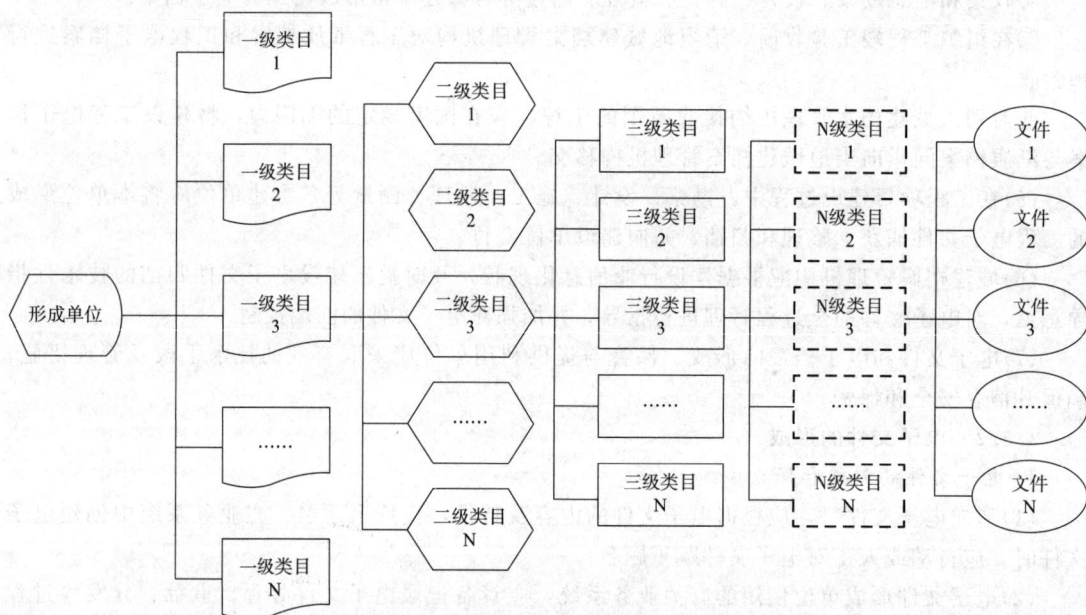

图 1-2　电子文件分类方案层级结构

(4)电子文件分类方案的设计应统筹考虑文件归档和电子档案管理要求,与电子档案分类体系一体化设计,并应保持一定的稳定性、连续性。

(5)业务系统和电子文件管理系统应支持按层级方式来组织分类方案和管理电子文件,并应支持按分类方案中的类目提供元数据描述。

1.5.3　电子文件的归档

1.归档范围

(1)电子文件形成单位应根据业务范围和工作性质,制定本单位电子文件归档范围和保管期限。

(2)工程电子文件的归档范围应按现行国家标准《建设工程文件归档规范(2019 年版)》(GB/T 50328—2014)执行。

(3)业务管理电子文件的归档范围应按现行国家有关规定执行。

2.归档文件格式

(1)归档的电子文件应转换为表 1-7 所列的文件格式。

表 1-7　归档电子文件格式

文件类别	格式
文本(表格)文件	OFD、DOC、DOCX、XLS、XLSX、PDF/A、XML、TXT、RTF
图像文件	JPEG、TIFF
图形文件	DWG、PDF/A、SVG
视频文件	AVS、AVI、MPEG2.MPEG4
音频文件	AVS、WAV、AIF、MID、MP3
数据库文件	SQL、DDL、DBF、MDB、ORA
虚拟现实/3D图像文件	WRL、3DS、VRML、X3D、IFC、RVT、DGN
地理信息数据文件	DXF、SHP、SDB

(2)专用软件产生的其他格式的电子文件应转换成表1-7规定的文件格式。

(3)无法转换的电子文件应记录足够的技术环境元数据,详细说明电子文件的使用环境和条件。

(4)有条件的电子文件形成单位应同步归档原始格式的电子文件。

3. 捕获和固化

(1)电子文件形成单位应建立电子文件管理系统,并应按现行行业标准《建设电子档案元数据标准》(CJJ/T 187—2012)的规定,对业务系统及其他应用软件、操作系统环境中形成的电子文件及其元数据进行捕获和登记。

(2)电子文件的捕获范围不应小于归档范围。捕获的电子文件应转换成表1-7规定的文件格式。

(3)电子文件管理系统应自动捕获电子文件的层级、标识、题名、责任者、分类、日期、数量或大小等元数据。

(4)对归档的电子文件应进行固化处理。固化可采用可靠的电子签名技术、封装技术。

4. 整理

(1)对纳入归档范围的电子文件,归档前应进行整理。整理应按下列程序进行。

①对所有归档文件按电子文件分类方案进行分类。

②对各级类目和电子文件应按形成时间、业务类别、专业特征等排序,排序后在题名前加上三位阿拉伯数字用以标注序号,不足位数的用0补齐。

③对各级类目和电子文件编制类目目录与文件目录。类目目录应包括序号、编制单位、类目题名、类内文件份数、备注等。文件目录应包括序号、文件编号、责任者、电子文件题名、备注等。

④将类目目录和文件目录排放到所有类目、文件之前,并进行命名,命名规则为000类目目录、000文件目录。

(2)电子文件形成单位的业务系统应设置归档整理功能,并能按预先设置的电子文件分类方案,对各级类目和文件的元数据进行捕获和整理。

5. 归档要求

(1)电子文件形成单位应定期将电子文件整理后归档。

(2)电子文件归档可采用在线归档方式或离线归档方式,并应采取措施确保归档电子文件的安全存储。

(3)业务系统产生的电子文件应以数据库环境为依托进行归档,维持数据原始面貌;或将数据文件转换为可脱离数据库系统读取的数据表文件归档。

(4)电子文件及其元数据应一并归档。

(5)电子文件形成者应采用可靠的电子签名等手段保障归档电子文件的真实性。

(6)经信息技术手段加密的电子文件应在解密后再归档，压缩电子文件应与解压缩软件一并归档。

(7)电子文件格式转换后，向本单位档案管理部门移交时，应将转换前和转换后两种格式的电子文件一并归档；向城建档案管理机构移交时，可只移交转换后的电子档案。

(8)电子文件离线归档，按优先顺序，可采用移动硬盘、闪存盘、光盘、磁带等存储。

(9)归档文件存储媒体的外表应粘贴标签，标签中应包含移交单位、移交日期、存储媒体顺序号、文件内容等。

6. 检测

(1)在归档工作的下列环节，电子文件交接双方均应对电子文件进行检测，检测合格后方可归档交接。

①电子文件形成部门在向本单位档案管理部门归档电子文件之前，以及本单位档案管理部门在接收电子文件时。

②业务管理电子文件形成单位、工程建设单位向城建档案管理机构移交电子档案前，以及城建档案管理机构在接收电子档案时。

③勘察、设计、施工、监理、测量等单位向建设单位交付电子档案前，以及建设单位接收电子档案时。

(2)对电子文件的检测，应从可用性、完整性、安全性等方面展开，并应符合下列规定。

①对电子文件可用性的检测，应重点检测：离线移交的存储媒体外观是否完好无损，是否可以通过I/O测试；在线移交的数据包是否可以完整解包；电子文件格式是否符合表1-6的规定；电子档案移交目录、电子档案全文是否可以正常打开和浏览；电子档案元数据是否可以正常展现和浏览。

②对电子文件完整性的检测，应重点检测：电子档案移交目录的填写内容是否完整；电子档案数量与移交目录中记录的数量是否一致；电子档案元数据是否齐全、完整。

③对电子文件安全性的检测，应重点检测：是否存在恶意程序，是否感染木马或病毒；是否存有与电子档案移交无关的数据；存储媒体出厂时间是否超过使用年限。

(3)对电子文件主要技术指标的检测结果应符合下列规定。

①电子档案移交目录应达到：必填字段100%，目录重复性0%，字段内容规范性100%，涉密关键字检查100%。

②文本类电子文件应达到：完整性100%，可读性100%，重复文件0%。

③多媒体类电子文件应达到：分段随机播放可播放100%，完整性100%，可读性100%，重复文件0%。

④通过纸质文件数字化采集到的电子文件，应达到现行行业标准《纸质档案数字化规范》（DA/T 31—2017)的技术要求。

1.5.4 电子档案的移交和接收

1. 移交

(1)业务管理电子文件形成单位应按有关规定，每1～5年定期向城建档案管理机构移交电子档案。

(2)列入城建档案管理机构接收范围的建设工程，建设单位应按规定向城建档案管理机构移交一套符合要求的工程电子档案。建设单位组织工程竣工验收前，当地城建档案管理机构应对工程电子档案进行预验收。

（3）电子档案移交方式，可采用在线或离线方式进行，交接双方可根据实际情况选择确定。

（4）对扩建、改建和维修工程，建设单位应组织设计、施工、监理单位将工程中产生的电子档案向城建档案管理机构移交。

（5）移交的电子档案的存储格式和存储媒体应符合规范的规定。

（6）电子档案移交之前，移交单位应确定电子档案的密级。属于国家秘密的电子档案应使用专用保密存储媒体存储，并应按现行国家有关保密规定办理移交手续。

（7）电子档案移交之前，移交单位应对准备移交的电子档案进行检测，全部合格后方可移交。

2．接收

（1）接收电子档案时，接收单位应对电子档案进行检测。检测内容与要求应符合相关规范的要求。检测不合格的，应退回移交单位重新处理。

（2）接收和移交电子档案应办理交接手续。交接手续应符合下列规定。

①移交单位应提交电子档案移交目录。电子档案移交目录见表1-8。

表1-8　电子档案移交目录

序号	文件类别	文件题名	文件编号	责任者	日期	备注

②移交和接收双方应填写电子档案移交与接收证明书（表1-9），并可采用电子形式、以电子签名方式予以确认。

表1-9　电子档案移交与接收证明书

电子档案基本情况	
档案内容	
移交档案数量	
移交档案数据量	
移交媒体类型、规格、数量	
附：移交目录	
交接双方单位名称	
移交单位	接收单位
代表人： 单位盖章： 　　　　年　月　日	代表人： 单位盖章： 　　　　年　月　日

③电子档案移交与接收证明书和电子档案移交目录一式两份，一份由移交单位保存，另一份由接收单位保存。

1.5.5 电子档案的保管

1. 存储与备份

(1)电子档案保管单位应对在线存储和离线存储的电子档案进行保管，并应配备符合规定的计算机机房、硬件设备、信息管理系统和网络设施，实现对电子档案的有效管理。

(2)保管电子档案存储媒体，应符合下列规定。

①电子档案磁性存储媒体宜放入防磁柜中保存。

②单片、单个存储媒体应装在盘、盒等包装中，包装应清洁无尘，并竖立存放，且避免挤压。

③环境温度应保持在 14°~24 ℃，昼夜温度变化不超过±2 ℃；相对湿度应保持在 35%~45%，相对湿度昼夜变化不超过±5%。

④存储媒体应与有害气体隔离。

⑤存放地点应做到防火、防虫、防鼠、防盗、防尘、防湿、防高温、防光和防振动。

(3)电子档案保管单位应定期检查电子档案读取、处理设备。设备环境更新时应确认电子档案存储媒体与新设备的兼容性，如不兼容，应进行存储媒体转换，原存储媒体保留时间不应少于三年。

(4)电子档案保管单位对保存的电子档案，应进行定期检查。检查应符合下列规定。

①检查方法应包括人工抽检和机读检测。

②对脱机保存的电子档案，应根据不同存储媒体的寿命，定期进行人工抽检。

③对系统中运转的在线数据，应定期进行机读检测。

④在定期检查过程中发现问题应及时采取补救措施。

(5)对脱机备份的电子档案，电子档案保管单位宜根据存储媒体的寿命，定期转存电子档案。转存时应进行登记。登记内容应按表 1-10 的规定填写。

表 1-10　电子档案转存登记表

原存储媒体转存登记	原存储媒体类型和数量： 档案容量： 档案内容描述：	
存储媒体更新与兼容性 检测登记	转存后的存储媒体类型和数量： 档案容量和内容校验： 转存后的存储媒体兼容性检测：	
填表人(签名)： 　年　月　日	审核人(签名)： 　年　月　日	单位(盖章)： 　年　月　日

(6)城建档案管理机构应定期备份电子档案。备份应符合下列规定。

①应采取本地备份和异地备份并行的工作策略。

②应同时备份保障数据恢复的管理系统与应用软件。

(7)对电子档案内容的备份可根据实际情况选择完全备份、差异备份或增量备份。

(8)备份方式可采用数据脱机备份或数据热备份；数据热备份所采用的网络应确保数据安全。

(9)对于备份的数据每年应安排一次恢复演练，备份数据应可恢复。

2．迁移

(1)在计算机软、硬件系统升级或更新之后，存储媒体过时或电子档案编码方式、存储格式淘汰之前，电子档案保管单位应将电子档案迁移到新的系统、媒体或进行格式转换，保证其可被持续访问和利用。

(2)电子档案迁移之前，电子档案保管单位应明确迁移的要求、策略和方法。

(3)电子档案保管单位应在电子档案迁移之后，开展数据校验，对照检验迁移前后电子档案内容的一致性，以及电子档案信息的可用性。

(4)电子档案保管单位应对迁移的操作人员、时间、过程和结果进行完整记录。记录应按表1-11的规定填写。

表1-11　电子档案迁移登记表

原系统设备情况	硬件系统： 系统软件： 应用软件： 存储设备：		
目标系统设备情况	硬件系统： 系统软件： 应用软件： 存储设备：		
被迁移电子档案情况	原格式： 目标格式： 迁移数量： 迁移时间：		
迁移检测情况	硬件系统查验： 系统软件查验： 应用软件查验： 存储媒体查验： 电子档案内容查验： 电子档案形态查验：		
迁移者(签名)： 年　月　日	迁移校验者(签名)： 年　月　日	单位(盖章)： 年　月　日	

(5)永久保管的电子档案在格式迁移后，其原始格式宜保留一定年限。

3．安全保护

(1)电子文件管理系统和城建档案信息管理系统的安全等级保护定级工作，应符合国家相关规定的要求。

(2)电子档案保管单位应采取下列措施满足电子档案基本安全要求。

①技术上应对电子档案管理系统的网络安全、设备安全、系统安全、应用安全和数据安全等进行保护。

②管理上应制定运行维护、安全管理制度，设置安全管理岗位，落实计算机机房日常管理、系统运行安全等责任保障机制。

(3)电子档案存储媒体运行和保管的环境应符合现行国家标准《计算机场地通用规范》(GB/T 2887—2011)和《计算机场地安全要求》(GB/T 9361—2011)的规定。

(4)电子档案保管单位应根据网络设施、系统主机和信息应用，采取身份鉴别、访问控制、资源控制、安全审计、边界完整性检查、入侵防范、恶意代码防范、剩余信息保护、通信完整性、通信保密性、抗抵赖、软件容错等方式保护信息安全的措施。

(5)电子档案保管单位应制定电子签名管理制度，加强对电子印章的管理。

4. 鉴定销毁

(1)电子档案保管单位对电子档案的鉴定应包括下列内容。

①对保管期满的档案重新判断保存价值，确无继续保存价值的，列入销毁范围，仍有保存和利用价值的，列入续存范围。

②对保密期满的电子档案进行解密。

(2)电子档案鉴定应按国家关于档案鉴定销毁的有关规定和本单位档案归档范围及保管期限表执行，并应按下列程序办理。

①电子档案保管单位应组织成立由档案管理人员和有关职能部门组成的鉴定小组，并应成立由档案保管单位和文件形成单位负责人组成的鉴定委员会。

②对保管期满、失去保存和利用价值的电子档案，鉴定小组应提出销毁意见，并编制保管期满档案销毁清册。销毁清册应符合表 1-12 的要求。

表 1-12　保管期满档案销毁清册

序号	文件档号	文件题名	文件编号	责任者	日期	保管到期日	销毁意见	鉴定人

③对保管期满、仍有保存和利用价值的电子档案，鉴定小组应重新划定保管期限，编制保管期满档案续存清册。续存清册应符合表 1-13 的要求。

表 1-13　保管期满档案续存清册

序号	文件档号	文件题名	文件编号	责任者	日期	保管到期日	重新划定的保管期限	鉴定人

④鉴定小组应将电子档案鉴定工作情况写成报告，并应将保管期满档案销毁清册、保管期满档案续存清册一同提交鉴定委员会讨论。

⑤鉴定委员会应研究讨论，形成审查意见。

⑥电子档案保管单位应将鉴定委员会审查意见报上级有关主管部门批准。

(3)对批准销毁的电子档案应在档案管理系统删除相关数据，对光盘等存储媒体应进行物理销毁，销毁清册应永久保存。

(4)非保密建设电子档案可进行逻辑删除。属于保密范围的电子档案被销毁时，按《中华人民共和国保守国家秘密法》的有关规定执行。

1.5.6　电子档案的利用

(1)电子档案保管单位应建立检索系统，向利用者提供在线和离线等多种形式的电子档案利用和信息服务。

(2)当利用计算机网络发布电子档案信息或在线利用电子档案时，应遵守国家相关保密规定。

(3)在线利用系统应设置权限控制措施，实行审批和登记程序，建立可溯源的审计跟踪记录。电子档案不得超授权范围利用、复制或公布。

(4)电子档案保管单位应建立专门的电子档案利用数据库，与长期保存的电子档案数据库分离。

(5)脱机电子档案存储媒体和入库的电子档案存储媒体不得外借，当利用时应使用复制件；未经批准，任何单位或人员不得擅自复制、修改、转送他人。

模块小结

工程项目建设程序是指一个工程项目从策划、选择、评估、决策、设计、施工到竣工验收、投入生产或交付使用的整个建设过程中，各项工作必须遵循的工作先后次序。

建筑工程资料管理是保证工程质量与安全的重要环节，是建筑工程施工管理程序化、规范化和制度化的具体体现。

我国对全部五大类建筑工程资料的编号用大写英文字母 A、B、C、D、E 分别表示建设单位的文件资料、监理单位的文件资料、施工单位的文件资料、竣工图和工程竣工类文件资料。

建筑工程资料应实行分级管理，由建设、监理、施工等单位项目负责人负责全过程的管理工作。建筑工程资料管理工作主要包括建筑工程资料与档案的收集、积累、整理、立卷、验收与移交。

视频：资料分类及收发文流程　　视频：资料归档示例　　视频：资料员职责

课后习题

一、选择题

1. 建筑工程资料是对工程(　　)的处理，以及对工程进行检查、维修、管理、使用、改建、扩建、工程结算、决算、审计的重要技术依据。

A. 隐蔽工程　　　　　　　　　　　B. 质量及安全事故

C. 施工质量问题　　　　　　　　　D. 施工安全问题

2. 建筑工程资料可分为工程准备阶段文件、监理资料、施工资料、竣工图和(　　)五类。

A. 建筑工程资料　　　　　　　　　B. 工程档案

C. 试验资料　　　　　　　　　　　D. 工程竣工文件

3. 建筑工程资料应该随着工程进度(　　)收集、整理和立卷，并按照有关规定进行移交。

A. 随时　　　　　　　　　　　　　B. 及时

C. 同步　　　　　　　　　　　　　D. 准时

4. 凡是民用建筑、工业建筑工程，需要进行较大规模的改建、扩建或采取抗震加固措施等的，均应报送(　　)。

A. 归档管理　　　　　　　　　　　B. 上报存档

C. 工程档案　　　　　　　　　　　D. 审批档案

5. 建筑工程资料的长期保管是指工程档案的保存期限等于(　　)。

A.50 年　　　　　　　　　　　　　B.60 年

C. 该工程的使用寿命　　　　　　　D.40 年

6. 建筑工程资料的短期保管是指工程档案的保存期限在(　　)年以下。

A.10　　　　　　　　　　　　　　B.30

C.20　　　　　　　　　　　　　　D.40

7. 建设单位的文件资料采用英文的(　　)编号。

A."A"　　　　　　　　　　　　　B."B"

C."C"　　　　　　　　　　　　　D."D"

8. 在建筑工程资料管理中，分别用大写英文字母 A、B、C、D、E 来表示工程资料的五大类。其中，C 类资料指的是（　　）。

A. 工程准备阶段文件　　　　　　　　B. 监理资料

C. 施工资料　　　　　　　　　　　　D. 竣工图

9. 建筑工程资料案卷脊背项目的档案号、案卷题名，均由（　　）单位填写。

A. 建设　　　　　　　　　　　　　　B. 施工

C. 档案保管　　　　　　　　　　　　D. 监理

二、名词解释

1. 建筑工程资料

2. 建设工程档案

三、简答题

1. 建筑工程资料的归档应符合什么规定？

2. 电子文档的归档要求有哪些？

模块 2　基建文件管理

模块 2 课程内容及对应素养元素

章节	内容	讨论	素养元素
模块 2 基建文件管理	施工合同	1. 一份完整的施工合同应该包括哪些部分？ 2. 施工合同中当专用条款和通用条款有冲突时，应以哪个条款为准？	诚实守信 法治观念
	商务文件	1. 商务文件一般由哪几部分构成？ 2. 工程设计概算、施工图预算和施工预算有何区别？	团结协作 职业道德 爱岗敬业

思维导图

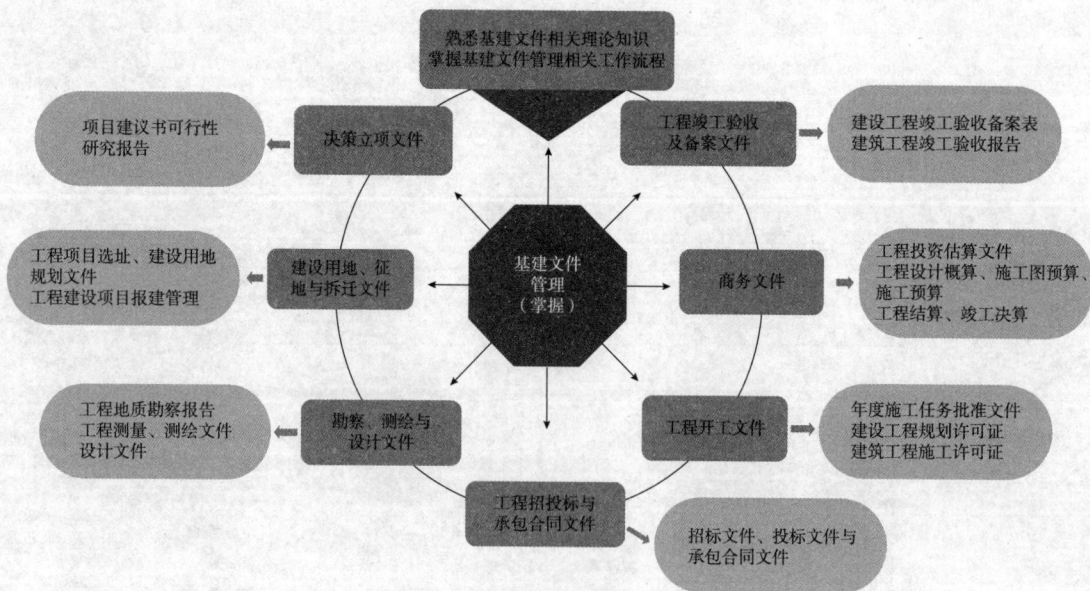

基建文件是建设单位依法从工程项目立项申请到竣工使用全过程所形成的文字及影像资料，包括项目申报、审批、开工、竣工验收及备案全过程所形成的全部资料。

基建文件的管理应符合下列规定：新建、扩建、改建的建设项目，其基建文件必须按有关行政主管部门的规定和要求进行申报、审批，并保证开、竣工手续和文件完整、齐全。建设单位必须按照基本建设程序开展工作，配备专职或兼职的档案资料管理人员，档案资料管理人员应负责及时收集基本建设程序各个环节所形成的文件资料，并按类别、形成时间进行登记、立卷、保管，工程竣工后按规定进行移交。工程竣工验收应由建设单位组织勘察、设计、监理、施工等有关单位进行，并形成竣工验收文件。工程竣工后建设单位应负责工程竣工备案工作。按照关于竣工备案的有关规定，提交完整的竣工备案文件，报竣工备案管理部门备案。

2.1 基建文件在项目建设程序中的形成

基建文件与项目建设程序的对应关系如图 2-1 所示。

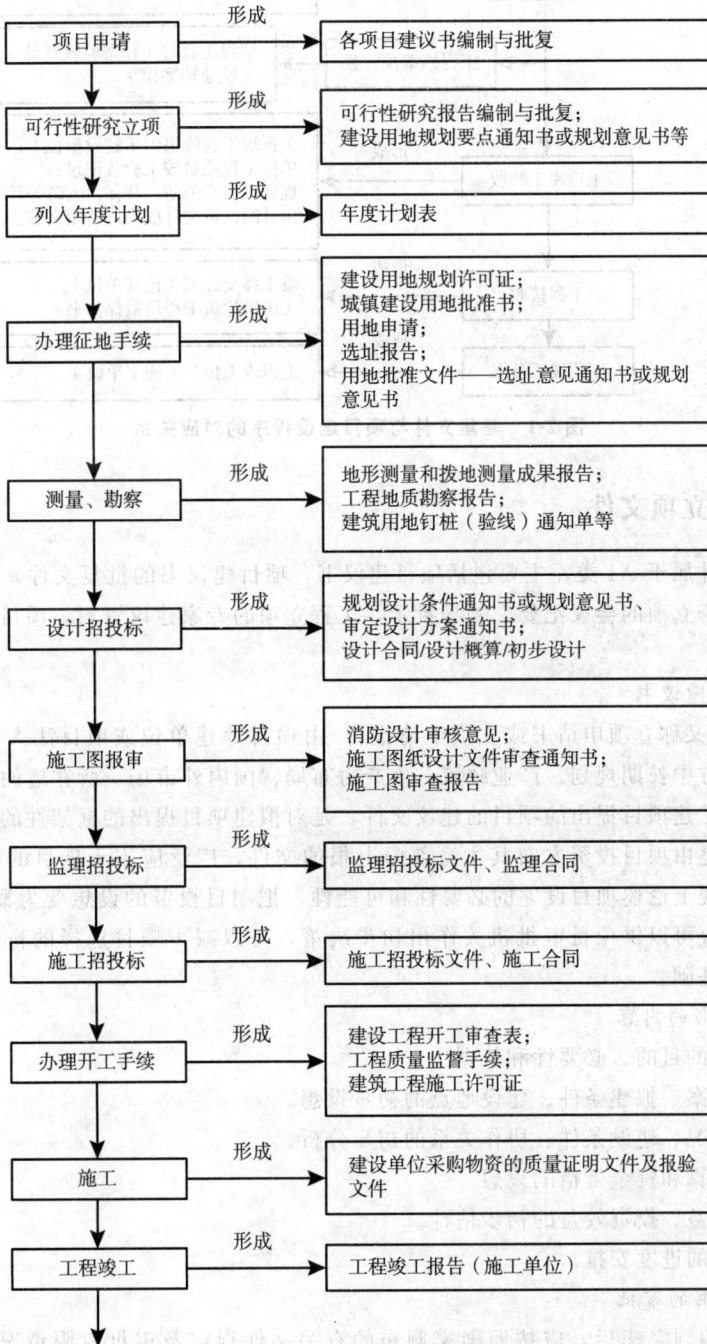

项目申请	→形成→	各项目建议书编制与批复
可行性研究立项	→形成→	可行性研究报告编制与批复； 建设用地规划要点通知书或规划意见书等
列入年度计划	→形成→	年度计划表
办理征地手续	→形成→	建设用地规划许可证； 城镇建设用地批准书； 用地申请； 选址报告； 用地批准文件——选址意见通知书或规划意见书
测量、勘察	→形成→	地形测量和拨地测量成果报告； 工程地质勘察报告； 建筑用地钉桩（验线）通知单等
设计招投标	→形成→	规划设计条件通知书或规划意见书、 审定设计方案通知书； 设计合同/设计概算/初步设计
施工图报审	→形成→	消防设计审核意见； 施工图纸设计文件审查通知书； 施工图审查报告
监理招投标	→形成→	监理招投标文件、监理合同
施工招标	→形成→	施工招投标文件、施工合同
办理开工手续	→形成→	建设工程开工审查表； 工程质量监督手续； 建筑工程施工许可证
施工	→形成→	建设单位采购物资的质量证明文件及报验文件
工程竣工	→形成→	工程竣工报告（施工单位）

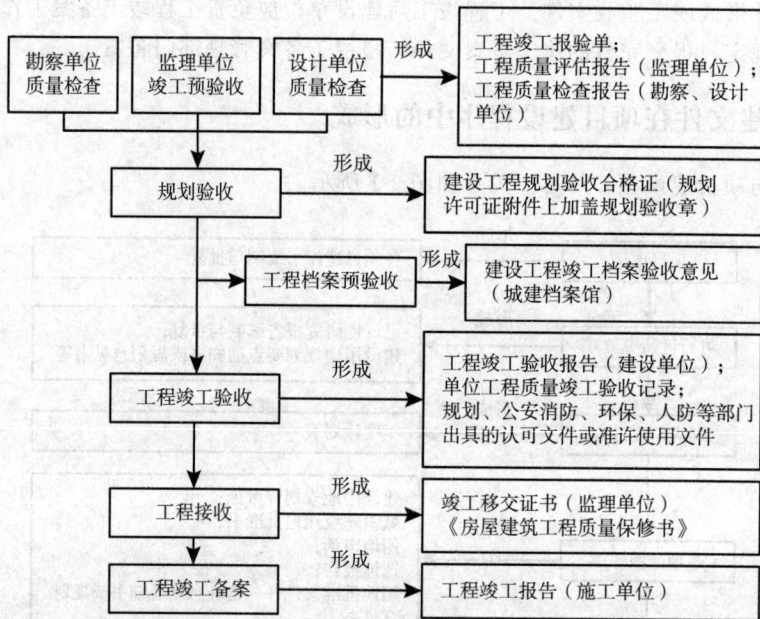

```
┌──────────┐ ┌──────────┐ ┌──────────┐ 形成  ┌────────────────────────────┐
│勘察单位  │ │监理单位  │ │设计单位  │─────→│工程竣工报验单;              │
│质量检查  │ │竣工预验收│ │质量检查  │      │工程质量评估报告（监理单位）;│
└────┬─────┘ └────┬─────┘ └────┬─────┘      │工程质量检查报告（勘察、设计│
     │            │            │            │单位）                      │
     └────────────┼────────────┘            └────────────────────────────┘
                  │
                  ▼
            ┌──────────┐    形成   ┌────────────────────────────┐
            │规划验收  │──────────→│建设工程规划验收合格证（规划│
            └────┬─────┘           │许可证附件上加盖规划验收章）│
                 │                 └────────────────────────────┘
                 │         ┌──────────────┐ 形成 ┌──────────────────┐
                 ├────────→│工程档案预验收│─────→│建设工程竣工档案验收意见│
                 │         └──────────────┘       │（城建档案馆）    │
                 │                                └──────────────────┘
                 ▼
            ┌──────────┐    形成   ┌────────────────────────────┐
            │工程竣工验收│────────→│工程竣工验收报告（建设单位）;│
            └────┬─────┘           │单位工程质量竣工验收记录;    │
                 │                 │规划、公安消防、环保、人防等部门│
                 │                 │出具的认可文件或准许使用文件 │
                 │                 └────────────────────────────┘
                 ▼
            ┌──────────┐    形成   ┌────────────────────────────┐
            │工程接收  │──────────→│竣工移交证书（监理单位）    │
            └────┬─────┘           │《房屋建筑工程质量保修书》  │
                 │                 └────────────────────────────┘
                 ▼
            ┌──────────┐    形成   ┌────────────────────────────┐
            │工程竣工备案│────────→│工程竣工报告（施工单位）    │
            └──────────┘           └────────────────────────────┘
```

图 2-1　基建文件与项目建设程序的对应关系

2.2 决策立项文件

决策立项文件属于 A1 类，主要包括项目建议书，项目建议书的批复文件，可行性研究报告的批复文件，关于立项的会议纪要、领导批示，工程立项的专家建议资料，项目评估研究资料七项内容。

2.2.1 项目建议书

项目建议书（又称立项申请书或立项申请报告）由项目筹建单位或项目法人根据国民经济的发展、国家和地方中长期规划、产业政策、生产力布局、国内外市场、所在地的内外部条件，就某一具体新建、扩建项目提出的项目的建议文件，是对拟建项目提出的框架性的总体设想。

项目建议书是由项目投资方向其主管部门上报的文件，广泛应用于项目的国家立项审批工作中。它要从宏观上论述项目设立的必要性和可能性，把项目投资的设想变为概略的投资建议。项目建议书的呈报可以供项目审批机关作出初步决策，可以减少项目选择的盲目性，为下一步可行性研究打下基础。

1. 项目建议书的内容

(1)拟建项目的目的、必要性和依据。

(2)对产品方案、拟建条件、建设地点的初步设想。

(3)对资源情况、建设条件、协作关系的初步分析。

(4)对投资估算和资金筹措的设想。

(5)对经济效益、投资效益的初步估计。

(6)拟建项目的进度安排。

2. 项目建议书的审批

项目建议书编制完毕后，应按照国家颁布的有关文件规定及审批权限情况申请立项审批。目前，项目建议书要按现行的管理体制与隶属关系分级审批。原则上，按隶属关系，经主管部门提出意见，再由主管部门上报，或与综合部门联系上报，或分级上报。项目建议书的审查要点如下。

(1)拟建项目是否符合国家的建设方针和长期规划。

(2)产品是否符合市场需要，论证是否充分。

(3)建设地点是否符合城市规划。

(4)经济效益的估算是否合理，是否与资金投入相一致。

(5)对遗漏和论证不足之处，要求咨询单位进行补充、修改。

2.2.2 项目建议书的批复文件

经审查合格的项目建议书，应报送上级有关主管部门审批。国家有关文件规定如下。

(1)大型和重大建设项目，委托有资质的工程咨询、设计单位初评后，经省、自治区、直辖市、行业归口主管部门初审后，应由中华人民共和国国家发展和改革委员会(简称国家发改委)审核后报国务院审批。

(2)中小型建设项目，由国务院主管部门或省、自治区、直辖市的发改委审批，纳入部门和地区的前期工作计划，并报国家发改委备案。

项目建议书经报批程序后，形成项目建议书的批复文件。项目建议书的批复文件是指由上级部门或国家有关主管部门对项目建议书的批准或否决文件，以此文件直接归存。

项目建议书的批复文件内容主要包括以下几个方面。

(1)项目概述：说明项目的重要性和必要性。

(2)建设规模及主要建设内容。

(3)项目总投资及资金来源。

(4)建设年限。

(5)批复意见说明、批复单位及时间。

工程建设项目要有国家各级有关计划发展部门的投资计划文件；商品房开发项目要有商品房建设计划预备项目立项文件；外资企业建设项目要有政府外经部门的投资计划文件。

2.2.3 可行性研究报告

1. 可行性研究报告

可行性研究是确定建设项目具有决定性意义的工作，是在投资决策之前，对拟建项目进行全面技术经济分析的科学论证。在投资管理中，可行性研究是指对拟建项目有关的自然、社会、经济、技术等进行调研、分析比较，以及预测建成后的社会经济效益。在此基础上，综合论证项目建设的必要性，财务的盈利性，经济上的合理性，技术上的先进性和适应性，以及建设条件的可能性和可行性，从而为投资决策提供科学依据。

可行性研究报告是从事一种经济活动(投资)之前，双方主要从经济、技术、生产、供销到社会各种环境、法律等各种因素进行具体调查、研究、分析，确定有利和不利的因素、项目是否可行，估计成功率大小、经济效益和社会效果程度，为决策者和主管机关审批的上报文件。一般可行性研究报告的主要内容如下。

(1)拟建项目提出的背景和依据，投资的必要性和经济意义。

(2)建设规模、产品方案、市场需求预测和确定的依据。

(3)技术工艺、建设标准、主要设备。

(4)资源、原材料、燃料供应及公用设施配合条件。

(5)建设地点、占地面积、布置方案、选址意见。

(6)项目构成、设计方案、公用辅助配套工程。

(7)环境影响及抗震要求。

(8)企业组织、劳动定员和人员培训。

(9)建设工期和施工进度。

(10)投资估算和资金筹措方式。

(11)经济效益和社会效益。

(12)项目风险分析。

可行性研究报告可分为政府审批核准用可行性研究报告和融资用可行性研究报告。审批核准用的可行性研究报告侧重关注项目的社会经济效益和影响；融资用报告侧重关注项目在经济上是否可行。可行性报告的目的具体概括为：政府立项审批，产业扶持，银行贷款，融资投资、投资建设、境外投资、上市融资、中外合作、股份合作、组建公司、征用土地、申请高新技术企业等各类可行性报告。

2. 可行性研究工作程序

从接到建设项目前期工作通知书到建设项目正式立项，可行性研究工作程序如图 2-2 所示。

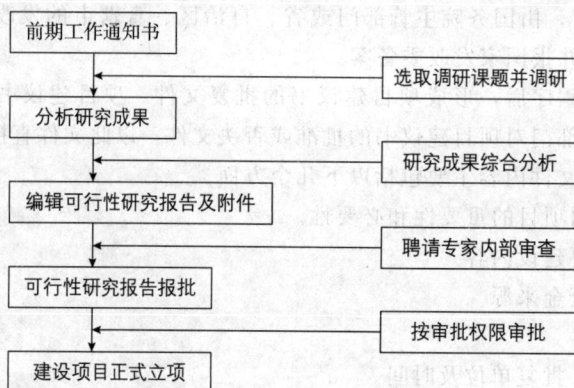

图 2-2 可行性研究工作程序

2.2.4 可行性研究报告的批复文件

1. 审批权限

建设单位编制完成可行性研究报告后，向有关主管发改委或行业主管部门申报和审批。大中型建设项目由各主管部门、各省、市、自治区或各全国性工业公司负责预审，报国家计委审批或由国家计委委托有关单位审批；重大项目或特殊项目由国家计委会同有关部门预审，报国务院审批；小型项目按隶属关系，由各主管部门、各省、市、自治区或全国性专业公司审批。

2. 审批后文件的效力

正式立项的建设项目应当按审批意见严肃执行，任何部门、单位或个人都不得随意修改和变更，如因建设条件变化、建设内容变化或建设投资变化，确实需要变更或调整可行性研究报告的指标和内容的，则要经过原批准单位同意，并正式办理变更手续。

3. 可行性研究报告的批复文件

(1)建设项目名称。

(2)建设单位名称。

(3)项目建设的必要性。

(4)项目选址和建设条件。

(5)功能定位。

(6)建设内容和规模。

(7)项目总平面布置。

(8)市政公用及配套。

(9)总投资与资金来源。

(10)批复意见说明、批复单位及时间。

2.2.5 关于立项的会议纪要、领导批示

关于立项的会议纪要、领导批示文件是指在立项过程中产生的会议纪要及领导批示的文件资料，一般由建设单位或其上级主管单位形成，应按实际形成的文件资料直接归存。

2.2.6 工程立项的专家建议资料

工程立项的专家建议资料是由建设单位或有关部门组织专家会议后所形成的有关建议性方面的文件。

2.2.7 项目评估研究资料

项目评估研究资料是指对可行性研究报告的客观性、全面性、准确性进行评价与选择，并出具的评估报告，通过批准后审批立项，颁发批准文件。

项目评估研究资料的基本内容如下。

(1)项目建设的必要性。

(2)建设规模和产品方案。

(3)工艺、技术和设备的先进性、适用性与可靠性。

(4)厂址(地址或路线规划方案)。

(5)建设工程的方案和标准。

(6)外部协作配备项目和配合条件。

(7)环境保护。

(8)投资结算及投资来源。

(9)财务评价。

2.3 建设用地征地与拆迁文件

建设用地文件属于A2类，主要包括选址申请及选址规划意见通知，建设用地批准文件，拆迁安置意见、协议、方案等，建设用地规划许可证及其附件，国有土地使用证，划拨建设用地文件六项内容。

2.3.1 选址申请及选址规划意见通知

1. 工程项目选址申请

征占用地的批准文件、对使用国有土地的批准意见分别由当地政府和国土资源、房屋土地管理部门批准形成。在城市规划区城内进行建设的项目，申请人应根据申请条件、依据，向城市规划管理部门提出选址申请，填写建设项目规划审批及其他事项申报表。

工程项目选址申请时，一般还需提交以下申报材料。

(1)新征(点)用地建设项目。

①建设单位出具的申报委托书和填写完整并加盖单位印章的"建设项目规划审批及其他事项申报表"(表2-1)。

②市计划主管部门对项目建议书的批复文件原件一份。

③建设单位新征(占)用地申请文件、选址要求及拟建项目情况说明各一份。

④报建项目设计方案图样(含主要经济技术指标一份)。

⑤在基本比例尺图样上，用铅笔划出新征(占)用地范围或位置的地形图一份。

⑥依法需要进行环境影响评价的建设项目，需持经相应环保部门批准的环境影响评价文件。

⑦普测或钉桩成果。

⑧其他法律、法规、规章规定的相关要求。

（2）自有用地建设项目。

①建设单位出具的中报委托书和填写完整并加盖单位印章的"建设项目规划审批及其他事项申报表"（表2-1）。

②"建设用地规划许可证"或"国有土地使用证""房屋所有权证"（简称房产证）等其他证明土地权属的文件的复印件一份。

③建设单位对拟建项目情况的说明一份；建设项目报加层的，需附设计部门出具的建筑结构基础证明文件。

④拟建项目设计方案图样（含主要经济技术指标）一份。

⑤在基本比例尺图样上，用铅笔划出新征（占）用地范围或位置的地形图一份。

⑥依法需要进行环境影响评价的建设项目，需要持经相应环保部门批准的环境影响评价文件。

⑦普测或钉桩成果。

⑧其他法律、法规、规章规定的相关要求。

表 2-1　建设项目规划审批及其他事项申报表

项目代码			（首次申报时，由规划行政主管部门填写）		
建设 单位 （个人）	郑重承诺：对提交的申报材料实质内容的真实性负责并依法承担相应法律责任（盖章）			组织机构代码	
				邮政编码	
	通信地址			区（县）	
	委托代理人（或产权人）			身份证号码	
	联系电话			移动电话	
设计 单位	郑重承诺：对设计文件和图纸表述内容的真实性、准确性、合法性负责，并依法承担相应法律责任（盖章）			资质等级	级
				资质证号	
	项目负责人		电话	注册建筑师证号	
申报 或征询类别	行 政 许 可 事 项	规划意见书（选址）	□新征（占）用地项目		
		建设用地规划许可	□新征（占）用地项目　　　　□自有用地项目 □临时建设用地规划许可证		
		建设工程规划许可	□新征（占）用地项目　　　　□自有用地项目 □城镇居民建房　　　　　　　□村民建房 □临时建设工程规划许可证　　□外装修工程		
		变更	□变更建设用地规划许可证附件 □变更建设工程规划许可证附件　□规划意见复函		
		延续	□建设用地规划许可证　　　□建设工程规划许可证 □临时建设用地规划许可证　□临时建设工程规划许可证 □城镇居民建房　□村民建房　□外装修工程		
		其他事项	□规划意见书（条件） □控规调整 □规划验线 □规划验收 （□规划意见函复）	备注：申报自有用地"规划意见书（条件）"的建设项目，如涉及新增用地，你单位是（　）否（　）同意将"规划意见书（条件）"转为"规划意见书（选址）"。如同意将"规划意见书（条件）"转为"规划意见书（选址）"，须在取得规划意见时，补交建设单位申报委托书1份	

项目代码		（首次申报时，由规划行政主管部门填写）				
建设项目基本情况	项目性质			图幅号		
	建设位置			区（县）		
	建设规模	用地面积	m²	建筑面积	m²	其他
	上阶段审批文号					
	原规划许可证件文号					

2. 选址规划意见通知书

"选址规划意见通知书"由城市规划主管部门下发，并有附图。建设单位的工程项目选址申请经城市规划管理部门审查，符合有关法规标准的，城市规划管理部门应及时收取申请人申请材料，并填写两份选址规划意见通知书，将一份"选址规划意见通知书"加盖收件专用印章后交申请人，将申请材料和另一份"选址规划意见通知书"装袋，填写移交单，转交有关管理部门。

2.3.2 建设用地批准文件

1. 合并规划选址和用地预审

将"建设项目选址意见书""建设项目用地预审意见"合并，由自然资源主管部门统一核发"建设项目用地预审与选址意见书"，不再单独核发"建设项目选址意见书""建设项目用地预审意见"。

涉及新增建设用地，用地预审权限在自然资源部的，建设单位向地方自然资源主管部门提出用地预审与选址申请，由地方自然资源主管部门受理；经省级自然资源主管部门报自然资源部通过用地预审后，地方自然资源主管部门向建设单位核发"建设项目用地预审与选址意见书"。用地预审权限在省级以下自然资源主管部门的，由省级自然资源主管部门确定"建设项目用地预审与选址意见书"办理的层级和权限。

使用已经依法批准的建设用地进行建设的项目，不再办理用地预审；需要办理规划选址的，由地方自然资源主管部门对规划选址情况进行审查，核发"建设项目用地预审与选址意见书"。

"建设项目用地预审与选址意见书"有效期为三年，自批准之日起计算。

2. 合并建设用地规划许可和用地批准

将"建设用地规划许可证""建设用地批准书"合并，自然资源主管部门统一核发新的"建设用地规划许可证"，不再单独核发建设用地批准书。

以划拨方式取得国有土地使用权的，建设单位向所在地的市、县自然资源主管部门提出建设用地规划许可申请，经有建设用地批准权的人民政府批准后，市、县自然资源主管部门向建设单位同步核发"建设用地规划许可证""国有土地划拨决定书"。

以出让方式取得国有土地使用权的，市、县自然资源主管部门依据规划条件编制土地出让方案，经依法批准后组织土地供应，将规划条件纳入"国有建设用地使用权出让合同"。建设单位在签订"国有建设用地使用权出让合同"后，市、县自然资源主管部门向建设单位核发"建设用地规划许可证"。

2.3.3 拆迁安置意见、协议、方案等

房屋拆迁补偿、安置协议是房屋拆迁双方的法律行为。房屋拆迁安置协议必须采用书面的形式，协议关系主要由房屋拆迁双方当事人参加，如仅有一方当事人，协议关系便不能成立。

（1）房屋拆迁当事人之间的法律地位平等。这体现在两个方面：一方面是无论当事人双方的经济实力、政治地位如何，不允许任何一方将自己的意志强加给另一方；另一方面是体现房屋拆

迁权利、义务的对等性，即一方从对方获得某项权利时，也承担相应的义务。凡显失公正的协议均是可撤销的。

（2）协议必须是房屋拆迁双方的合法行为。所谓合法行为，是指按照房屋拆迁法规规定的要求而实施的行为。如当事人的资格，社会组织作为房屋拆迁协议当事人要有法人资格；承办人签订协议要有法人或法人代表的授权证明；委托代理订立协议的要有合法手续；被拆迁人签订协议时，应当出具产权证书、使用权证明等法律文件。凡违反法规规定，采取欺诈手段等所订立的协议都是无效协议。房屋拆迁补偿安置协议是具有法律效力的文件，表现在其权利依法产生后受到法律的保护；其义务依法产生后，则受法律的强制。

依法订立的协议必须认真恪守，当事人任何一方均无权擅自变更或解除。在协议履行过程中发生纠纷时，协议条款是解决纠纷的主要依据。房屋拆迁补偿安置协议是一种双务有偿协议，协议的当事人依据协议享有一定的权利，同时又要承担相应义务。

2.3.4 建设用地规划许可证及其附件

城市规划管理部门根据城市总体规划的要求和建设项目的性质、内容及选址定点时初步确定的用地范围界限，提出规划设计条件，核发"建设用地规划许可证"。"建设用地规划许可证"是确定建设用地位置、面积、界限的法定凭证。

1. 提出规划用地申请

建设单位持有按国家基本建设程序批准的建设项目立项的有关证明文件，可向城市规划管理部门提出规划用地申请，填写"建设用地规划许可证申报表"并准备好有关文件。

"建设用地规划许可证申报表"主要内容为建设单位、申报单位、工程名称、建设内容、地址、规模等概况。需要准备的有关文件主要有计划主管部门批准的征用土地计划、土地管理部门的拆迁安置意见、地形图和城市规划管理部门的选址规划意见通知书，以及要求取得的有关协议、意向书等文件和图样。

填写的"建设用地规划许可证申报表"要加盖建设单位及申报单位公章。经审查符合申报要求的规划用地申请，建设单位或申报单位可领取建设用地规划许可证立案表，作为取件凭证。

2. 办理建设用地规划许可证

办理建设用地规划许可证的注意事项

（1）征用农村集体土地时，由城市规划行政主管部门提出选址规划意见通知书，待批准后，方可办理"建设用地规划许可证"；使用国有土地时，由城市规划行政主管部门提出选址意见通知书，待批准后方可办理"建设用地规划许可证"。

（2）国有土地管理部门提出拆迁安置意见后，正式确定使用国有土地的范围和数量，并待城市规划行政主管部门审定设计方案后，方可办理"建设用地规划许可证"。

（3）"建设用地规划许可证"规定的用地性质、位置和界线，未经原审批单位同意，任何单位和个人不得擅自变更。

建设用地规划许可证附件见表 2-2。

表 2-2 建设用地规划许可证附件

用地单位：　　　　　　　　　　　市规地：

用地位置：　　　　　　　　　　　图幅号：

用地单位联系人：　　　　　　　　电话：　　　　发件日期：

用地项目名称		用地面积/m²	备注
建设用地			其中
代征用地	城市道路用地		粮田：

用地项目名称		用地面积/m²	备注
代征用地	城市绿化用地		菜地：
其他用地			其他：
合计			

说明：1. 本附件与"建设用地规划许可证"具有同等法律效力。

　　　2. 遵守事项详见"建设用地规划许可证"。

2.3.5　国有土地使用证

征用土地应严格按照国家规定的基本建设程序和审批权限由国有土地管理部门办理。其程序如下。

(1)提出建设用地申请。

(2)协商征地数量和补偿安置方案。

(3)划拨土地。

(4)核发国有土地使用证。

凡利用国有土地进行商业、旅游、娱乐、写字楼、商品住宅等经营性开发的项目用地，均需通过土地交易市场购得国有土地使用权，并办理相关手续。

2.3.6　划拨建设用地文件

划拨建设用地文件主要包括"国有建设用地划拨决定书"，是依法以划拨方式设立国有建设用地使用权、使用国有建设用地和申请土地登记的凭证。

2.4　勘察、测绘与设计文件

勘察设计文件属于A3类，主要包括岩土工程勘察报告，建设用地钉桩通知单(书)，地形测量和拨地测量成果报告，审定设计方案通知书及审查意见，审定设计方案通知书要求征求有关部门的审查意见和要求取得的有关协议，初步设计图及设计说明，消防设计审核意见，施工图设计文件审查通知书及审查报告，施工图及设计说明九项内容。

2.4.1　岩土工程勘察报告

1. 勘察工作的内容和方法

(1)勘察工作的内容。工程建设的勘察工作主要包括自然条件的调查、工程勘察、水文勘察、地震调查等内容。

(2)勘察的方法。常用的岩土工程勘察方法有野外调查、测绘钻探、精探、井探、物探、试验场试验、室内试验和长期观测等。对于城市基本建设勘察来说，一般多采用槽探、井探、物探、室内试验等。

2. 工程地质勘察

对于一个建设项目，为查明建筑物的地质条件而进行的综合性的地质调查工作称为工程地质勘察。城市工程地质勘察一般分为以下四个阶段：

(1)选址勘察阶段。选址勘察阶段是工程地质勘察的第一阶段，任务是对拟选场地的稳定性和适宜性作出评价。

(2)初步勘察阶段。初步勘察阶段是工程地质勘察的第二阶段，任务是对建设场地内建设地段的稳定性作出评价。

(3)详细勘察阶段。详细勘察阶段是工程地质勘察的第三阶段，任务是对建筑地基作出工程地质评价，并为地基基础设计、地基处理与加固、不同地质现象的防治工作提供工程地质资料。

（4）施工勘察阶段。施工勘察阶段是工程地质勘察的第四阶段，任务是对工程地质条件复杂或有特殊施工要求的建筑物地基进行进一步的勘察工作。

3. 工程地质勘察报告

工程地质勘察报告的内容分为文字和图表两部分。文字部分的内容包括前言、地形、地貌、地层结构、含水层构造、不良地质现象、土的最大冻结深度、地震基本烈度、预测环境工程地质的变化和不良影响、工程地质建议等；图表部分的内容包括工程地质分区图、平面图、剖面图、勘探点平面位置图、钻孔柱状图，以及不良地质现象的平剖面图、物探剖面图和地层的物理力学性质、试验成果资料等。

2.4.2　建设用地钉桩通知单（书）

规划行政主管部门在核发"建设工程规划许可证"时，应当向建设单位一并发放"建设用地钉桩（验线）通知单"，见表2-3。

建设单位在施工前应当向规划行政主管部门提交填写完整的"建设用地钉桩（验线）通知单"，规划行政主管部门应当在收到验线申请后三个工作日内组织验线。经验线合格，方可施工。

表 2-3　建设用地钉桩（验线）通知单

工程名称		许可证号	
建设单位		涉及图幅号	
施工单位		钉桩时间	
建设项目钉线情况说明			
附图			
现场签名	建设单位代表	施工单位代表	规划院代表	规划局代表

2.4.3　地形测量和拨地测量成果报告

工程准备阶段的工程测量工作按工作程序和作业性质分类主要有地形测量与拨地测量。测量成果报告是征用土地的依据性文件，也是工程设计的基础资料。

（1）地形测量。工程建设的地形测量指建设用地范围内的地形测量。其包括建设用地的地貌、水文、植被、建筑物和居民点。

（2）拨地测量。征用的建设用地要进行位置测量、形状测量和确定四至，一般称为拨地测量。拨地测量一般采用解析实钉法。拨地测量报告的内容为拨地条件、成果表、工作说明、略图、条件坐标、内外作业计算记录手簿等资料，并将拨地资料和定线成果展绘在1：1 000或1：500的地形图上，建立图档。

2.4.4　设计文件

设计文件由设计单位形成，建设项目主管部门对有设计能力的单位或者中标单位提出委托设计的委托书，建设单位和设计单位签订设计合同。根据工程建设项目在审批、施工等方面对设计文件深度要求的变化，形成以下设计文件。

1. 审定设计方案通知书及审查意见

审定设计方案通知书及审查意见由规划行政管理部门形成。设计方案通知书规定了规划设计的条件，主要包括以下内容。

(1)用地情况。

(2)用地的主要性质。

(3)用地的使用度。

(4)建设设计要求。

(5)市政设计要求。

(6)市政要求。

(7)其他应遵守的事项。

2. 有关部门的相关协议

有关部门对审定设计方案通知书的审查意见和要求取得的有关协议，分别由人防、环保、消防、交通、园林、市政、文物、通信、保密、河湖、教育等部门审批形成。

3. 初步设计图及设计说明

初步设计图样主要包括总平面图、建筑图、结构图、给水排水图、电气图、弱电图、采暖通风及空气调节图、动力图、技术与经济概算等。初步设计说明由设计总说明和各专业的设计说明书组成。设计总说明一般应包括下列几个方面的内容。

(1)工程设计的主要依据。

(2)工程设计的规模和设计范围。

(3)设计的指导思想和设计特点。

(4)总指标。

(5)需提请在设计审批时解决或确定的主要问题。

4. 消防设计审核意见

消防设计审核意见由消防机构审批形成。

5. 施工图设计文件审查通知书及审查报告

(1)工程施工图设计文件审查申请表。施工图会审前应填写"工程施工图设计文件审查申请表"，见表2-4。

表 2-4　工程施工图设计文件审查申请表

工程名称		××公寓		
工程概况	地址	××市××区××路××号		
	建筑面积	××m²	总投资	××万元
	建筑层数	地上××层，地下×层	建筑高度	××m
建设单位	名称	××房地产开发有限公司		
	地址	××市××区××路××号	邮编	××××××
	联系人	×××	联系电话	×××××××××
设计单位	名称	×××建筑设计院	证书编号	××××××
	联系人	×××	联系电话	×××××××××
设计合同	合同编号	××××××××	设计费	××万元
	签订日期	××年××月××日	已付费用	××万元

需提交的文件、材料：

(1)方案设计、初步设计批准文件和规划、消防、人防、环保、卫生、地震等专业管理部门审查意见；

(2)完整的施工图设计文件(蓝图)一式两份(待审查合格后加送原蜡纸图一份以盖审查合格章)；

(3)结构计算书和计算机软件名称及授权序列号、结构计算数据软盘；

(4)设计合同一份(复印件)；

(5)消防设计专篇说明

(2)施工图审查记录。图纸会审前，甲方代表应组织各专业专家对施工图进行审查，并填写施工图审查记录(表2-5)，经工程技术主管审核后保存。

表 2-5　施工图审查记录

工程名称：××工程　　　　　　　　　　　　　　　　项目编号：×××

专业类别	建筑工程、结构工程、给水排水及采暖工程、建筑电气工程	审查人	×××	时间	××年××月××日
审核人	×××			时间	××年××月××日
施工图中存在的问题			拟采用解决的方案		
钻灌桩的桩长超标			将原设计的 26 m 改为 22 m		

6. 施工图及设计说明

建筑施工图是在建筑工程中能够十分准确地表达出建筑物的外形轮廓、大小尺寸、结构构造和材料做法的图样。它是房屋建筑施工的依据。施工图及设计说明由设计单位形成。

施工图主要包括以下几个方面的内容。

(1)总平面图。

(2)建筑物、构筑物和公用设施详图。

(3)工艺流程和设备安装图等工程建设、安装、施工所需的全部图纸。

(4)施工图设计说明。

(5)结构计算书、预算书和设备材料明细表等文字材料。

2.5　工程招投标与承包合同文件

招投标及合同文件属于 A4 类，主要包括勘察招投标文件，勘察合同，设计招投标文件，设计合同，监理招投标文件，委托监理合同，施工招投标文件，施工合同八项内容。

2.5.1　招投标程序及组成

对拟建工程项目，建设单位招请具备法定资格的承包商投标，称为"招标"；经资格审查后取得招标文件的承包商填写标书、提出报价和其他有关文件，在限定的时间内送达招标单位，称为"投标"。招投标程序如下。

1. 招标准备阶段

招标准备阶段主要工作包括选择招标方式、办理招标备案手续、组织招标班子和编制招标有关文件。

2. 招投标阶段

招投标阶段工作是发布招标公告，资格预审，确定投标单位名单，分发招标文件、图纸和技术资料，组织现场踏勘和招标文件答疑，接受投标文件，建立评标组织，制定评标、决标的办法。

3. 决标阶段

决标阶段工作是召开开标会议，审查投标书，组织评标，公开标底，决标前谈判，决定中标单位，发布中标通知书，签订施工承包合同。

招投标文件包括勘察设计招投标文件、监理招投标文件和施工招投标文件，这些招投标文件由建设单位与勘察单位、设计单位、施工单位、监理单位形成。

2.5.2 招标相关文件

1. 招标公告文件

依法必须进行公开招标的工程项目，应当由招标人在国家或者地方指定的报刊、信息网络或其他媒介上发布招标公告，并同时在中国工程建设网和建筑业信息网上发布招标公告；实行邀请招标的，应向三个以上符合资质条件的投标人发送投标邀请书。招标公告主要介绍招标工程项目的基本情况和招标单位的情况，以及投标单位购买资格预审文件办法等有关事宜。

2. 资格预审文件

资格预审文件由资格预审须知和资格预审申请表两部分组成。资格预审须知是明确参加投标单位应知事项和申请人应具备的资历及有关证明文件。由投标人填写的资格预审申请表是按照招标单位对投标申请人的要求条件而编写的。

3. 招标文件

招标文件是投标人编写投标书和报价的依据，文件中的各项内容应尽可能完整、详细，明确而具体，要最大限度地减少误解和可能产生的争议。

4. 招标合同示范文本

《建设工程施工合同(示范文本)》(GF—2017—0201)推荐的招标文件组成结构包括以下内容。

(1)投标须知、合同通用合同条款、专用合同条款及合同格式。

(2)技术规范。

(3)投标文件：投标书及投标书附录、工程量清单与报价单、辅助资料表、资格审查表(有资格预审的不再采用)。

(4)图纸。

2.5.3 标底

工程施工招投标通常要编制标底，一般由招标单位委托工程造价单位编制。编制标底应根据图纸和有关资料确定工程量，标底价格要考虑成本、利润和税金，而且要与市场实际相一致，还要考虑人工、材料、机械价格等变动因素和不可预见因素的影响，既有利于竞争，又有利于保证工程质量。标底须报请主管部门审定，审定后应密封保存，严格保密，不得泄露，直至开标。

2.5.4 投标文件

1. 投标单位应向招标单位提供的投标文件材料

(1)企业的营业执照和资质证书。

(2)企业简历。

(3)自有资金情况和财务状况。

(4)全体职工人数、人员技术等级、自有设备。

(5)近三年承建的主要工程和质量。

(6)现有主要施工任务。

2. 编制投标文件

投标单位应根据招标文件的要求认真编制投标书，编制完成后应在规定的期限内密封送达招标单位。

2.5.5　开标、评标和中标

1. 开标

（1）开标由招标人主持，邀请所有的投标人参加。

（2）开标时投标文件应当众检查，并应有公证机关公证。

2. 评标

（1）评标由招标人依法组建的评标委员会负责，在严格保密的情况下进行。

（2）评标委员会应当客观公正地履行职责，遵守职业道德，对所提的评审意见承担个人责任。

3. 中标

中标单位确定后，招标单位向中标单位发出通知书，然后由招标单位与中标的施工单位签订施工合同。

2.5.6　勘察、设计合同

工程项目勘察、设计合同是指建设单位（委托方也称发包方）与工程勘察、设计单位（承包方或者承接方）为完成特定工程项目的勘察、设计任务，签订的明确双方权利、义务关系的协议。在此类合同中，委托方通常是工程项目的业主（建设单位）或项目管理部门，承包方是持有与其承担任务相符的勘察、设计资格证书的勘察、设计单位。根据勘察、设计合同，承包方完成委托方委托的勘察、设计项目。委托方接受符合约定要求的勘察、设计成果，并付给承包方报酬。

1. 建设工程勘察合同示范文本

《建设工程勘察合同（示范文本）》（GF—2016—0203）由合同协议书、通用合同条款和专用合同条款三部分组成。其中，合同协议书共计12条，主要包括工程概况、勘察范围和阶段、技术要求及工作量、合同工期、质量标准、合同价款、合同文件构成、承诺、词语定义、签订时间、签订地点、合同生效和合同份数等内容，集中约定了合同当事人基本的合同权利义务。通用合同条款具体包括一般约定、发包人、勘察人、工期、成果资料、后期服务、合同价款与支付、变更与调整、知识产权、不可抗力、合同生效与终止、合同解除、责任与保险、违约、索赔、争议解决及补充条款等共计17条。专用合同条款是对通用合同条款原则性约定的细化、完善、补充、修改或另行约定的条款。

2. 建设工程设计合同示范文本

《建设工程设计合同示范文本（房屋建筑工程）》（GF—2015—0209）由合同协议书、通用合同条款和专用合同条款三部分组成。其中，合同协议书集中约定了合同当事人基本的合同权利义务。通用合同条款是合同当事人根据《中华人民共和国建筑法》《中华人民共和国民法典》等法律法规的规定，就工程设计的实施及相关事项，对合同当事人的权利义务作出的原则性约定。专用合同条款是对通用合同条款原则性约定的细化、完善、补充、修改或另行约定的条款。合同当事人可以根据不同建设工程的特点及具体情况，通过双方的谈判、协商对相应的专用合同条款进行修改补充。

《建设工程设计合同示范文本（房屋建筑工程）》适用于建设用地规划许可证范围内的建筑物构筑物设计、室外工程设计、民用建筑修建的地下工程设计与住宅小区、工厂厂前区、工厂生活区、小区规划设计与单体设计等，以及所包含的相关专业的设计内容（总平面布置、竖向设计、各类管网管线设计、景观设计、室内外环境设计及建筑装饰、道路、消防、智能、安保、通信、防雷、人防、供配电、照明、废水治理、空调设施、抗震加固等）等工程设计活动。

2.5.7　委托监理合同

建设工程委托监理合同是委托人与监理人就委托的工程项目管理内容签订的明确相互权利、义务关系的有法律效力的协议。它是纲领性的法律文件，是一个总的协议，经双方当事人签字盖章后合同即成立。

1. 建设工程委托监理合同主要内容

合同中需要明确和填写的主要内容包括工程概况，委托人向监理人支付报酬的期限和方式，合同签订、生效、完成的时间，双方愿意履行约定的各项义务的表示。

2. 建设工程委托监理合同标准条件

合同标准条件内容包括合同文件，双方的责任、权利和义务，合同生效、变更与终止，监理报酬，争议的解决，其他。

3. 建设工程委托监理合同专用条件

由于合同标准条件适用于各行各业建设项目的建设工程监理，对于具体的建设工程项目监理，某些条款内容已不具有适用性，需要在签订建设工程委托监理合同时，根据建设工程项目的具体情况和实际要求，对标准条件中的某些条款进行补充和修正。

2.5.8 施工合同

建设工程施工合同是建设单位（招标单位）与施工单位根据有关法律、法规，遵循平等、自愿、公平和诚实信用的原则，签订完成某一建设工程施工任务，明确相互权利、义务关系的有法律效力的协议。

1. 协议书

合同协议书是施工合同的纲领性法律文件，经双方当事人签字盖章后合同即成立。标准化的协议书需要填写的主要内容包括工程概况、工程承包范围、合同工期、质量标准、合同价款、组成合同的文件及合同的生效时间等。

2. 通用条款

通用条款包括词语定义及合同文件，双方的一般权利和义务，施工组织设计和工期，质量与检验，安全施工，合同价款与支付，材料设备与供应，工程变更，竣工验收与结算，违约、索赔和争议，其他。

3. 专用条款

专用条款是结合具体工程实际，经协商达成一致意见的条款，是对通用条款的具体化、补充或修改。其内容由合同当事人根据建设工程项目的具体特点和实际要求细化。

4. 附件

《建设工程施工合同（示范文本）》（GF—2017—0201）中有三个附件，即承包人承揽工程项目一览表、发包人供应材料设备一览表和工程质量保修书。

2.6 工程开工文件

开工文件属于 A5 类，主要包括八项内容：建设项目列入年度计划的申报文件，建设项目列入年度计划的批复文件或年度计划项目表，规划审批申报表及报送的文件和图纸，建设工程规划许可证及其附件，建设工程施工许可证及其附件，工程质量安全监督注册登记，工程开工前的原貌影像资料，施工现场移交单。

2.6.1 建设项目列入年度计划的申报与批复文件

建设项目列入年度计划的申报与批复文件由建设单位形成。

建设项目列入年度计划的批复文件或年度计划项目表由建设行政管理部门形成。

2.6.2 规划审批申报表及报送的文件和图纸

规划审批申报表及报送的文件和图纸由规划部门形成。

2.6.3 建设工程规划许可证及其附件

"建设工程规划许可证"是由市、县规划委员会对施工方案与施工图纸审查后，确定该工程符合整体规划而出的证书。"建设工程规划许可证"应包括附件和附图。它们是建设工程许可证的配套证件，具有同等法律效力；按不同工程的不同要求，由发证单位根据法律、法规和实际情况制定。使用建设工程规划许可证及其附件时应注意以下几点。

(1)工程放线完毕，通知测绘院、规划部门验线无误后方可施工。

(2)有关消防、绿化、交通、环保、市政、文物等未尽事宜，应由建设单位负责与有关主管部门联系，妥善解决。

(3)设计责任由设计单位负责。对于由非正式设计单位进行设计的工程，按规定其设计责任由建设单位负责。

(4)"建设工程规划许可证"及附件发出后，因年度建设计划变更或因故未建满两年者，"建设工程规划许可证"及附件自行失效，需建设时，应向审批机关重新申报。经审核批准后方可施工。

(5)凡属按规定应编制竣工图的工程必须按照国家编制竣工图的有关规定编制竣工图，送城市建设档案馆。

"建设工程规划许可证"及其附件格式如图 2-3 及表 2-6 所示。

中华人民共和国

建设工程规划许可证

建字第_____号

根据《中华人民共和国城乡规划法》第四十条规定，经审核，本建设工程符合城乡规划要求，颁发此证。

发证机关
日　　期

建设单位(个人)	
建设项目名称	
建设位置	
建设规模	
附图及附件名称	

遵守事项

一、本证是经城乡规划主管部门依法审核，建设工程符合城乡规划要求的法律凭证。

二、未取得本证或不按本证规定进行建设的，均属违法建设。

三、未经发证机关许可，本证的各项规定不得随意变更。

四、城乡规划主管部门依法有权查验本证，建设单位(个人)有责任提交查验。

五、本证所附图与附件由发证机关依法确定，与本证具有同等法律效力。

图 2-3 "建设工程规划许可证"

表 2-6 建设工程规划许可证附件

建设单位：××房地产开发有限公司

建设位置：××市××区××街××号　　　　　　图幅号：

建设单位联系人：×××　　　　　　电话：×××××××××　　　　发件日期：××年×月×日

建设项目名称	建设规模/m²	层数		高度/m	栋数	结构类型	造价/万元	备注
		地上	地下					
××公寓	7000	18	2	60	1	框架—剪力墙	5 849	

建设项目名称	建设规模/m²	层数		高度/m	栋数	结构类型	造价/万元	备注
		地上	地下					

2.6.4 建筑工程施工许可证

建设单位在工程开工前,按照国家有关规定向工程所在地的县级以上地方人民政府住房城乡建设主管部门出具已经办理该工程的用地批准手续;在城市规划区内的工程,已取得"建设工程规划许可证";需要拆迁的,其拆迁进度符合施工要求;已经确定建筑施工企业;有满足施工需要的施工图纸及技术资料;有保证工程质量和安全的具体措施;建设资金已经落实;满足法律、行政法规规定的其他要求。具备以上条件的,可申请办理"建筑工程施工许可证",并以当地建设行政主管部门颁发的"建筑工程施工许可证"(图2-4)归存。

中华人民共和国

建筑工程施工许可证

编号

根据《中华人民共和国建筑法》第八条规定,经审查,本建筑工程符合施工条件,准予施工。

特发此证

发证机关
发证日期　　年　月　日

建设单位			
工程名称			
建设地址			
建设规模		合同价格	万元
勘察单位			
设计单位			
施工单位			
监理单位			
勘察单位项目负责人		设计单位项目负责人	
施工单位项目负责人		总监理工程师	
合同工期			
备注			

注意事项:
一、本证放置施工现场,作为准予施工的凭证。
二、未经发证机关许可,本证的各项内容不得变更。
三、住房城乡建设主管部门可以对本证进行查验。
四、本证自发证之日起三个月内应予施工,逾期应办理延期手续,不办理延期或延期次数、时间超过法定时间的,本证自行废止。
五、在建的建筑工程因故中止施工的,建设单位应当自中止施工之日起一个月内向发证机关报告,并按照规定做好建筑工程的维护管理工作。
六、建筑工程恢复施工时,应当向发证机关报告;中止施工满一年的工程恢复施工前,建设单位应当报发证机关核验施工许可证。
七、凡未取得本证擅自施工的属违法建设,将按《中华人民共和国建筑法》的规定予以处罚。

图2-4 "建筑工程施工许可证"

2.6.5 工程质量安全监督注册登记

1. 工程质量监督手续

工程质量监督手续由建设单位在领取施工许可证前向当地住房城乡建设主管部门委托的工程质量监督部门申报报监备案登记。根据《建设工程质量管理条例》有以下规定。

(1)凡在我国境内从事土木工程、设备安装、建筑工程、线路管道和设备安装及装修工程的新建、扩建、改建等有关活动与实施,必须由各级质量监督机构对其实施监督。

（2）在实施监督过程中，发现有违反国家有关建设工程质量管理规定行为或工程质量不合格的，质量监督机构有权责令建设单位进行整改。建设单位接到整改通知书后，必须立即进行整改，并将整改情况书面报送工程质量监督机构。

（3）建设单位在质量监督机构监督下进行的工程竣工验收通过后，五日内未收到工程质量监督机构签发的重新组织验收通知书，即可进入验收备案程序。

（4）工程质量监督机构在工程竣工验收通过后并收到建设单位的竣工报告15个工作日内，向负责竣工验收备案部门提交建设工程质量监督报告。

2．建设工程质量安全监督注册登记表

根据《建设工程质量管理条例》等有关规定，建设单位在申领建筑工程施工许可证前，按规定应向监督机构申请办理建设工程质量安全监督注册登记手续（表2-7）。

表2-7　建设工程质量安全监督注册登记表

工程名称			结构类型	
工程地址			结构层数	
建筑面积		m²	基础类型	
工程造价		万元	计划开、竣工日期	
施工总承包单位			资质证书号	
项目经理			级别、证书号	
专业承包单位			资质证书号	
项目经理			级别、证书号	
勘察单位			资质证书号	
项目勘察负责人			注册资格证	
设计单位			资质证书号	
项目结构设计负责人			注册资格证	
项目建筑设计负责人			注册资格证	
监理单位			资质证书号	
项目总监理工程师			注册资格证	
建设单位提交资料文件	1	施工图设计文件审查合格书或批准书		
	2	中标通知书和施工、监理合同及转分包合同		
	3	施工、监理、分包单位资质复印件(含安仓许可证)		
	4	参建各方质量安全责任制(含机构人员组成)		
	5	施工单位办理的意外伤害保险证明		
	6	施工组织设计及监理规划(安全专项方案及细则单列)		
建设单位： 法人代表： 项目负责人： 电话号码： （盖章） 　　　年　月　日			审核意见： 质量安全监督站（章） 审核人(签字)： 　　　年　月　日	

2.6.6 工程开工前的原貌影像资料及施工现场移交单

工程开工前的原貌影像资料由建设单位收集、提供；施工现场移交单由建设单位办理。工程开工前的原貌影像资料及施工现场移交单应提供下列资料。

(1)施工图设计文件审查报告、审查合格书及备案证明原件或批准书(复印件)。

(2)经审查合格施工图纸一套。

(3)中标通知书和施工、监理合同(原件和复印件)。

(4)建设单位、施工单位和监理单位工程项目的负责人或机构组成(单位工程主要技术人员登记表)。

(5)其他需要的文件资料(施工组织设计、监理规划、监理实施细则、检测合同、监理单位见证人员资格证书等)。

2.7 商务文件

商务文件属于 A6 类，主要包括工程投资估算，工程设计概算，施工图预算，施工预算，工程结算、竣工决算，交付使用固定资产清单，建设工程概况七项内容。

2.7.1 工程投资估算文件

工程投资估算文件是指由建设单位委托工程设计单位、咨询单位或勘察设计单位编制的工程投资估算资料，以此文件直接归存。工程投资估算具体包括建筑安装工程费、设备及器具购置费、工程建设其他费用、预备费等，主要依据相应建设项目投资估算招标额，参照以往类似工程的造价资料编制的。它对初步设计的概算和工程造价起控制作用。

(1)建筑安装工程费。建筑安装工程费是指建设单位为从事该项目建筑安装工程所支付的全部生产费用，包括直接用于单位工程的人工、材料、机械使用费，其他直接费，分摊到各单位工程中的管理费及利税。

(2)设备及工器具购置费。设备及工器具购置费是指建设单位按照建设项目设计文件要求购置或自备的设备及工器具所需的全部费用，包括需要安装与不需要安装设备及未构成固定资产的各种工具、器具、仪器、生产家具的购置费用。

(3)工程建设其他费用。工程建设其他费用是指除建筑安装工程和设备及工器是购置费外的，根据有关规定在基本建设投资中支付的，并列入建设项目总概算或单项工程综合概算的费用。

(4)预备费。预备费是指在初步设计和概算中难以预料的工程费用，其中包括实行按施工图概算加系数包干的概算包干费用。

2.7.2 工程设计概算

工程设计概算是指由建设单位委托工程设计单位编制的设计概算资料，以此文件直接归存。工程设计概算一般包括建筑安装工程费、设备及工器具购置费、工程建设其他费用、预备费等，由建设单位委托工程造价咨询单位编制。工程设计概算经批准后是确定建设项目总造价、编制固定资产投资计划、签订建设项目承包合同的依据，也是控制建设项目基本建设拨款，考核设计经济合理性的依据。

2.7.3 施工图预算

在工程项目招投标阶段，施工图预算一般根据施工图设计确定的工程量编制。招标单位(或委托单位)编制的施工图预算是确定标底的依据。投标单位编制的施工图预算是确定报价的依据。标底、报价是评标、决标的重要依据。施工图预算经审定后，是确定工程预算造价、签订工程承包合同、实行建筑安装工程造价包干的依据，作为由建设单位委托承接工程的施工总包单位编制的预算资料，以此文件直接归存。

2.7.4 施工预算

施工预算是以承接工程的施工单位提出的经有资质的造价审查单位核准的工程预算，它由施工单位形成。

2.7.5 工程结算、竣工决算

工程结算是指施工企业按照承包合同和已完工程量向建设单位(业主)办理工程价清算的经济文件。对于包干范围以外的设计变更，国家规定的材料、设备价格调整，不可抗拒的灾害损失等，在工程结算时应根据双方签认的资料据实结算价款。

竣工决算则是建设单位在建设项目竣工后向国家报告建设成果和财务状况的总结性文件。其是核定新增固定资产价值的依据，由建设单位根据工程投资经审查核实的实际形成的固定资产编制的清单形成。

2.7.6 交付使用固定资产清单

交付使用固定资产清单是由建设单位对固定资产进行统计而编制的清单资料。

2.7.7 建设工程概况

建设工程概况是指工程竣工验收合格后由建设单位组织编报的被验收工程的一般情况、工程构造特征、机电系统(建筑设备安装工程系统)简要描述，以及各参建单位记录的工程概况，具体见表2-8。

表 2-8　建设工程概况表

	工程名称		建设单位	
	建设用途		设计单位	
	建设地点		监理单位	
	总建设面积		施工单位	
一般情况	开工日期	年 月 日	竣工日期	年 月 日
	结构类型		基础类型	
	层数(地上/地下)		建筑檐高	
	地上面积		地下室面积	
	人防等级		抗震等级	
	地基与基础			
	柱、内外墙			
	梁板楼盖			
构造特征	外墙装饰			
	楼地面装饰			
	屋面防水			
	内墙装饰			
	防火装备			
机电系统简要描述				
建设单位:(章)			制表:	
注:建设工程概况表以本表格式或当地住房城乡建设主管部门授权部门下发的表式归存。				

2.8 工程竣工验收及备案文件

工程竣工验收及备案文件属于 A7 类，主要包括建设工程竣工验收备案表，工程竣工验收报告，由规划、公安消防、环保等部门出具的认可文件或准许使用文件，"房屋建筑工程质量保修书""住宅质量保证书""住宅使用说明书"，建设工程规划验收合格文件，建设工程竣工档案预验收意见七项内容。

国务院住房城乡建设主管部门负责全国房屋建筑工程和市政基础设施工程的竣工验收备案管理工作。县级以上地方人民政府住房城乡建设主管部门负责本行政区域内工程的竣工验收备案管理工作。

建设单位办理工程竣工验收备案应当提交下列条件。

(1)建设工程竣工验收备案表。

(2)建设工程竣工验收报告。其中应当包括工程报建日期，建筑工程施工许可证号，施工图及设计文件审查意见，建设、勘察、设计、监理、施工等单位分别签署的质量合格文件及验收人员签署的竣工验收原始文件，有关工程质量的检测资料及备案管理部门认为需要提供的有关资料。

(3)法律、行政法规规定应当由规划、公安消防、环保等部门出具的认可文件或准许使用文件。

(4)施工单位签署的工程质量保修书："房屋建筑工程质量保修书"，商品住宅工程还应同时提供该房地产开发企业签署的"住宅质量保证书"和"住宅使用说明书"。

(5)建设工程规划验收合格文件。

(6)建设工程竣工档案预验收意见。

(7)有关法规、规章规定必须提供的其他文件。

2.8.1 建设工程竣工验收备案表

"建设工程竣工验收备案表"由建设单位在建设工程竣工验收合格后负责填报，具体内容与格式见表 2-9。

表 2-9 建设工程竣工验收备案表

建设单位名称			
备案日期			
工程名称			
工程地点			
建筑面积及工程规模			
结构类型			
工程用途			
开工日期			
竣工验收日期			
施工许可证号			
施工图审查机构			
勘察单位名称		资质等级	
设计单位名称		资质等级	

施工单位名称			资质等级	
监理单位名称			资质等级	
工程质量监督机构名称				
竣工验收意见	勘察单位意见			单位(项目)负责人： (公章) 年 月 日
	设计单位意见			单位(项目)负责人： (公章) 年 月 日
	施工单位意见			单位(项目)负责人： (公章) 年 月 日
	监理单位意见			单位(项目)负责人： (公章) 年 月 日
	建设单位意见			单位(项目)负责人： (公章) 年 月 日
备案机关签收件意见				签收人： (签收专用章) 年 月 日
备案机关处理意见： 备案机关经办人： 备案机关负责人：				(备案机关公章) 年 月 日

2.8.2 建设工程竣工验收报告

1. 建设工程竣工验收报告的基本内容

(1)工程概况：工程名称、工程地址、主要工程量；建设、勘察、设计、监理、施工单位名称；建设工程规划许可证号、建筑工程施工许可证号、质量监督注册登记号；开工及竣工日期。

(2)对勘察、设计、监理、施工单位的评价意见；合同内容执行情况。

(3)工程竣工验收时间；验收程序、内容、组织形式(单位、参加人)；验收组对工程竣工验收的意见。

(4)建设单位对工程质量的总体评价。

建设工程竣工验收报告资料相关表格的格式见表2-10～表2-13。

2. 填报说明

(1)建设工程竣工验收报告由建设单位负责填写。

(2)建设工程竣工验收报告一式四份，一律用钢笔书写，字迹要清晰工整。建设单位、施工单位、城建档案管理部门、建设行政主管部门或其他有关专业工程主管部门各存一份。

(3)建设工程竣工验收报告内容必须真实可靠，如发现虚假情况，不予备案。

(4)建设工程竣工验收报告须经建设单位、勘察单位、设计单位、施工图审查机构、监理单位、施工单位法定代表人或其委托代理人签字，并加盖单位公章后方为有效。

表 2-10　竣工项目审查表

工程名称		工程地址			
建设单位		结构形式			
勘察单位		层数		栋数	
设计单位		工程规模			
施工图审查机构		开工日期		年　月　日	
监理单位		竣工日期		年　月　日	
施工单位		建筑工程施工许可证号		总造价	
审查项目及内容			审查情况		
一、完成设计项目情况 　1.基础、主体、室内外装饰工程 　2.给水排水工程、燃气工程、消防工程 　3.建筑电气安装工程 　4.通风与空调工程 　5.电梯、电扶梯安装工程 　6.室外工程					
二、完成合同约定情况 　1.总包合同约定 　2.分包合同约定 　3.专业承包合同约定					
三、技术档案和施工管理资料 　1.建设前期、施工图设计审查等技术档案 　2.监理技术档案和管理资料 　3.施工技术档案和管理资料					
四、试验报告 　1.主要建筑材料 　2.构配件 　3.设备					

审查项目及内容	审查情况
五、质量合格文件 　1. 勘察单位 　2. 设计单位 　3. 施工图审查机构 　4. 监理单位 　5. 施工单位	
六、工程质量保修书 　1. 总、分包单位 　2. 专业承包单位	

审查结论：

建设单位工程负责人：
年　月　日

表 2-11　工程质量评定表（一）

分部工程质量评定	质量保证资料	观感质量评定
共　分部 其中符合要求　分部 地基与基础分部质量情况 主体分部质量情况 装饰分部质量情况 安装主要分部质量情况	共核查　项 其中符合要求　项 经鉴定符合要求　项	好 一般 差

单位工程评定等级：

建设单位负责人：　（公章）
年　月　日

存在问题：

表 2-12　工程质量评定表(二)

各专业工程名称	评定等级	质量保证资料	观感质量评定
道路工程			
桥梁工程			
给水排水工程			
电力工程		共核查　项	好
电信工程		其中符合要求　项	一般
路灯工程		经鉴定符合要求　项	差
灯光工程			
燃气工程			

单位工程评定等级:

建设单位负责人:

(公章)

年　月　日

存在问题:

执行标准	道路工程		
	桥梁工程		
	给水排水工程		
	电力、电信工程		
	路灯、灯光工程		
	燃气工程		

表 2-13　竣工验收情况

一、验收机构	
1. 领导层	
主任	
副主任	
成员	
2. 各专业组	

验收专业组	组长	组员
建筑工程		
给水排水、燃气工程		
建筑电气安装工程		
通风与空调工程		
室外工程		
二、验收组织程序 　　1. 建设单位主持验收会议 　　2. 施工单位介绍施工情况 　　3. 监理单位介绍监理情况 　　4. 各验收专业组核查质保资料，并到现场检查 　　5. 各验收专业组总结发言，建设单位做好记录		
竣工验收结论：		

建设单位法人： 项目负责人： （章） 　年　月　日	设计单位法人： 设计负责人： （章） 　年　月　日	施工图审查机构法人： 审查负责人： （章） 　年　月　日	监理单位法人： 总监理工程师： （章） 　年　月　日	施工单位法人： 技术负责人： （章） 　年　月　日

注：建设单位、监理单位、设计单位、施工单位及施工图审查机构等专业人员，均必须参加相应的验收专业组。

2.8.3　由规划、公安消防、环保等部门出具的认可文件或准许使用文件

建设单位在建设工程竣工验收合格后 15 日内，应向建设工程所在地县级以上住房城乡建设主管部门进行备案，提供规划部门出具的工程规划验收认可文件，公安消防部门出具的建设工程消防验收意见书，环保部门出具的建设工程档案验收认可文件和法律、法规、规章规定的其他文件。此类文件由验收单位和建设单位形成。

2.8.4　房屋建筑工程质量保修书

施工单位须向建设单位签署一份"房屋建筑工程质量保修书"，具体内容由建设单位与施工单位商定。

2.8.5　住宅质量保证书和住宅使用说明书

对于商品住宅，建设单位应提供"住宅质量保证书"和"住宅使用说明书"。

2.8.6　建设工程规划验收合格文件

由规划行政主管部门组织验收，验收合格后，在建设工程规划许可证附件上加盖规划验收合格章。

2.8.7 建设工程竣工档案预验收意见

城建档案馆对建设工程竣工档案预验收签署的意见应归类存档。

2.9 其他文件

其他文件属于A8类，主要包括合同约定由建设单位采购的材料、构配件和设备的质量证明文件及进场报验文件，工程竣工总结，工程未开工前的原貌照片、竣工新貌照片，工程开工、施工、竣工的录音和录像资料四项内容。

2.9.1 物资质量证明文件

按合同约定由建设单位采购的材料、构配件和设备等物资的汇总表、进场物理性能检测报告、力学性能检验报告、工艺性能检验报告及产品质量证明书，应由建设单位收集、整理并移交施工单位汇总。

2.9.2 工程竣工总结

工程竣工总结是工程竣工后，由建设单位编制的一份综合性报告，用来简要介绍工程建设的全过程。凡组织国家或市级工程竣工验收会的工程，可将验收会上的工程竣工报告作为工程竣工总结；其他工程，建设单位可根据以下几个方面编写工程竣工总结。

（1）概述。

①工程立项的依据和建设目的。

②工程概况，包括工程位置、规模、数量、概算（包括征用土地、拆迁、补偿费）、结算、决算等。

③工程设计、工程监理、工程施工招投标情况。

（2）设计、施工情况。

①设计情况，如设计单位、设计内容、工程设计特点及建筑新材料。

②施工情况，如开工及竣工日期，施工管理、技术、质量等方面。

③质量事故及处理情况。

④建筑红线内市政公用工程施工情况（包括给水排水、电力、通信、热力、燃气等）及道路、绿化施工情况。

（3）工程质量及经验教训，包括工程质量鉴定意见和评价，工程遗留问题及处理意见。

（4）其他需要说明的问题。

2.9.3 工程未开工前的原貌照片及竣工新貌照片

由建设单位收集、提供的工程未开工前的原貌照片和竣工后的新貌照片，按新貌、原貌档案整理归类存档。

2.9.4 工程开工、施工、竣工的音像资料

由建设单位收集、提供的工程开工、施工、竣工过程中的录音、录像、照片等资料，按声像、缩微、电子档案整理归类存档。

◉ 模块小结

基建文件管理涉及项目建设的全过程。

决策立项文件，包括项目建议书，项目建议书的报批和批复文件，可行性研究报告，可行性研究报告的批复文件，关于立项的会议纪要和领导批示，专家对项目的有关建议文件及项目评估研究资料等。

建设用地、征地与拆迁文件，包括工程项目选址申请、选址规划意见通知书、建设用地规划

许可证、国有土地使用证及工程建设项目报建管理等。

勘察、测绘与设计文件，包括工程地质勘察报告，工程测量、测绘文件，建设用地钉桩（验线）通知单，规划设计条件通知书，设计文件等。

工程招投标与承包合同文件，包括招投标文件、合同文件等。

工程开工文件，包括年度施工任务批准文件、建设工程开工证、修改工程施工图纸通知书、建设工程规划许可证、建筑工程施工许可证及工程质量监督手续等。

商务文件，包括工程投资估算文件、工程设计概算、施工图预算、施工预算、工程结算、竣工决算、交付使用固定资产清单及建设工程概况等。

工程竣工验收及备案文件，包括建设工程竣工验收备案表，工程竣工验收报告，由规划、公安消防、环保等部门出具的认可文件或准许使用文件，"房屋建筑工程质量保修书""住宅质量保证书"和"住宅使用说明书"，建设工程规划验收合格文件，建设工程竣工档案预验收意见等。

其他文件，包括物资质量证明文件，工程竣工总结，工程未开工前的原貌照及竣工新貌照片，工程开工、施工、竣工的音像资料等。

视频：建设单位开工准备资料　　视频：施工方开工准备资料　　视频：图纸会审内容示例

课后习题

一、选择题

1. 工程开工前，（　　）单位应与城建档案馆签订建设工程竣工档案责任书。

A. 建设　　　　　　　　　　　　　B. 施工

C. 监理　　　　　　　　　　　　　D. 设计

2. 总包单位负责汇总各分包单位编制的施工资料，分包单位负责其分包范围内施工资料的收集、整理、汇总，并对其提供资料的真实性、完整性及有效性（　　）。

A. 认真管理　　　　　　　　　　　B. 检查

C. 核查　　　　　　　　　　　　　D. 负责

3. 工程竣工验收后（　　）个月内，建设单位将符合规范、标准规定的工程档案原件，移交城建档案馆。

A. 1　　　　　　　　　　　　　　B. 2

C. 3　　　　　　　　　　　　　　D. 4

4. 建设工程规划许可证资料，是建设单位到规划部门办理，应由（　　）提供。

A. 建设单位　　　　　　　　　　　B. 规划部门

C. 发改委　　　　　　　　　　　　D. 国土资源部门

5. 发展改革部门批准的项目立项文件，由（　　）单位负责收集、提供。

A. 建设　　　　　　　　　　　　　B. 施工

C. 监理　　　　　　　　　　　　　D. 设计

6. 工程竣工验收后，工程档案须经城建档案馆（　　），不合格的应由城建档案馆责成建设单位重新进行编制，符合要求后重新报送，直到符合要求为止。

A. 鉴定
B. 验收
C. 检查
D. 评审

7. 凡列入城建档案馆接收范围的工程，竣工验收后（　　）个月内，建设单位应将符合规定的工程档案移交给城建档案馆，并办理移交手续。

A. 1
B. 3
C. 2
D. 6

8. 工程竣工验收前，各参建单位的（　　）应对本单位形成的建筑工程资料进行竣工审查。

A. 技术负责人
B. 质量负责人
C. 项目负责人
D. 资料员

9. 建设单位应当自建设工程竣工验收合格之日起（　　）日内，将建设工程竣工验收报告和规划、公安、消防、环保等部门出具的认可文件或准许使用文件报建设行政管理部门或者其他有关部门备案。

A. 10
B. 15
C. 20
D. 25

10. 验收工作是建筑工程在（　　）单位自行质量检查评定的基础上进行的。

A. 建设
B. 监理
C. 施工
D. 设计

二、名词解释

1. 初步设计图纸
2. 技术设计
3. 可行性研究报告

三、简答题

1. 简述工程建设项目报建管理内容。
2. 简述建设单位办理工程竣工验收备案所需条件。

模块 3 监理资料管理

模块 3 课程内容及对应素养元素

章节	内容	讨论	素养元素
模块 3 监理资料管理	质量控制	1. 在什么情况下监理会下达工程质量整改通知单？ 2. 监理通过哪些方面控制工程质量？	社会公德 规范道德
	监理日志	1. 试收集一些监理工作日志，并分析一份标准规范的监理工作日志至少需要哪些内容？ 2. 监理日记与监理日志有何区别？	责任使命 职业精神 科学精神

思维导图

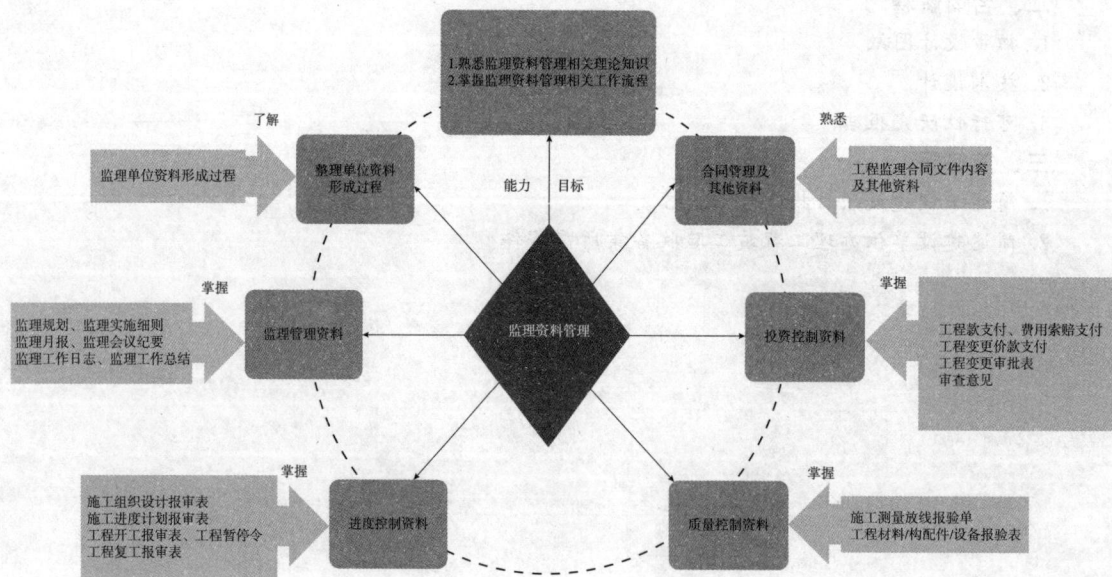

　　监理单位资料管理是指监理工程师受建设单位的委托，在其进行监理工作期间，对工程建设实施过程中所形成的与监理相关的文档进行收集积累、加工整理、组卷归档、检索利用等一系列工作。监理单位资料是工程建设监理信息的主要载体之一。其管理工作主要内容包括监理单位文件资料的收发、登录、分类存放、借阅和更改。

3.1 监理资料在项目阶段中的形成

监理资料形成及表现形式如图 3-1 所示。

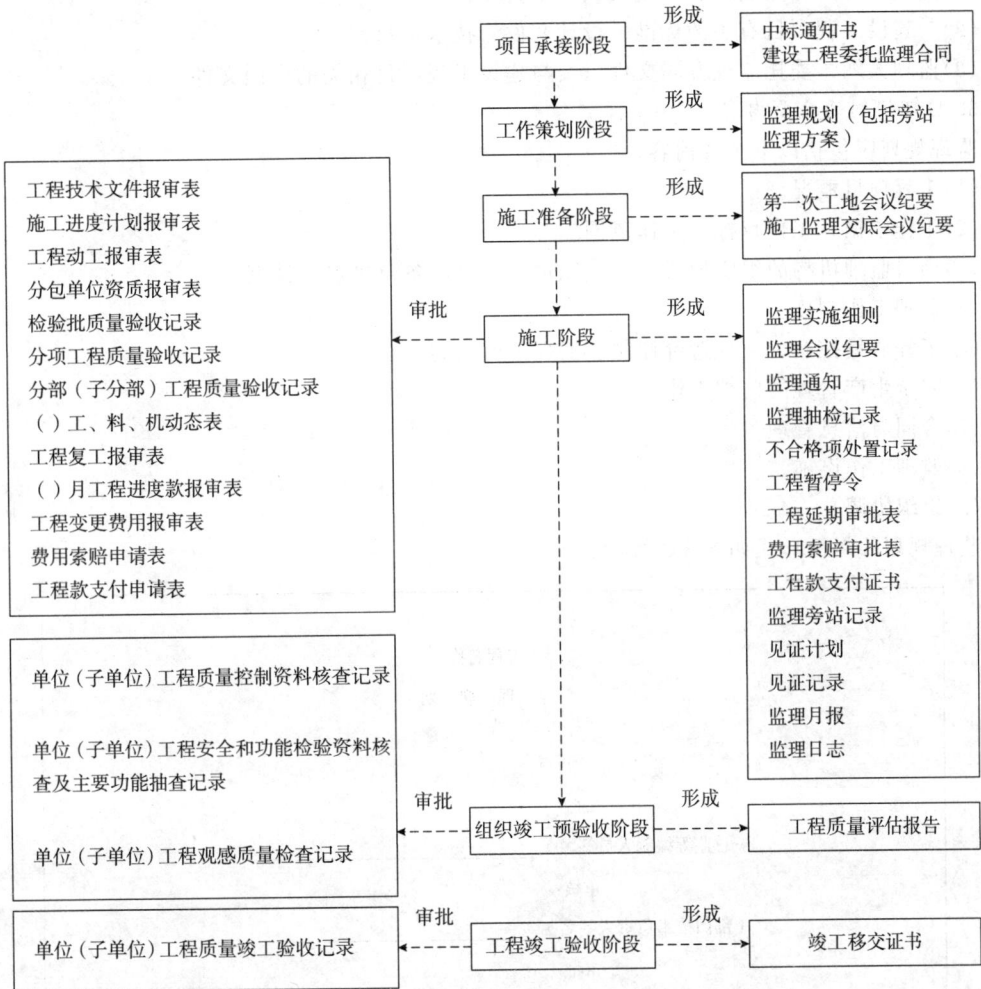

图 3-1　监理资料形成及表现形式

3.2 监理管理资料

3.2.1 监理规划

监理规划是在总监理工程师的主持下编制，经监理单位技术负责人批准，用来指导项目监理机构全面开展监理工作的指导性文件。监理规划是编制监理实施细则的重要依据，也是建设监理主管机构对监理单位监督管理和业主确认监理单位履行合同的主要依据，对指导项目监理机构全面开展监理工作有着重要的指导作用。

1. 监理规划的编制程序

监理规划的编制应明确项目监理机构的工作目标，针对项目的实际情况，确定具体的工作制度、程序、方法和措施。监理规划应具有可操作性。其编制过程应符合下列规定。

(1)监理规划应在签订委托监理合同及收到设计文件后开始编制，完成后必须经监理单位技术负责人审核批准，并应在召开第一次工地会议前报送建设单位。

（2）监理规划应由总监理工程师主持，由专业监理工程师参加编制。

2. 监理规划的编制依据

编制监理规划主要依据以下几个方面。

（1）建设工程的相关法律、法规及项目审批文件。

（2）与建设工程项目有关的标准、设计文件、技术资料。

（3）监理大纲、委托监理合同文件以及与建设工程项目相关的合同文件。

3. 监理规划的主要内容

监理规划应包括以下主要内容。

（1）工程项目概况。

（2）工作依据、工作目标、工作范围。

（3）项目监理机构的组织形式、岗位职责、人员配备及进退场计划。

（4）监理工作制度。

（5）工程质量控制、工程造价控制、工程进度控制。

（6）安全生产管理的监理工作。

（7）合同与信息管理。

（8）监理工作设施。

（9）组织协调。

监理规划的封面形式如图 3-2 所示。

（工程名称）

监 理 规 划

编制：

（总监等编制人员签名）＿＿＿＿＿＿＿＿＿＿＿＿＿＿＿＿＿

审核：

（部门技术负责人签名）＿＿＿＿＿＿＿＿＿＿＿＿＿＿＿＿

审批：

（企业技术负责人签名）＿＿＿＿＿＿＿＿＿＿＿＿＿＿＿＿

×××建设开发监理有限公司

（盖法人章）

（　　）年（　　）月（　　）日

图 3-2 监理规划的封面形式

3.2.2 监理实施细则

对中型及以上或专业性较强的工程项目，项目监理机构应编制监理实施细则。监理实施细则依据监理规划由专业监理工程师编写，并经总监理工程师批准，是针对工程项目中某一专业或某一方面监理工作的操作性文件。

1. 监理实施细则的编制依据

监理实施细则应根据下列资料编制：监理规划；工程建设标准、工程设计文件；施工组织设计、专项施工方案。

2. 监理实施细则的编制原则

（1）对专业性较强、危险性较大的分部分项工程，项目监理机构应在相应工程施工开始前编制监理实施细则。

（2）对采用新工艺、新材料、新技术或特殊结构的工程项目，当对其施工工艺或某些部位的施工质量、施工安全经验不足或成功的期望值不易确定时，可编制监理实施细则。

（3）对于工程项目施工中的一般常规施工项目，是否需要编制监理实施细则，可由总监理工程师与专业监理工程师商定。监理单位也可采取编制通用的监理实施细则标准文本汇编的办法。

（4）监理实施细则是针对工程施工中具体的专业技术问题编制的，涉及建筑与结构工程、建筑电气工程、建筑给水排水工程、建筑装饰装修工程等。

3. 监理实施细则主要内容

（1）专业工程特点。

（2）监理工作流程。

（3）监理工作控制要点及目标值。

（4）监理工作方法及措施。

3.2.3 监理月报

监理月报是项目监理机构每月向建设单位提交的建设工程监理工作及建设工程实施情况分析总结报告。监理月报应由总监理工程师组织编写，并由总监理工程师签认后报建设单位和本监理单位。

1. 监理月报的内容

（1）本月工程概况。

（2）监理工作控制要点及目标。

（3）工程进度：本月实际完成情况与计划进度比较，对进度完成情况及采取措施效果进行分析。

（4）工程质量：本月工程质量情况分析；本月采取的工程质量措施及效果。

（5）工程计量与工程款支付：工程量审核情况、工程款审批情况及月支付情况、工程款支付情况分析、本月采取的措施及效果。

（6）合同其他事项的处理情况：工程变更、工程延期、费用索赔。

（7）本月监理工作小结、下月监理工作重点。

2. 监理月报的作用

（1）监理月报是上级监理机构了解下级监理机构监理工作开展情况的依据。定期报送监理月报，是合同段驻地监理工程师向总监理工程师、总监理工程师办公室（以下简称"总监办"）汇报基层的、现场的监理工作的渠道之一，是总监理工程师、总监办了解下级监理机构开展监理工作情况的依据。

（2）监理月报是总监工程师及总监办向建设单位报告每月监理工作的有效手段。监理月报中提供的信息往往是建设单位了解工程并对重大问题进行决策的主要依据，因此，监理月报对建设单位的宏观调控有较强的导向性。

（3）监理月报是监理单位了解前方现场监理工作开展情况的依据。一般来说，工程监理单位为加强各个工地的监理工作管理，都要求派驻现场的监理机构负责人每月向监理单位报送其工程监理月报，这是监理单位了解分散在全国各地的工程监理项目现场监理情况的有效手段。

随着时代的发展，有的监理单位要求派驻现场的监理机构负责人报送电子版监理月报，将每期的监理月报通过电子邮件的形式报送总监办和有关领导等。

3.2.4 监理会议纪要

在工程施工过程中，总监理工程师应定期主持召开工地会议。会议纪要应由项目监理机构负责起草，并经与会各方代表会签。总监理工程师或专业监理工程师应根据需要及时组织专题会议，解决施工过程中的各种专项问题。监理会议纪要可为工地例会、专题会议和项目监理机构内部会议。监理例会会议纪要见表3-1。

表 3-1　监理例会会议纪要

监理例会会议纪要		编号	
工程名称		签发	
会议时间		会议地点	
会议主持人		会议记录人	
出席人员		建设单位、监理单位、施工单位管理人员	
会议主要内容：			

1. 监理例会主要内容

(1)检查上次会议事项的落实情况，分析未完事项的原因及解决办法。

(2)检查分析工程项目进度计划完成情况，提出下一阶段进度目标及落实措施。

(3)研究承包单位人力、设备的投入情况和实现目标的措施，了解材料、构配件和设备的供应情况、存在的质量问题及改进要求。

(4)工程质量和技术方面的有关问题。

(5)设计变更、治商的主要问题。

(6)工程款的核定及财务支付中的有关问题。

(7)违约、工期、费用索赔的意向及处理情况。

2. 第一次工地会议纪要

第一次工地会议是在中标通知书发出后，监理工程师准备发出开工通知前召开。其目的是检查工程的准备情况(含各方机构、人员)，以确定开工日期，发出开工令。第一次工地会议由总监理工程师主持，业主、承包商、指定分包商、专业监理工程师等参加。

第一次工地会议纪要主要包括以下内容。

(1)建设单位、施工单位和监理单位分别介绍各自驻现场的组织机构、人员及其分工。

(2)建设单位根据委托监理合同宣布对总监理工程师的授权。

(3)建设单位介绍工程开工准备情况。

(4)施工单位介绍施工准备情况。

(5)建设单位和总监理工程师对施工准备情况提出意见与要求。

(6)总监理工程师介绍监理规划的主要内容。

(7)研究确定各方在施工过程中参加工地例会的主要人员，召开工地会议周期地点及主要议题。

监理工程师将会议全部内容整理成纪要文件（表3-2），纪要文件应包括参加会议人员名单；承包商、业主和监理工程师对开工准备工作的情况；与会者讨论时发表的意见及补充说明；监理工程师的结论意见。

表3-2　第一次工地会议纪要

单位工程名称				工程造价/万元	
建筑面积/m²		结构类型层数			
建设单位					
勘察单位					
设计单位					
施工单位					
监理单位					
会议时间	年　月　日	地点		主持人	
签到栏：					
会议内容纪要：					
建设单位驻现场的组织机构、人员及分工情况：					
施工单位驻现场的组织机构、人员及分工情况：					
监理单位驻现场的组织机构、人员及分工情况：					
建设单位根据委托监理合同宣布对总监理工程师的授权：					
建设单位介绍工程开工准备情况：					
施工单位介绍施工准备情况：					
建设单位对施工准备情况提出的意见和要求：					
总监理工程师对施工准备情况提出的意见和要求：					
总监理工程师介绍监理规划的主要内容：					
研究确定的各方在施工过程中参加工地例会的主要人员： 建设单位： 施工单位： 监理单位： 召开工地例会周期、地点及主要议题：					

3.2.5　监理日志

监理日志是项目监理机构从监理工作开始至监理工作结束期间，每日需记录的气象、施工工作、监理工作及施工进展情况，此项工作应由专人负责。监理日志应真实、准确、全面地记录工程施工过程中的相关事项，是一项重要的文件，也是工程施工过程中的一项重要依据，示例见表3-3。

1．监理日志的编制要求

（1）准确记录时间、气象。监理人员在书写监理日志时，往往只重视时间记录，而忽视了气象记录，气象记录的准确性与工程质量有直接的联系。

（2）做好现场巡查，真实、准确、全面地记录工程相关问题。

（3）关心安全文明施工管理，做好安全检查记录。

（4）书写工整、用语规范、内容严谨。

（5）书写好监理日记后要及时交总监审查，以便及时沟通和了解，从而促进监理工作正常有序地开展。

2．监理日志的编制内容

（1）天气和施工环境情况。准确记录当日的天气状况（晴、雨、温度、风力等），特别是出现异常天气时应予描述。

（2）当日施工进展情况。

①记录当日工程施工部位、施工内容、施工班组及作业人数。

②记录当日工程材料、构配件和设备进场情况，并记录其名称、规格、数量、所用部位，以及产品出场合格证、材质检验等情况。

③记录当日施工现场安全生产状况、安全防护及措施等情况。

（3）当日监理工作情况，包括旁站、巡视、见证取样、平行检验等情况。

①记录当日巡视的内容、部位，包括安全防护、临时用电、消防设施，特种作业人员的资格，专项施工方案实施情况，签署的监理指令情况。

②记录当日对工程材料、构配件和设备进场验收情况，隐蔽工程、检验批、分项工程、分部工程验收情况，监理指令、旁站、见证取样及签认的监理文件资料等。

（4）记录工程中存在的影响工程质量、进度、造价、安全的各类问题及解决情况，合同、住处管理情况，监理会议、考察、抽检等活动情况。

（5）关键时间和位置的记录。

（6）当日存在的问题及处理情况。

（7）其他有关事项。

3．监理日志的编写原则

（1）应反映监理活动的其体内容及其深度、广度，体现出时间、地点、有关的人，以及事情的起因、经过和结果，必须条理清晰。

（2）记录内容要全面，必须体现监理行业的特点、技术要求和岗位职责履行情况，做到言简意赅、重点突出，使用专业术语和规范数据。

（3）问题的发现和处理，必须有始有终、前后闭合。

（4）必须体现监理职业的正直性和对他人的公正性要求。

（5）必须坚持及时送审、签认、封存制度。

（6）可以结合党和国家的时事，上级管理机构（如住建委、监理协会等）及本监理单位的时事，在监理工作日志中做一些记录，以体现监理人员既重视技术又重视政治的一面。

（7）监理工作日志中工程名称、监理合同编号、监理单位名称、监理人员姓名必须如实填写，不得简写、缩写，字迹要工整，填写通用的名称及编号要求保持一致。

（8）建设项目基本情况应按照工程实际填写，工期应该以月为单位，做到统一。

表 3-3　监理日志

日期		天气		温度		记录人	
施工单位完成的主要工作(注明部位、分项、分部工程名称):							
材料进场及抽检情况、材料试验结果反馈及处理(注明材料名称、产地、数量、合格证号): (注: 报告编号可待报告后补填)							
监理工作: 1. 施工巡查、质量验收、旁站监理情况及发现问题的处理。 2. 对施工单位提出问题的答复(含进度款报告的收到及批转时间)。							
会议、洽商及与设计单位联系:							
昨日待处理事宜的处理和明日特办事项、备忘(包括停水、停电记录):							

3.2.6　监理工作总结

项目竣工后,项目监理机构应对监理工作进行总结,经总监理工程师签字并加盖工程监理单位公章后报送建设单位。

1. 监理工作总结的编制要求

(1)施工阶段监理工作结束时,项目监理机构应向建设单位提交监理工作总结。

(2)监理工作总结应由总监理工程师负责组织,项目监理机构全体人员编制,最后由总监理工程师审核签字。

(3)监理工作总结应在约定的时间内编制完成,并按约定的份数交建设单位,同时按监理单位内部的规定要求，交监理单位档案资料管理部门作为归档的监理资料之一。

2. 监理工作总结主要内容

(1)工程概况。

(2)监理组织机构、监理人员和投入的监理设施。

(3)监理合同履行情况。

(4)监理工作成效。

(5)施工过程中出现的问题及其处理情况和建议。

(6)施工单位项目组织状况。

(7)投资、质量、进度控制与合同管理的措施和方法。

(8)材料报验和工程报验情况。

(9)经验与教训。

(10)工程交付使用后的注意事项。

3.3 进度控制资料

3.3.1 施工组织设计报审表

施工组织设计报审表是由项目部发起的，报给监理单位及建设单位审批，对施工组织设计内容合理性及实施性进行认证用的表，资料示例见表3-4。

表 3-4 施工组织设计报审表

工程名称	××省××市××工程		施工单位	××省××建筑工程有限公司	
编制单位	现报上××省××市××工程施工组织设计/施工方案文件，请予以审查		主编		
			编制人		
	××省××建筑工程有限公司/专业分包施工单位(盖章)		技术负责人		
审核单位	总承包单位审核意见：				
	总承包单位(盖章)	审核人		审批人	
审查单位	监理审核意见：				
	监理审查结论：□同意实施 □修改后报 □重新编制				
	监理单位(盖章)	专业监理工程师		日期：××年××月××日	
		总监理工程师		日期：××年××月××日	

3.3.2 施工进度计划报审表

施工进度计划报审表是项目监理机构对承包单位所报送的工程施工进度计划(或调整计划)的审批答复表，资料示例见表3-5。

施工进度计划报审表应由承包单位填写编制说明和计划，项目经理签字；监理工程师审核签字，对工程施工进度计划的审查结果填写"同意""不同意"或"应补充"的意见。

表 3-5　施工进度计划报审表

工程名称：　　　　　　　　　　　　　　　　　编号：

致：××省××市××工程监理项目部
现报上××省××市××工程施工进度计划，请审查。 附件：××省××市××工程施工进度计划   　　　　　　　　　　　　　　　　　　　　施工项目部(章)：＿＿＿＿＿＿＿ 　　　　　　　　　　　　　　　　　　　　项目经理：＿＿＿＿＿＿＿＿＿＿ 　　　　　　　　　　　　　　　　　　　　日期：＿＿＿＿＿＿＿＿＿＿＿＿
专业监理工程师审查意见：   　　　　　　　　　　　　　　　　　　　　专业监理工程师：＿＿＿＿＿＿＿ 　　　　　　　　　　　　　　　　　　　　日期：＿＿＿＿＿＿＿＿＿＿＿＿
总监理工程师审批意见：   　　　　　　　　　　　　　　　　　　　　监理项目部(章)：＿＿＿＿＿＿＿ 　　　　　　　　　　　　　　　　　　　　总监理工程师：＿＿＿＿＿＿＿＿ 　　　　　　　　　　　　　　　　　　　　日期：＿＿＿＿＿＿＿＿＿＿＿＿
注：本表一式三份，由施工项目部填报，业主项目部、监理项目部各一份，施工项目部存一份。

　　监理工程师应该根据工程的环境条件(工程规模、质量标准、工艺复杂程度、施工的现场条件、施工队伍条件等)，全面分析承包单价编制的施工进度计划是否可以满足资源上保证、技术上可靠、经济上合理、财务上可行。

　　(1)监理审核要点包括以下几个方面。

　　①进度安排是否符合工程项目建设总进度，计划中总目标和分目标的要求，是否符合施工合同中开工日期、竣工日期的规定，进度安排是否合理。

　　②施工总进度计划中的项目是否有遗漏，施工顺序的安排是否符合施工工艺的要求。

　　③总、分包单位分别编制的各单项工程施工进度计划之间是否协调，专业分工与计划衔接是否明确合理。

　　④劳动力、材料、构配件、施工机具及设备，施工水、电等生产要素的供应计划是否能保证进度计划的实现，供应是否均衡，需求高峰期是否有足够的能力实现计划供应。

　　(2)通过专业监理工程师的审核，提出审查意见报总监理工程师，由总监理工程师审核后如同意承包单位所报计划，则应签署"本月编制的施工进度计划具有可行性和可操作性，与工程实际情况相符合，满足合同工期及总控制计划的要求，准予通过"。

　　(3)施工进度计划(调整计划)报审程序。

3.3.3　工程开工报审表

　　工程满足开工条件后，承包单位填写"工程开工报审表"报项目监理机构复核和批复开工时间。整个项目一次开工，只填报一次，如工程项目中含有多个单位工程且开工时间不同，则每个单位工程都应填报一次，资料示例见表3-6。

表 3-6　工程开工报审表

工程名称：××省××市××工程　　　　　　　　　　　　　　　　　编号：

致：××省××市××工程(建设单位) 　　××市××工程工程建设监理有限公司(监理单位) 　　我方承担的××省××市××工程，已完成相关准备工作，具备了开工条件，特此申请于××年省×月×市日××工程开工，请审批。 　　附件： 　　一、开工报告 　　二、证明文件 　　　　　　　　　　　　　　　　　　　施工单位(章)：＿＿＿＿＿＿ 　　　　　　　　　　　　　　　　　　　项目经理：＿＿＿＿＿＿ 　　　　　　　　　　　　　　　　　　　日期：＿＿＿＿＿＿
审核意见： 　　　　　　　　　　　　　　　　　　　项目监理机构(章)：＿＿＿＿＿＿ 　　　　　　　　　　　　　　　　　　　总监理工程师：＿＿＿＿＿＿ 　　　　　　　　　　　　　　　　　　　日期：＿＿＿＿＿＿
审批意见： 　　　　　　　　　　　　　　　　　　　建设单位(章)：＿＿＿＿＿＿ 　　　　　　　　　　　　　　　　　　　项目负责人：＿＿＿＿＿＿ 　　　　　　　　　　　　　　　　　　　日期：＿＿＿＿＿＿

相关规定及填写要求如下。

(1)工程名称：指相应的建设项目或单位工程名称，应与施工图的工程名称一致。

(2)开工的各种证明材料需齐全，承包单位应将"建筑工程施工许可证"(复印件)、施工组织设计、施工测量放线资料、现场主要管理人员和特殊工种人员资格证及上岗证、现场管理人员、机具、施工人员进场情况、工程主要材料落实情况，以及施工现场道路、水、电、通信等是否已达到开工条件等证明文件作为附件同时报送。

(3)审核意见：总监理工程师应指定专业监理工程师对承包单位的准备情况进行检查，除检查所报内容外，还应对施工现场临时设施是否满足开工要求，地下障碍物是否清除或查明，测量控制桩、试验室是否经项目监理机构审查确认等进行检查并逐项记录检查结果，报项目总监理工程师审核；总监理工程师确认具备开工条件时签署同意开工时间，并报告建设单位。否则，应简要指出不符合开工条件要求之处。

(4)总监理工程师签发"工程开工报审表"后报建设单位备案，如"委托监理合同"中需建设单位批准，项目总监审核后报建设单位，由建设单位批准。工期自批准开工之日起计算。

3.3.4　工程暂停令

施工过程中发生了需要停工处理事件，总监理工程师应根据暂停工程的影响范围和影响程度，按照施工合同和委托监理合同的约定签发"工程暂停令"，资料示例见表 3-7。

表 3-7　工程暂停令

致：××省××市××建筑工程有限公司(承包单位)

　　由于你方施工的××工程未能按照安全文明施工强制性标准的法律、法规进行施工的原因，现通知你方必须于××年省×月×市日××工程××时起，对本工程的＿＿＿＿＿部位(工序)实施暂停施工，并按下述要求做好各项工作。

　　1. 未按规定设置安全生产管理机构、配备专职安全管理人员

　　2. 项目经理、安全员等安全生产管理人员未在现场监督工程的施工

　　……

项目监理机构(章)＿＿＿＿＿＿

总监理工程师＿＿＿＿＿＿

日期＿＿＿＿＿＿

相关规定及填写要求如下。

（1）工程暂停原因是由承包单位的原因造成的，承包单位申请复工时，除填报"工程复工报审表"外，还应报送针对导致停工原因所进行的整改工作报告等有关材料。

（2）工程暂停原因是由非承包单位的原因造成，即因建设单位的原因或应由建设单位承担责任、风险或其他突发事件时，总监理工程师在签发"工程暂停令"之后，应尽快按施工合同的规定处理因工程暂停引起的与工期、费用等有关的问题。

（3）停工原因填写应简明扼要。一般暂停原因主要有以下几点。

①建设单位要求暂停施工，且工程需要暂停施工。

②为了保证工程质量而需要进行停工处理的。

③施工出现了安全隐患，总监理工程师认为有必要停工以消除隐患。

④发生了必须暂时停止施工的紧急事件。

⑤承包单位未经许可擅自施工或拒绝项目管理机构管理。

（4）应填写清楚工程暂停后要求承包单位所做的有关工作，如对停工工程的保护措施，针对工程质量问题的整改、预防措施等。

（5）当引起工程暂停的原因不是非常紧急（如由于建设单位的资金问题、拆迁等），同时工程暂停会影响一方（尤其是承包单位）的利益时，总监理工程师应在签发暂停令之前，就工程暂停引起的工期和费用补偿等与承包单位、建设单位进行协商，如果总监理工程师认为暂停施工是妥善解决的较好办法时，也应当签发工程暂停令。

（6）签发工程暂停令时，必须注明是全部停工还是局部停工，不得含混。

（7）建设单位要求停工的，但是监理工程师经过独立判断，也认为有必要暂停施工时，可签发工程暂停指令；反之，经过总监理工程师的独立判断，认为没有必要停工，则不应签发工程暂停令。

3.3.5　工程复工报审表

建设单位按工程暂停令的要求，自查符合复工条件的向项目监理机构报送"工程复工报审表"及其附件（表 3-8）。

工程复工报审表由施工单位申请并盖章，报监理单位签字盖章，然后报建设单位签字盖章后可复工。

表 3-8　工程复工报审表

工程名称：××省××市××工程　　　　　　　　　　　　　　编号：

致：××建设工程监理有限公司(监理单位)
××工程项目，依据暂停施工指示(监理[　]停工　号)批准的暂停施工报审表(承包[　]暂停号)后，已于20××年××月××日××时暂停施工。鉴于致使该工程停工的因素已经消除，复工准备工作已就绪，特申请复工，请贵方审批。 　　附件：具备复工条件情况说明。   　　　　　　　　　　　　　　　　　　　　　　　　　　承包人： 　　　　　　　　　　　　　　　　　　　　　　　　　　项目经理： 　　　　　　　　　　　　　　　　　　　　　　　　　　日期：
审查意见：   　　　　　　　　　　　　　　　　　　　　　　　　　　项目监理机构： 　　　　　　　　　　　　　　　　　　　　　　　　　　总监理工程师： 　　　　　　　　　　　　　　　　　　　　　　　　　　日期：

相关规定及填写要求如下。

(1)工程暂停原因消失，承包单位向项目监理机构申请复工。

(2)工程暂停原因是由承包单位的原因引起时，承包单位应报告整改情况和预防措施；工程暂停原因是由非承包单位的原因引起时，承包单位仅提供工程暂停原因消失证明。

(3)监理审核意见：总监理工程师应指定专业监理工程师对复工条件进行复核，在施工合同约定的时间内完成对复工申请的审批，符合复工条件的签署"工程具备了复工条件，同意复工"；不符合复工条件的签署"不同意复工"，并注明不同意复工的原因和对承包单位的要求。

(4)复工申请的审查程序。

3.4　质量控制资料

质量控制资料的内容主要包括施工测量放线报验单、工程材料/构配件/设备报验表、工序质量报验单、工程竣工预验报验单、工程质量事故报告单、工程质量整改通知单、工程质量事故处理方案报审表、工程变更单、见证取样记录表、混凝土浇筑报审表、监理抽验记录、施工试验见证取样汇总表检验批、分项工程质量验收抽查记录表等。

3.4.1　施工测量放线报验单

承包单位施工测量放线完毕，自检合格后方可报项目监理机构复核确认。测量放线的专职测量人员资格及测量设备应是经项目监理机构确认的。"施工测量放线报验单"见表3-9。

表 3-9　施工测量放线报验单

工程名称：　　　　　　　　　　　　　　　　　　　　　编号：

| 致监理单位：××××××
根据合同要求，我们已完成　×××××××××××××××××××改造安置房1#住宅楼　的施工放样工作，清单如下，请予查验。
附件：测量放样资料 |

承包商：××××××××公司　项目负责人：×××　×××　日期：　年　月　日

工程或部位名称	放样内容	备注
Ⓐ～Ⓔ轴/①～⑯轴	轴线	
Ⓐ～Ⓔ轴/①～⑯轴	桩位	

自查结果：
经自查施工放线的轴线、桩位均符合设计及规范要求。

测量员：×××　×××　日期：　年　月　日
测量复核员：×××　×××　日期：　年　月　日

监理工程师的结论：
查验合格　　　　　☐
纠正差错后合格　　☐
纠正差错后再报　　☐

监理工程师：
日期：　年　月　日

3.4.2　工程材料、构配件或设备报验表

"工程材料、构配件或设备报验表"为施工单位向项目监理机构报验工程材料(构配件)、设备进场使用的表单。对施工单位申报的材料(构配件)、设备的质量保证材料，项目监理机构需核对其原件，并要求施工单位在提交给项目监理机构的复印件上，注明质量保证资料原件存放单位(其上加盖项目经理部章)。对未经监理人负责验收或验收不合格的工程材料、构配件、设备，监理人员应拒绝签认，承包单位不得在工程上使用，并应限期将不合格的材料、构配件、设备撤出现场，资料示例见表3-10。

表 3-10　工程材料、构配件或设备报验表

工程名称：　　　　　　　　　　　　　　　　　　编号：

致：　　　　　　　　　　　　　　　　(项目监理机构) 我方于　　　年　　月　　日 进场的材料/构配件/设备数据如下(见附件)。 现将质量证明文件及自检结果报上，拟用于下述部位。 请予以审核。 附件：1. 清单(名称、产地、规格、数量) 　　　2. 质量证明文件(合格证) 　　　3. 自检结果 施工单位(章)：　　　　　　　　　 项目经理：　　　　　　　　　 日期：
审查意见：   项目监理机构(盖章)：　　　　　　 总/专业监理工程师(签字)：　　　　　 年　月　日

3.4.3　工序质量报验单

"工序质量报验单"为承包单位报请项目监理机构对工序质量进行验收的表单。表中监理抽查数据及情况记录由项目监理机构现场检查人员填写。表中"检查人"一栏，监理员有权签字。"工序质量报验单"的表格形式、内容要求见表 3-11。

表 3-11　工序质量报验单(通用)

工程名称：　　　　　　　　　　　　　　　　　　编号：　　　　　　　

致：　　　　　　　　　　　　(监理单位) 兹报验：栏杆柱底开槽   验收时间：　　　　　　　　　 本次报验内容系第　　次报验，本项目经理部已完成自检工作且资料完整，并呈报相应资料。   承包单位项目经理部(章)：　　　　　　 项目经理：　　　　　　 日期：

项目监理机构 签收人姓名及时间		承包单位签收人 姓名及时间	

监理抽查数据及情况记录： 　1. 收到施工相应自评/检查资料和验收记录表共＿＿页，收到时间：＿＿＿ 　2.……   <div style="text-align:right">检查人：＿＿＿＿＿＿＿＿</div><div style="text-align:right">日期：＿＿＿＿＿＿＿＿＿＿</div>
监理审查意见： 　□　可进行后续施工。 　□　核验未通过，不得进入下道工序施工，整改后再报。   <div style="text-align:right">项目监理机构(章)：＿＿＿＿＿＿＿＿＿＿＿＿＿＿＿</div><div style="text-align:right">专业监理工程师：＿＿＿＿＿＿＿＿＿＿＿＿＿</div><div style="text-align:right">日期：＿＿＿＿＿＿＿＿＿＿＿＿＿</div>
注：1. 未经项目监理机构验收通过，承包单位不得进入下道工序施工。 　　2. 承包单位项目经理部应提前提出本报验单，并给予配合。

3.4.4　工程竣工预验报验单

"工程竣工预验报验单"为施工单位已按工程施工合同约定、完成设计文件要求的施工内容后，向项目监理机构提出工程竣工验收申请的表单。施工单位报请竣工验收的工程内容如有甩项，必须有建设单位的书面通知。项目监理机构应要求施工单位提供完整的工程竣工资料。

"工程竣工预验报验单"的表格形式、内容要求见表3-12。

表 3-12　工程竣工预验报验单

工程名称：　　　　　　　　　　　　　　　　　　　　　　编号：

致：　　　　　　　　　　　　　(监理单位) 　　根据合同规定，我方已完成＿＿＿＿＿＿＿＿＿＿工程项目的全部施工内容，经自检符合合同及设计要求，且技术资料齐全，现报请竣工预验，请予以检查和验收。 　　验收：1. 单位工程竣工报告 　　　　　2. 单位工程竣工验收证书   　　　　　　　　　　　　　总包单位(章)＿＿＿＿＿＿＿＿　　　　承包单位(章)＿＿＿＿＿＿＿＿ 　　　　　　　　　　　　　项目经理＿＿＿＿＿＿＿＿＿＿＿　　　项目经理＿＿＿＿＿＿＿＿＿＿＿ 　　　　　　　　　　　　　日期＿＿＿＿＿＿＿＿＿＿＿＿＿＿　　日期＿＿＿＿＿＿＿＿＿＿＿＿＿＿

审查意见：

经初步审查，该工程：

1. 构成单位工程的各分部工程全部/未全部验收合格；

2. 文件资料完整/不完整，符合/不符合有关规定；

3. 符合/不符合设计文件要求；

4. 符合/不符合施工合同要求。

经核查，该工程初步验收合格/不合格，可以/不可以组织正式验收。

说明：

项目监理机构（章）_____

总/专业监理工程师_____

日期_____

3.4.5　工程质量事故报告单

当施工过程中发生了工程质量问题（事故）时，施工单位应及时向项目监理机构报告，并就工程质量的有关情况填写"工程质量事故报告单"。"工程质量事故报告单"的表格形式、内容要求见表3-13。

表 3-13　工程质量事故报告单

工程项目名称：　　　　　　　　　施工合同段：　　　　　　　　　　编号：

致：_____（项目监理机构）：

_____年_____月_____日_____时，在_____发生工程质量事故，报告如下：

1. 事故经过及原因简要说明（详见附件）：

2. 事故性质：

3. 预计造成损失：

4. 应急措施：

5. 初步处理意见

待进行现场调查后，另作详细报告。

承包单位（章）_____

项目经理_____

_____年_____月_____日_____时

收件人_____　　_____年_____月_____日_____时

3.4.6　工程质量整改通知单

"工程质量整改通知单"是指分项工程未达到质量检验评定要求，一经检查发现，在下达"监理工程师通知单"两次后，施工单位未按时限要求改正或不按专业监理工程师下达的"监理工程师通知单"要求改正时，由项目监理机构下达的文件。施工单位应按"工程质量整改通知单"的要求整改，并用"监理工程师通知回复单"报项目监理机构复核。

"工程质量整改通知单"的表格形式、内容要求见表3-14。

表 3-14 工程质量整改通知单

日期：____年__月__日

工程名称		分项工程		编号	
联系事由		发件单位			
		收件单位（班组）		签名	

检查中存在的问题及意见：

单位（班组）：_____于_____年_____月_____日对你单位施工的_____进行了检查，具体问题如下：_____。请接到通知后_____日内，严格按照图纸设计和技术交底要求进行整改，对整改不到位或没有整改的，将按照合同约定处以_____。

检查人		
		日期： 年 月 日
签收人		
		日期： 年 月 日

复查结果：

复查人：_____

日期： 年 月 日

3.4.7 工程质量事故处理方案报审表

工程质量事故处理方案报审是施工单位在对工程质量事故详细调查、研究的基础上，提出处理方案后报项目监理机构审查、确认和批复。"工程质量事故处理方案报审表"的表格形式、内容要求见表 3-15。

表 3-15 工程质量事故处理方案报审表

施工单位：_____　　　　合同号：_____

监理单位：_____　　　　编　号：_____

致（业主）_____：

现上报_____年_____月_____日在_____工程发生工程质量事故的处理方案，请予审批。

附件：质量事故处理方案及相关资料

承包人：_____

_____年___月___日

驻地监理工程师审核意见：	
	签字：_____
	_____年 ___月___日
总监理工程师审查意见：	
	签字：_____
	_____年 ___月___日
业主审批意见：	
	签字：_____
	_____年 ___月___日

3.4.8 工程变更单

"工程变更单"是在施工过程中，建设单位、施工单位提出工程变更要求，报项目监理机构审核确认的表单。"工程变更单"的表格形式、内容要求见表 3-16。

表 3-16 工程变更单

工程名称：_____ 编号：A9－_____

致：_____（监理单位）
　　由于 _____
_____ 原因，兹提出工程变更（内容见附件），
请予以审批。
　　附件：

　　　　　　　　　　　　　　　　　　承包单位项目经理部（章）：_____
　　　　　　　　　　　　　　　　　　项目经理：_____ 日期：_____

一致意见：
　　建设单位代表　　　　　设计单位代表　　　　　项目监理机构
　　签字：_____　　签字：_____　　签字：_____
　　日期：___年___月___日　日期：___年___月___日　日期：___年___月___日

3.4.9 见证取样记录表

单位工程施工前，项目监理机构应根据施工单位报送的施工试验计划编制见证取样和送检计划。见证人员应进行见证取样和送检项目的管理，按照见证取样和送检计划，对施工现场的取

样和送检进行见证，按规定填写见证取样记录表。其表格形式、内容要求见表3-17，见证人员应对试样的代表性和真实性负责。

表3-17　见证取样记录表

编号：

样品名称	钢筋		取样地点	工地
取样部位	三层			
取样数量			取样日期	

见证记录：

　　将进场的φ6、φ8、φ10的同一批号的盘条钢筋中，从中随机抽取两盘，将端部500 mm去掉后，从每盘中随机截取一根拉伸件：500 mm长；一根冷弯件：300 mm长；作为1组试件，送试验室试验。

　　将进场的φ12、φ14、φ16的同一批号的直条钢筋中，从中随机抽取2根钢筋，将端部500 mm去掉后，从每根钢筋中截取一根拉伸件500 mm长；一根冷弯件300 mm长；共2根长件，2根短件，作为1组试件，送试验室试验。

取样人签字(印章)：＿＿＿＿＿＿＿＿＿

见证人签字(印章)：＿＿＿＿＿＿＿＿＿　　　　　　　　　　　　填制日期：

备注	

3.4.10　混凝土浇筑报审表

施工单位在做好各项准备工作，具备浇筑混凝土之前应填写"混凝土浇筑报审表"，报送项目监理机构核查签发。项目监理机构应认真核查混凝土浇筑的各项准备工作是否符合要求，并组织相关专业的施工人员共同核验。当全部符合要求并具备浇筑混凝土的条件时，签发"混凝土浇筑报审表"(表3-18)，要求相关专业的施工负责人也要会签。

表3-18　混凝土浇筑报审表

工程名称：＿＿＿＿＿＿＿＿＿＿＿＿＿　　　　　　　　　　　编号：＿＿＿＿＿＿＿＿

致：＿＿＿＿＿＿＿＿＿＿＿＿＿(项目监理机构)

　　我方已完成＿＿＿部位的钢筋、模板、水电安装和预埋件等工作，并已经项目管理机构验收合格。

　　□　土建工序质量报验单　　　　(B.1.4＿＿＿＿、＿＿＿＿、＿＿＿＿)

　　□　安装工序质量报验单　　　　(B.1.4＿＿＿＿、＿＿＿＿、＿＿＿＿)

　　□　施工方案报审表　　(B.0.1－＿＿＿＿)

　　……

　　现混凝土浇筑的准备工作已就绪，申请于＿＿月＿＿日＿＿时至＿＿月＿＿日＿＿时浇筑混凝土，请批准。

混凝土生产单位		混凝土设计坍落度	
混凝土强度等级		混凝土预计浇筑量	
混凝土质保资料编号	见商业混凝土公司资料	施工值班负责人	

施工项目经理部(章)：

项目经理(签字)：

年　月　日

项目监理机构签收人姓名及时间		施工项目经理部签收人姓名及时间	

审核意见：	
	专业监理工程师(土建)(签字)：_____ 年 月 日
	专业监理工程师(安装)(签字)：_____ 年 月 日
审核意见： □同意 □不同意	项目监理机构(章)： 总监理工程师/总监理工程师代表(签字)： 年 月 日

注：1. 施工单位项目经理部应在混凝土浇筑前提出本报审表，未获批准不得擅自浇筑混凝土。

2. 安装等工序如是平行发包的，则其工序报审栏的编号由项目监理机构补填。

3. 如现场自拌混凝土，还应提供原材料报审表及人、材、机准备情况。

3.4.11 监理抽验记录

当监理工程师对施工质量或材料、设备、工艺等有怀疑时，可以随时进行抽检，并填写"监理抽检记录"。监理工程师在抽检过程中如发现工程质量有不合格项，应填写"工程质量整改通知单"，通知施工单位进行整改并进行复检，直到合格为止。监理抽验记录的表格形式、内容要求见表3-19。

表 3-19　监理抽查记录表

工程名称：_____　　编号：_____

抽查部位		抽查日期	
检查项目及内容：			
检查数量：			
检查结果：			
处置意见：			
		总/专业监理工程师：　　　年 月 日	

3.4.12 施工试验见证取样汇总表检验批

"施工试验见证取样汇总表"为监理单位的见证人员在见证试验完成，各试验项目的试验报告齐全后，分类收集、汇总整理时填写的资料。有见证取样和送检的各项目，凡未按规定送检或送检次数达不到要求的，其工程质量应由有相应资质等级的检测单位进行检测确定。

"施工试验见证取样汇总表"的表格形式、内容要求见表3-20。

表 3-20　施工试验见证取样汇总表

工程名称：　　　　　　　　材料名称：　　　　　　　　编号：　　　　　　　　建设单位：

施工单位：　　　　　　　　　　　　　　　　监理单位：

见证人：　　　　　　　　　　　　　　　　实验室名称：

序号	产地型号	进场数量	进场时间取样时间	代表批量	使用单位	委托单位编号	检测报告编号	检测结果	不合格材料处理意见	取样员	见证员

3.4.13　检验批、分项工程质量验收抽查记录表

监理工程师在旁站、巡视、平行监理时，或对工程质量有怀疑时，可以随时进行抽验，并填写各相关检验批、分项工程施工质量验收记录。监理工程师对检验批、分项工程质量验收抽查记录可以作为监理工程师对检验批、分项工程质量验收和要求工程质量整改的依据。

3.5　投资控制资料

投资控制资料的内容包括工程款支付、费用索赔支付、工程变更价款支付、工程变更审批、审查意见等。

3.5.1　工程款支付

(1)承包单位统计经专业监理工程师质量验收合格的工程量，按施工合同的约定填报"工程量清单"和"工程款支付申请表"。"工程款支付申请表"见表 3-21。

(2)专业监理工程师进行现场计量，按施工合同的约定审核"工程量清单"和"工程款支付申请表"，报总监理工程师审定。

(3)总监理工程师签署"工程款支付证书"，并报建设单位。"工程款支付证书"见表 3-22。

表 3-21　工程款支付申请表

工程名称：＿＿＿省＿＿＿市＿＿＿工程　　　　　　　　　　编　号：＿＿＿＿＿

致：＿＿＿＿＿＿＿＿＿＿＿＿＿＿（监理单位） 　我方已完成了＿＿＿＿＿＿＿＿＿＿＿＿＿＿＿＿＿的施工工作，按施工合同的规定，建设单位应在＿＿＿年＿＿＿月＿＿＿日前支付该项工程款共(大写)＿＿＿＿＿＿＿＿＿＿(小写：￥＿＿＿＿＿＿＿＿元)。 　现报上＿＿＿＿＿＿＿工程款支付申请表，请予以审查并开具工程款支付证书。 　附： 　1. 工程量清单； 　2. 计算方法。 　　　　　　　　　　　　　　　　　　　施工单位(章)：＿＿＿＿＿＿＿ 　　　　　　　　　　　　　　　　　　　项目经理：＿＿＿＿＿＿＿ 　　　　　　　　　　　　　　　　　　　日期：＿＿＿＿＿＿＿
注：本表由施工单位填报，建设单位、监理单位、施工单位各存一份。

表 3-22　工程款支付证书

工程名称：＿＿省＿＿市＿＿＿＿工程　　　　　　　　　　　　　　　　编　号：＿＿＿＿＿

致：＿＿＿＿＿＿＿＿＿＿＿＿＿＿＿＿＿＿＿（建设单位）

　　根据施工合同的＿＿＿条＿＿＿款规定，经审核承包单位的付款申请及附件，并扣除有关款项，同意本期支付工程款共（大写）＿＿＿＿＿＿＿＿＿＿＿＿＿＿＿＿＿（小写：＿＿＿＿＿＿＿＿＿元）。请按合同规定及时付款。

　　其中：

　　1. 施工单位申请款为：＿＿＿＿＿＿＿＿＿＿元；

　　2. 经审核施工单位应得款为：＿＿＿＿＿＿＿＿元；

　　3. 本期应扣款为：＿＿＿＿＿＿＿＿元；

　　4. 本期应付款为：＿＿＿＿＿＿＿＿元；

　　附件：1. 施工承包单位的工程付款申请表及附件；

　　　　　2. 项目监理机构审查记录。

监理单位：＿＿＿＿＿＿＿＿

总监理工程师：＿＿＿＿＿＿＿＿

日　期：＿＿＿＿＿＿＿＿

注：本表由监理单位签发，建设单位、监理单位、施工单位各存一份。

3.5.2　费用索赔支付

(1)监理单位处理费用索赔的依据。

①国家有关的法律、法规和工程项目所在地的地方法规。

②本工程的施工合同文件。

③国家、部门和地方有关的标准、规范和定额。

④施工合同履行过程中与索赔事件有关的凭证。

(2)监理单位处理费用索赔的原则。

当施工单位提出费用索赔的理由同时满足以下条件时，项目监理机构方可受理。

①索赔事件造成施工单位的直接经济损失的。

②索赔事件是由非施工单位责任发生的。

③施工单位已按照施工合同的规定期限和程序提出"费用索赔申请表"（表 3-23）并附有索赔凭证材料。

表 3-23　费用索赔申请表

工程名称：___省___市_____工程　　　　　　　　　　　编号：

致：_____（监理单位）

　　根据施工合同条款_____条的规定，由于_____的原因，我方要求索赔金额（大写_____），请予以批准。

　　索赔的详细理由及经过：

　　索赔金额的计算：

　　附：证明材料

　　设计变更通知单（编号×××）

施工单位：_____

项目经理：_____

日期：_____

注：本表由施工单位填报，建设单位、监理单位、施工单位各存一份。

（3）项目监理机构处理费用索赔的程序。

①施工单位在施工合同规定的期限内向项目监理机构提交对建设单位的费用索赔意向通知书，逾期可以不受理。

②总监理工程师指定专业监理工程师收集与索赔有关的资料。

③施工单位在施工合同规定的期限内向项目监理机构提交对建设单位的费用索赔申请，逾期可以不受理。

④总监理工程师初步审查费用索赔申请，符合索赔条件时予以受理。

⑤总监理工程师进行费用索赔审查，并在初步确定一个额度后，与施工单位和建设单位进行协商。

⑥总监理工程师在施工合同规定的期限内签署"费用索赔审批表"（表 3-24），或在施工合同规定的期限内发出要求承包单位提交有关索赔报告的详细资料的通知，待收到施工单位提交的详细资料后再按上述程序进行审批。

表 3-24　费用索赔审批表

工程名称：＿＿省＿＿市＿＿＿工程　　　　　　　　　　　编号：

致：＿＿＿＿＿＿＿＿＿＿＿＿＿＿＿（施工总承包/专业承包单位）	

根据施工合同＿＿＿＿条＿＿＿款＿＿＿＿的规定，你方提出的＿＿＿＿＿＿＿＿费用索赔申请（第＿＿＿＿号），索赔（大写）＿＿＿＿＿＿＿元，经我方审核评估：

□不同意此项索赔。

□同意此项索赔，金额为（大写）＿＿＿＿＿＿＿＿＿＿。

同意/不同意索赔的理由：

索赔金额的计算：

监理单位：＿＿＿＿＿＿＿

总监理工程师：＿＿＿＿＿＿

日期：＿＿＿＿＿＿＿

注：本表由监理单位签发，建设单位、监理单位、施工单位各存一份。

3.5.3　工程变更价款支付

当发生工程变更时，总监理工程师应从造价、项目的功能要求、质量和工期等方面审查工程变更的方案，并宜在工程变更实施前与建设单位、施工单位协商确定工程变更的价款。

项目监理机构按施工合同约定的工程量计算规则和支付条款进行工程量计量和工程款支付。

3.5.4　工程变更审批

"工程变更审批表"是施工单位收到总监理工程师签认的工程变更单后，在施工合同约定的期限内就变更工程价款报项目监理机构进行审核确认的文件。总监理工程师应在施工合同规定的期限（在收到工程变更费用报审表之日起 14 天）内签发"工程变更费用报审表"，在签发前应与建设单位、承包单位协商。

3.5.5　审查意见

总监理工程师指定专业监理工程师对工程变更的审查有以下程序。

（1）审核工程变更的各项手续是否齐全，其变更是否经总监理工程师确认。

（2）审核承包单位是否在工程变更确认后 14 天内，向专业监理工程师提出了变更价款的报告，如超过此期限，视为该项目不涉及合同价款的变更。

（3）以上条件符合要求后，专业监理工程师对工程变更单进行审核，核对工程款的计算方法是否符合施工合同的规定、计算是否准确，将审查结果报总监理工程师。

（4）总监理工程师与承包单位进行协商，达成一致，然后通报协商结果。

总监理工程师应协助建设单位、各施工单位进行协调形成一致意见，如果未能达成一致意见，监理机构应提出暂定价格，待工程竣工结算后，以建设单位和施工单位达成的协议为准。

3.6 合同管理及其他资料

项目实施的整个过程都需要以合同的形式约束参与建设的各方，合同管理贯穿工程建设的各个阶段。合同管理是一项涉及知识面较广，因素较多的综合管理。在建设工程实施阶段，涉及的合同大多数为"建设工程勘察设计合同""建设工程施工合同""材料设备采购合同""建设工程委托监理合同"，以及与建设工程相关的其他合同（如专业分包合同、委托检测合同等）。

合同管理的主要内容包括委托监理合同，工程临时延期报审表，工程最终延期审批表，分包单位资质报审资料，合同争议、违约报告及处理意见，合同变更资料等。

3.6.1 委托监理合同

建设工程监理合同简称监理合同，是指工程建设单位聘请监理单位代其对工程项目进行管理，明确双方权利、义务的协议。在我国一般采用《建设工程监理合同（示范文本）》（GF—2012—0202）。该监理合同由协议书、通用条款和专用条款组成。

（1）协议书。协议书是监理合同的总协议，包括工程概况、词语限定、组成合同的文件、总监理工程师基本信息、签约副金、期限、双方承诺及合同订立。

（2）通用条款。通用条款涵盖了合同中所用的定义与解释，监理人的义务，委托人的义务，违约责任，支付，合同生效变更、暂停、解除与终止，争议解决及其他内容。

（3）专用条款。根据地域特点、专业特点和委托监理项目的特点，对标准条件中的某些条款进行补充、修改。

3.6.2 工程临时延期报审表

工程临时延期报审是指发生了非施工单位原因，施工合同约定由建设单位承担的延期责任事件后，施工单位提出的工期索赔，报项目监理机构审核确认。

总监理工程师应在施工合同约定的期限内签发"工程临时延期报审表"；并依据施工合同中有关工期的约定，工期拖延和影响工期事件的事实与程度，影响工期事件对工期影响的量化程度确定工程延期的时间。

"工程临时延期报审表"的表格形式、内容要求见表 3-25。

表 3-25 工程临时延期报审表

工程名称：＿＿＿＿＿＿＿＿＿＿＿　　　　　　　编号：＿＿＿＿＿＿

致：＿＿＿＿＿＿＿＿＿＿＿＿＿（项目监理机构） 根据施工合同＿＿＿＿条＿＿＿＿款，由于＿＿＿＿＿＿＿＿＿＿＿＿＿＿＿原因，我方申请工程临时延期 ＿＿＿＿＿＿＿＿（日历天），请予以批准。 附件： 1. 工期延期依据及工期计算。 2. 证明材料。   总包单位（盖章）　　　　　　　　　　　分包单位（盖章） 项目经理（签字）　　　　　　　　　　　项目经理（签字） 日期＿＿＿＿＿＿＿　　　　　　　　　　日期＿＿＿＿＿＿＿

审核意见：

□1. 同意工程临时延期_____（日历天）。工程竣工日期从施工合同约定的_____年_____月_____日延迟到_____年_____月_____日。

□2. 不同意延期，请按约定竣工日期组织施工。

项目监理机构（盖章）

总监理工程师：（签字，加盖专业印章）

年　月　日

审批意见：

建设单位：（盖章）

建设单位代表：（签字）

年　月　日

3.6.3　工程最终延期审批表

"工程最终延期审批表"是在影响工期事件全部结束后，项目监理机构在详细研究并评审影响工期的全部事件及其对工程总工期影响的基础上，批准施工单位最终有效延期时间的资料。"工程最终延期审批表"的表格形式、内容要求见表3-26。

表 3-26　工程最终延期报审表

工程名称：　　　　　　　　　　　　　　　　编号：

致：_____（项目监理机构）

根据施工合同_____（条款），由于_____原因，我方申请工程最终延期_____（日历天），请予批准。

附件：

1. 工程延期依据及工期计算。

2. 证明材料。

施工项目经理部（盖章）

项目经理（签字）

年　月　日

审核意见：

□同意工程最终延期_____（日历天）。工程竣工日期从施工合同约定的_____年____月____日延迟到_____年____月____日。

□不同意延期，请按约定竣工日期组织施工。

项目监理机构（盖章）

总监理工程师（签字、加盖执业印章）

年　月　日

审批意见：	
	建设单位（盖章） 建设单位代表（签字） 年　月　日

3.6.4　分包单位资质报审资料

分包单位资格报审是指总承包单位在分包工程开工前，应对分包单位的资格报审项目监理机构审查确认。未经总监理工程师确认，分包单位不得进场施工，总监理工程师对分包单位资格的确认不解除总承包单位应负的责任。施工合同中已明确或经过招标确认的分包单位（建设单位书面确认的分包单位），承包单位可不再对分包单位资格进行报审。"分包单位资质报审表"（表 3-27）由施工单位填报，建设单位、监理单位、施工单位各保存一份。

表 3-27　分包单位资质报审表

工程名称		编号	

致：＿＿＿＿＿＿＿＿＿＿＿＿＿＿＿＿＿＿（项目监理机构）

经考察，我方认为拟选择的＿＿＿＿＿＿＿＿＿＿＿＿＿＿＿＿＿＿＿（分包单位）具有承担下列工程的施工或安装资质和能力，可以保证本工程按施工合同第＿＿＿＿＿条＿＿＿＿＿款的约定进行施工或安装。请予以审查。

分包工程名称（部位）	分包工程量	分包工程合同额
电气安装工程		
给水排水安装工程		
合计		

附件：1. 分包单位资质材料。
　　　2. 分包单位业绩材料。
　　　3. 分包单位专职管理人员和特种作业人员的资格证书。
　　　4. 施工单位对分包单位的管理制度。

施工项目经理部（盖章）
项目经理（签字）
年　月　日

审查意见：	
	专业监理工程师（签字） 年　月　日

审核意见：	
	项目监理机构（盖章） 总监理工程师（签字） 年　月　日

3.6.5　合同争议、违约报告及处理意见

工程在实施过程中出现合同争议时，项目监理机构为调解合同争议所达成（或提出）的处理意见或合同争议的调解应符合《建设工程监理规范》(GB/T 50319—2013)的规定。合同争议处理意见由总监理工程师签字盖章，并在施工合同约定的时间内送达建设单位和施工单位。

3.6.6　合同变更资料

合同变更资料包括施工过程中建设单位与施工单位的合同补充协议和合同解除的有关资料。施工合同解除必须符合法律程序，合同解除时项目监理机构依据《建设工程监理规范》(GB/T 50319—2013)的规定处理善后工作，并翔实记录处理的过程和有关事项等。

◉ 模块小结

监理管理资料包括监理规划、监理实施细则、监理月报、监理会议纪要、监理日志、监理工作总结。

进度控制资料包括施工组织设计报审表、施工进度计划报审表、工程开工报审表、工程暂停令、工程复工报审表。

质量控制资料包括施工测量放线报验单，工程材料、构配件及设备报验表，工序质量报验单，工程竣工预验报验单，工程质量事故报告单，工程质量整改通知单，工程质量事故处理方案报审表，工程变更单，见证取样记录表，混凝土浇筑报审表，监理抽验记录，施工试验见证取样汇总表检验批、分项工程质量验收抽查记录表。

投资控制资料包括工程款支付、费用索赔支付、工程变更价款支付、工程变更审批表、审查意见。

合同管理及其他资料包括委托监理合同，工程临时延期报审表，工程最终延期审批表，分包单位资质报审资料，合同争议、违约报告及处理意见，合同变更资料。

视频：复工报审表及复工令示例　　视频：工程暂停令示例　　视频：施工组织设计内容示例

◉ 课后习题

一、选择题

1. 总包单位的资料员应参与（　　）管理，做好各类文件资料的及时收集、核查、登记、传阅、借阅、整理、保管等工作。

A. 设计工作　　　　　　　　　　　B. 施工生产

C. 质量检查　　　　　　　　　　　D. 施工监督

2. 应严格履行建筑工程资料的（　　），借阅或传阅应注明借阅或传阅的日期、借阅人名、传阅责任人、传阅范围及期限，借阅或传阅人应签字认可，到期应及时归还；借阅或传阅文件借（传）出后，应在文件夹的内附目录中做上标记。

A. 保管手续　　　　　　　　　　　B. 查阅手续

C. 监管手续　　　　　　　　　　　D. 借阅手续

3. 项目管理部应根据实际需要，配备熟悉工程管理业务、经过培训的人员担任（　　）工作。

A. 工程管理
B. 信息管理
C. 业务管理
D. 信息收集

4. 信息管理计划应包括信息的来源、内容、标准、时间要求、传递途径、反馈的范围、人员及职责和（　　）等内容。

A. 信息性质
B. 信息效益
C. 工作程序
D. 工作方法

5. 验收工作是建筑工程在（　　）单位自行质量检查评定的基础上进行的。

A. 建设
B. 监理
C. 施工
D. 设计

6. 监理工作总结包括监理合同（　　）情况。

A. 履行
B. 变更
C. 签订
D. 内容分析

7. 施工阶段监理月报的本月监理工作小结包括对（　　）监理工作的重点。

A. 上月
B. 本月
C. 下月
D. 现阶段

8. 施工阶段监理月报的"工程计量与工程款支付"方面包括工程量（　　）情况。

A. 申报
B. 计划
C. 审核
D. 计算

9. 施工阶段的监理月报应包括本月（　　）。

A. 建设单位工作概况
B. 工程概况
C. 施工单位工作概况
D. 施工单位安全培训概况

10. 下列文件中，（　　）是编制设计阶段监理规划的重要依据。

A. 监理文件
B. 施工合同
C. 设计文件
D. 设计合同

二、名词解释

1. 监理资料
2. 进度控制资料
3. 建设工程监理合同
4. 施工现场安全管理

三、简答题

1. 简述委托监理合同的组成。
2. 简述工程停工的原因。
3. 简述施工进度计划报审表监理审核的要点。

模块 4　施工资料管理

模块 4　课程内容及对应素养元素

章节	内容	讨论	素养元素
模块 4 施工资料管理	技术交底记录	1. 技术交底记录应该包含哪几个方面内容？ 2. "四新"技术交底是什么？ 3. 说说你所了解的目前我国在建筑工程施工过程中应用到的"四新"	民族自豪感 创新意识
	桩基施工记录	1. 桩基础有哪些类型？ 2. 在进行现场预制桩检查时，应重点检查哪些内容	工匠精神 职业精神
	建筑工程质量事故处理记录	1. 建筑工程重大质量事故是如何划分的？ 2. 说说你所知道的近年来发生的建筑工程重大施工质量事故	责任与使命
	混凝土抗压强度试验报告	1. 混凝土试块的尺寸是如何规定的？ 2. 混凝土抗压强度试验对混凝土试块取样有哪些规定	团队意识 合作精神

思维导图

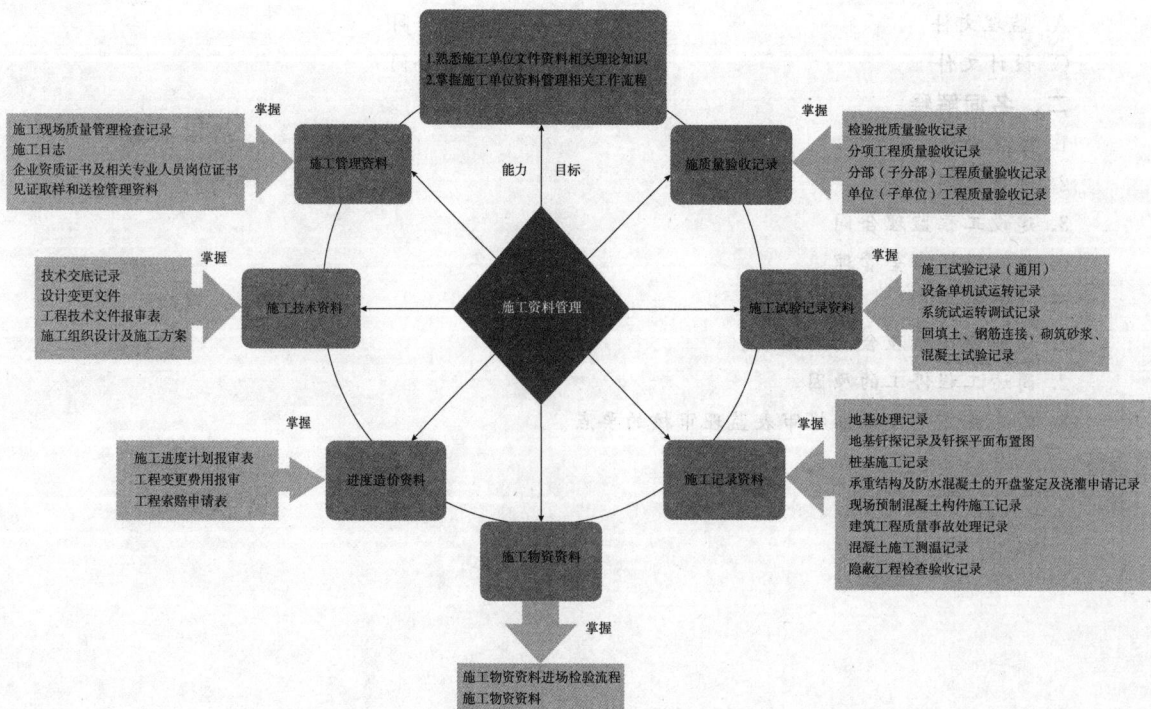

4.1 施工资料的形成

4.1.1 施工资料主要内容

施工资料包括以下八个主要内容。

(1)施工管理资料。

(2)施工技术资料。

(3)施工测量记录。

(4)施工物资资料。

(5)施工记录。

(6)施工试验记录。

(7)施工质量验收记录。

(8)工程管理与验收资料。

施工资料也可分为施工质量保证资料、技术资料、安全资料。它包含了整个建筑物施工开始到结束所产生的文件内容，有联系外单位(建设、设计、勘察、监理等)的文件；记录工程的质量、技术及安全等情况(包括新工艺、原材料检测、检验)；保存施工时的安全信息和安全纠正内容(安全方案的编写、安全教育等)，是施工全过程的记录文件。

施工资料的形成应符合国家有关的法律、法规、施工质量验收规范和标准，以及工程合同和设计文件等的规定，这是资料形成的基本要求。

施工资料可采用纸质载体和光盘载体这两种载体形式。施工资料的整理与汇集应逐步实行计算机管理，以最终实现施工资料的数字化管理，这是时代发展的必然方向。然而，为了明确资料中所反映的各责任人，计算机形成的施工资料还应采用"内容打印，手工签名"的方式。施工资料的照片部分(含底片)及声像档案，应图像清晰，声音清楚，文字说明或内容准确。

4.1.2 建筑工程施工资料的管理

施工资料的管理应实行各级负责制，施工企业应加强对现场施工资料管理的指导、检查、服务工作，建立和健全施工资料的管理制度，并按有关规定建立档案室，逐步实现档案资料的数字化管理，明确必要的技术人员从事该项管理工作。各级职能部门及施工现场应建立和健全施工资料管理的岗位责任制。施工资料的管理应实行技术负责人负责制，施工现场必须指定专人负责管理施工资料。

施工总包单位应加强对分包单位施工资料的检查、指导，核查分包单位施工资料的真实性、及时性，并负责整理汇总各分包单位编制的施工资料。各分包单位应负责分包范围内施工资料的收集和整理，并对施工资料的真实性、完整性和有效性负责，及时收集和整理提交总包单位。

施工资料应随工程的施工进度按工种、专业归类同步收集、整理，并保证及时、准确、真实、有效、完整，同时应做到内容填写完整真实、书写字迹端正清晰。对施工资料擅自涂改、伪造，随意抽换或损毁、丢失的，应按有关规定予以处罚，情节严重的，应依法追究法律责任。施工资料的编制应不少于三套，施工企业保存一套，移交建设单位和城建档案馆各一套。

4.1.3 建筑工程施工资质等级标准

建筑业企业资质分很多种类型，分别代表不同施工单位应当办理的资质。建筑业企业资质共设有12种总承包资质、36种专业承包资质和一项劳务资质。其中，总承包资质和大部分专业承包资质下面都有等级之分。总体来看，建筑业企业资质等级划分为特级、一级、二级、三级。但是，并非每个建筑资质都是这样划分的。它可分为以下这几种情况。

(1)总承包资质中的建筑工程、市政公用工程、公路工程、电力工程等10项资质设为特级、一级、二级、三级。

（2）总承包资质中的通信工程、机电工程，以及专业承包资质中的桥梁工程、输变电工程、古建筑工程、钢结构工程、环保工程、城市及道路照明工程等资质设置为一级、二级、三级。

（3）建筑装修装饰工程、海洋石油工程、电子与智能化工程、消防设施工程等资质设为一级、二级。

（4）还有一种特殊情况，部分资质不分等级，如特种工程、模板脚手架、预拌混凝土等。

4.2 施工管理资料

施工技术管理资料目录见表 4-1。

表 4-1 施工技术管理理资料目录

序号	内容
1	工程开工报告
2	工程开工报审表
3	施工现场质量管理检查记录
4	施工日志
5	建设工程特殊工种上岗证审查表
6	工程质量保证书

1. 工程开工报告

开工报告是建设单位与施工单位共同履行基本建设程序的证明文件，是施工单位、承建单位工程施工工期的证明文件（表 4-2）。由建设单位直接分包的工程，开工时也要填写开工报告。

表 4-2 工程开工报告

建设单位	××市××职业技术学院	开工日期	××××	建筑造价	××
监理单位	××市××监理有限公司	结构	框架	建筑面积	××
施工单位	××市××建设工程有限公司	建设地点		××区	
设计单位	××省××设计院	建设单位项目负责人		××××	
勘察单位	××勘察设计院	施工单位项目负责人		××××	

说明：

施工许可证已办理；现场管理人员已到位，专职管理人员和特种作业人员已取得资格证、上岗证；施工现场质量管理检查记录已具备；施工现场"三通一平"已具备；经检查确认质量、安全、技术管理制度已建立；组织机构已落实

建设单位 （公章） 项目负责人：××	监理单位 （公章） 总监理工程师：××	施工单位 （公章） 项目负责人：××	主管部门意见 （公章） 主管负责人：××

注：本表一式五份，建设单位、监理单位、施工单位、主管部门、城建档案馆各一份

开工报告由施工总承包单位在完成施工准备并取得施工许可证之后填写，经施工单位的工程管理部门审核通过，法人代表或委托人签字加盖法人单位公章，应填写开工报告，报请监理单位、建设单位审批。若符合开工条件，由监理单位总监理工程师、建设单位项目法人代表签字，加盖公章后即可开工。

开工报告填写程序及条件如下。

(1)开工报告一般由施工总承包单位填写,分包单位只填写"工程开工报审表",并报监理单位审批。工程直接从建设单位分包的要填写开工报告。

(2)表格填写要求如下。

①"工程名称"应填写全称,与施工合同上的单位工程名称一致。

②"结构类型"以施工图中结构设计总说明为准。"建筑面积"按实际施工的建筑面积填写。

③工程批准文号、预算造价、计划开工日期、计划竣工日期、合同编号分别按建筑工程施工合同中的内容填写。

④实际开工日期按工程正式破土动工的日期,即从开槽(坑)或破土进行打桩等地基处理开始。地基处理分包的,施工单位按其交接日期填写,应在开工报告审批后,按实际开工日期补填。

⑤合同工期是指甲乙双方在施工合同中明确的合同工期日历天数。

⑥开工报告应据建设单位监理单位施工单位所做的开工准备工作情况填写。例如,提供施工图纸能否满足施工要求,是否经过自审和会审;材料准备能否满足施工需要和质量标准;施工现场质量管理检查是否合格;施工现场是否具备"三通一平"条件;工程预算造价是否编制完成;施工队伍和施工机械是否进场,是否满足施工需要等。

⑦审核意见栏内建设单位、监理单位、施工单位负责人均需签字,注明日期并加盖单位公章。

技术提示

施工单位资料中土建资料是内容最多的,包括技术管理资料、进度造价资料、施工物资资料、施工记录资料、施工试验记录及检测报告、施工质量验收记录、竣工验收记录等。

2.工程开工报审表

"工程开工报审表"是项目监理机构对承包单位施工的工程经自查已满足开工条件后,提出申请开工且经项目监理机构审核确已具备开工条件后的批复文件。

3.施工现场质量管理检查记录

施工单位应该按照《建筑工程施工质量验收统一标准》(GB 50300—2013)的规定,填写"施工现场质量管理检查记录"(表4-3),一个工程的一个标段或一个单位工程通常在开工时检查,由施工单位工程负责人填写,填表时间是在开工之前,检查记录表应附有关文件的原件或复印件。表中可以直接将有关资料的名称写上,资料较多时,也可对有关资料进行编号,填写编号,注明份数。监理单位的总监理工程师(建设单位项目负责人)应对施工现场进行检查,验收核实后,返还施工单位,并签字认可。如检查验收不合格,施工单位必须限期改正,否则不允许开工。

表4-3 施工现场质量管理记录

工程名称	××市××职业技术学院宿舍楼	施工许可证		××	
建设单位	××市××职业技术学院	项目负责人		××	
设计单位	××省××设计院	项目负责人		××	
监理单位	××市××监理有限公司	总监理工程师		××	
施工单位	某市××建设工程有限公司	项目经理	××	项目技术负责人	××

序号	项目	主要内容
1	现场质量管理制度	质量例会制度、月评比及奖罚制度、"三检"及交接检制度、质量与经济挂钩制度，制度健全
2	质量责任制	岗位责任制、设计交底制、技术交底制、挂牌制度等健全
3	主要专业工种操作上岗证书	测量工、钢筋工、起重工、木工、混凝土工、电焊工、架子工等证书齐全
4	分包方资质与对分包单位的管理制度	分包单位管理制度健全
5	施工图审查情况	有施工图审查批准书及审查报告，且符合要求
6	地质勘察资料	有地质勘察报告，且符合要求
7	施工组织设计、施工方案及审批	施工组织设计编制、审核、批准齐全且符合要求
8	施工技术标准	企业标准齐全
9	工程质量检验制度	有原材料及施工检验制度、竣工检验制度、抽测项目的检验计划，制度健全
10	搅拌站及计量设置	有管理制度和计量设施精度控制措施，符合要求
11	现场材料、设备存放与管理	制度齐全，场地、库房符合要求

检查结论：满足施工需要。

总监理工程师：××
（建设单位项目负责人）
××年×月×日

4. 施工日志

施工日志（表4-4）是施工过程中由项目经理部的有关人员，对有关技术和质量等管理活动及其达到的效果，每日做的连续完整的记录。

施工日志是每个施工日的原始记录，因此必须及时、准确、完整地记录当日施工活动的情况（包括写明当日施工的部位、施工内容、施工进度、作业动态、隐蔽工程验收、材料进出场情况、取样情况、设计变更、技术经济签证情况、交底情况、质量、安全施工情况、材料检验、试验情况、上级或政府有关职能部门现场检查施工生产情况、劳动力安排情况等）。

表4-4 施工日志

工程名称	××市××职业技术学院宿舍楼		施工单位	××市××建设工程有限公司	
项目时间	天气状况	风力			
白天	晴	3~4级			
夜间	阴	1~2级			

生产情况记录：（施工部位、施工内容、机械作业、班组工作、生产存在问题等）
框架五层
1. 五层楼板框架梁钢筋绑扎，各工种进行埋件固定，钢筋班组17人。五层楼板模板施工，木工班组30人。
2. 存在问题：木工制作场地木屑清理不好，有火灾隐患，已安排木工整改

技术质量安全工作记录：（技术质量安全活动、检查评定验收、技术质量安全问题等）			
1. 监理进行钢筋质量检查。			
2. 监理召开监理例会，确定五层结构工期于×月×日前完成。			
3. 安全生产：由公司安全部部长带领安全人员对工地进行安全防火大检查			
记录人	××	日期	×年×月×日　星期×

技术提示

施工日志应具有"连续性"和"可追溯性"。连续性是指记录从工程开工到竣工之间的所有活动，不得间断，内容完整，能全面反映工程情况，一般由项目经理部确定专人负责填写，如"下雨停工""春节放假"等均应有所表述，而不应出现日期的间断；可追溯性是对施工日志中由于条件或技术原因当天不能解决或遗留的问题，后面的记录中应有交代，而不能出现"悬而不决"的情况。

施工日志主要包括以下内容。

(1)生产情况。生产情况包括现场准备，材料进场情况，施工部位、施工内容，机械作业，安全、技术交底要求情况，班组工作及生产存在问题等。

(2)技术质量安全活动。技术质量安全活动主要包括技术质量安全措施的贯彻实施、质量检查评定验收及发生的技术质量安全问题与处理情况记录；原材料检验结果、施工检验结果的记录；质量、安全、机械事故的记录；有关洽商、变更情况，交代的方法、对象、结果的记录；有关单位业务往来记录；有关新工艺、新材料的推广使用情况记录；气候、气温、地质，以及停电、停水、停工待料的记录；混凝土试块、砂浆试块的留置组数、时间，以及28天强度试验报告结果的记录等。

技术提示

《房屋工程质量保修办法》规定了在正常使用条件下，房屋建筑的最低保修期限如下。

(1)地基基础工程和主体结构工程，为设计文件规定的该工程的合理使用年限。

(2)屋面防水工程、有防水要求的卫生间、房间和外墙面的防渗漏，期限为五年。

(3)供热、供冷系统，期限为两个供冷期、采暖期。

(4)电气管线、给水排水管道、设备安装和装修工程，期限为两年。

(5)其他项目的保修期限由建设单位和施工单位约定。

5. 建设工程特殊工种上岗证审查表

工程开工前，施工单位对电工、架子工、测量工、起重工、超重机等垂直运输司机、钢筋工、混凝土工、机械工、焊接工、瓦工、防水工等特殊工种的从业人员进行登记检查，要求从业人员具有操作上岗证书，检查时原件年审应有效，填写建设工程特殊工种上岗证审查表，并附相应证书复印件，报监理单位审核。

6. 工程质量保证书

建筑工程实行质量保修制度，对建筑工程的保修范围、保修期限和保修责任有明确规定。建筑工程承包单位向建设单位提交竣工验收报告时，要向建设单位出具质量保修书。保修期自工程验收合格并签收竣工验收证明书始。

建筑工程在保修范围和保修期限内发生质量缺陷，施工单位应当履行保修义务。

4.3 施工技术资料

施工技术资料目录见表 4-5。

表 4-5 施工技术资料目录

序号	内容
1	施工组织设计(方案)报审表
2	施工方案及专项施工方案
3	技术交底记录
4	设计交底记录
5	图纸会审记录
6	设计变更通知单
7	工程洽商记录
8	技术联系(通知)单
9	工程质量事故报告
10	工程质量事故处理记录

1. 施工组织设计(方案)报审表

施工组织设计(方案)承包单位是根据承接工程特点编制的指导施工的纲领性技术文件。"施工组织设计(案)表"是由施工单位提请项目监理机构对施工组织设计(方案)进行批复的文件资料。

2. 施工方案及专项施工方案

主要分部(分项)工程、工程重点部位技术复杂或采用新技术的关键工序应编制专项施工方案,一般包括降低成本的技术措施、安全文明施工、环境保护措施及冬、雨季施工措施。

根据原建设部关于《危险性较大工程安全专项施工方案编制及专家论证审查办法》规定,凡是危险性较大的工程必须编制安全专项施工方案,并且必须经过专家论证审查后,方可施工。

工程涉及基坑支护,深基坑,地下暗挖工程,降水工程,土方开挖工程,模板工程,高大模板工程,起重吊装工程,脚手架工程,拆除、爆破工程,施工临时用水、用电,采用新材料新工艺的工程,要编制专项施工方案。

3. 技术交底记录

技术交底是指分部(分项)工程实施过程中的具体要求与指导文件(表 4-6),施工操作的依据,是使参与建设项目施工的技术人员与工人熟悉和了解所承担的工程项目的特点、设计意图、技术要求、施工工艺及应注意的问题。

表 4-6 技术交底记录

工程名称	××市××职业技术学院宿舍楼	编号	××
交底部位	一层构造柱、圈梁	交底日期	××年×月×日
交底内容	混凝土工作		

1. 工程用材料
砂：中砂；
水泥：强度等级为32.5普通硅酸盐水泥；
石：20~40 mm 卵石
2. 混凝土试配及施工检查
试配：按试配单××号执行；
施工检查：检查的主要内容包括模板、钢筋等相关检查内容
3. 混凝土搅拌
测定砂石实际含水率，并调整施工配合比，由工程技术负责人确认后执行严格计量、搅拌；严格控制搅拌时间，每台班抽查两次坍落度
4. 混凝土运输
避免混凝土运输过程中分层离析，否则入模前必须进行二次人工拌和以保证混凝土初凝前入模
5. 混凝土浇筑与振捣
构造柱混凝土浇筑前，应在构造柱底预先铺与混凝土内砂浆成分相同的砂浆30~50 mm 混凝土分层浇筑和振捣
6. 混凝土养护
混凝土浇筑完成 12 h 以内进行洒水养护，养护时间不少于 7 天；混凝土强度达到 1.2 MPa 前，不得在其上踩踏或作业

接受人：××	交底人：××

4. 设计交底记录

设计交底是指建设单位在施工前组织，召集设计单位、监理单位和施工单位人员，由设计人员对工程重点部位、重要结构、新技术、新材料项目进行设计交底，并填写设计交底记录(表 4-7)，经各单位签字后实施。

表 4-7　设计交底记录

工程名称	××市××职业技术学院宿舍楼	建设单位	××市××职业技术学院
设计单位	××省××建筑设计院		
施工单位	××市××建设工程有限公司	监理单位	××市××建设监理公司

交底内容：

1. 凡是穿过人防地下室防护墙的给水排水管道在穿墙处做刚性密闭套管，做法见××页；套管内的管道两端应预留安装法兰，并应在墙内侧装设防爆破阀门，阀门的关闭方向应与冲击波作用方向一致，见××页；引入管道穿外墙图做法见××页。

2. 凡是穿过人防地下室清洁区与半清洁区之间防护墙的给水排水、通风管道在防护墙处做刚性防水套管，做法见××页。

3. 地下室顶板以上的北侧穿外墙排水管道层单排水管用45°弯头绕柱排出，其他穿柱预埋套管，详见××。

4. 地下室顶板以上的消防横管位置见××。

5. 本工程由供热站单独供热，故将采暖管道的高低区合并，管径为 $DN80$，系统图见××。

6. 地暖盘管下部聚苯板保温改为发泡水泥保温，厚度不变。

7. 因空间有限，楼梯间消火栓变更为双管栓明装及管井布置见××。

交底人：×××

建设单位签章	设计单位签章
××年×月×日	××年×月×日

施工单位签章	监理单位签章
××年×月×日	××年×月×日

5. 图纸会审记录

图纸会审是为了对设计图纸进行会审，对提出的问题进行澄清，是图纸会审过程中各方达成一致的意见、决定、标准、变更等的原始记录（表 4-8），经各方签字认可的图纸会审记录应视为设计文件的一部分或补充，与正式设计文件具有同等效力。

表 4-8　图纸会审记录

工程名称		××市××职业技术学院宿舍楼	会审范围	建筑结构
主持人		××	日期	××
参加人员	建设单位	××市××职业技术学院	设计单位	××省××建筑设计院
	监理单位	××市××监理有限公司	施工单位	××市××建设工程有限公司
序号	图号	提出问题	会审意见	
1	结施01	结构总说明，7.77 以下柱、梁、基础是 C35，板是否也是 C35；7.77～11.07 柱为 C30，考虑到一次性浇捣，梁板是否可改为 C30？	另定	补联系单
2	结施02	⑦轴Ⓐ轴交接处是双桩，而结施 3 是单桩承台？	为双桩承台	
3	结施03	底板后浇带板底标高(3.80 有误，改为 3.45)；地下室水池侧壁剖面，底板厚度 250 是否该改为 300？	为 300	补联系单
4	建施04	③～⑩轴交Ⓝ轴剪力墙外侧为Ⓝ轴中，而建施 5 此部分砖砌为：Ⓝ轴外挑 120；120 如何挑出，是否从外出上做上来？	另定	
建设单位代表(盖章)： ××			监理单位代表(盖章)： ××	
设计单位代表(盖章)： ××			施工单位代表(盖章)： ××	

（1）在工程正式开工前，由建设单位组织，设计、监理、施工、监督等单位参加对施工图设计进行的会审。会审的目的：一是通过事先熟悉设计图纸，了解设计意图、工程质量标准，以及新结构、新技术、新材料、新工艺的技术要求，了解图纸间的尺寸关系、相互要求与配合等内在的联系，要采取正确的施工方法实现设计意图；二是在熟悉设计图纸的基础上，通过设计、建设、监理、施工等单位的土建、安装等专业人员的会审，将有关问题解决在施工之前，给施工创造良好的条件。

（2）图纸会审之前，各单位（特别是施工单位、监理单位）应先进行内部预审，一是熟悉施工图纸；二是将提出的问题整理归类，以便会审时一并提出。

（3）图纸会审一般先由设计单位进行设计交底；然后由各单位相关技术人员按工种分组进行图纸会审，对提出的问题应记录准确、详细；分组会审后再进行各工种间的综合协调，避免出现矛盾与遗漏的问题。

（4）图纸会审记录应由专人负责协调、整理，并打印成文，经参与会审的各方确认无误后，签字、盖章方为有效。

6. 设计变更通知单

设计变更是指对项目设计的建筑构造、细部做法、使用功能、钢筋替换、细部尺寸修改、计算错误等问题提出修改意见。提出修改意见的可以是建设单位、设计单位、施工单位，但设计变更必须经过设计单位同意，并提出"设计单位通知单"（表 4-9）或设计变更图样。

工程设计变更时，设计单位签发设计变更通知单，经项目总监理工程师（建设单位负责人）审定后，转交施工单位实施。

表 4-9　设计更通知单

工程名称	××市××职业技术学院宿舍楼		变更项目	室内地面材料变更
主送	××		编号	××
抄送	××		日期	××年××月××日
变更理由		建设单位要求		
变更内容： 　1. 室内走廊原设计水磨石面层改为大理石面层。 　2. 教室地面面层原设计水磨石改为 800 mm×800 mm 地面砖				
设计单位（公章）：××省××设计院				
技术负责人：××　　　　审核人：××				设计人：××

7. 工程洽商记录

洽商记录是施工过程中，由于设计图纸本身差错，设计图纸与实际情况不符，施工条件变化，原材料的规格、品种、质量不符合设计要求及职工提出合理化建议等原因，需要对设计图纸部分内容进行修改而办理的工程洽商记录文件（表 4-10）。

"工程洽商记录"填写要点如下。

（1）"工程名称"栏与施工图纸图签栏内名称相一致。

（2）"日期"栏按实际日期填写。

表 4-10　工程洽商记录

工程名称	××市××职业技术学院宿舍楼	施工单位	××市××建设工程有限公司
结构类型/建筑面积	框架/××	日期	××年××月××日

记录内容：

　　应建设单位要求暂停宿舍楼砌体施工，其各楼层墙体将有变动(以设计变更为准)，按设计变更图对已施工完成的砌体及安装完成的构造柱、圈梁钢筋模板进行拆除。经建设单位、监理单位及施工单位三方根据实际情况及市场调查后协商同意，对拆除分项工程量按下列要求进行计费：

　　1. 墙体拆除单价套用定额计算。

　　2. 模板安装、拆除按每米 70 元计算(按圈梁、构造柱长度计量)。

　　3. 钢筋安装、拆除按每米 20 元计算(按圈梁、构造柱长度计量)。

　　拆除墙体将占用工期，所产生的工期按实际情况签证(详见工期签证单)

建设单位	设计单位	施工单位	监理单位
项目负责人：×× ××年×月×日	项目负责人：×× ××年×月×日	项目负责人：×× ××年×月×日	总监理工程师：×× ××年×月×日

　　8. 技术联系(通知)单

　　"技术联系(通知)单"是用于施工单位与建设、设计、监理等单位用于联系工程技术手段处理，工程质量问题处理，设计变更等的函件(表 4-11)。一般多见于施工单位出具联系单给建设单位或设计单位，建设单位也常常向设计单位出具联系单，收件单位均要依据具体情况予以答复。

表 4-11　技术联系(通知)单

工程名称	××市××职业技术学院宿舍楼	编号	××
提出单位	××建设工程有限公司	日期	××年×月×日
事项		钢筋代换	

提出内容：

　　施工 5 层框架梁钢筋工程时，因市场没有直径为 16 mm HPB235 级钢筋，报用直径为 16 mm HRB 钢代换。附代换计算书及代换部位说明。

　　请予以审查。

建设单位意见	监理单位意见	施工单位：
按设计变更意见处理。	按设计单位意见处理。	
(公章)： 负责人签字：××	(公章)： 监理工程师签字：××	(公章)： 技术负责人签字：××

9. 工程质量事故报告

"工程质量事故报告"是当工程出现质量事故，如质量不符合规定的质量标准、影响使用功能或设计要求时，向相关部门及时报告的汇报文件。

10. 工程质量事故处理记录

"工程质量事故处理记录"是指在工程建设中或在交付使用后，因勘察、设计、施工等过失造成工程质量不符合有关技术标准、设计文件及施工合同规定的要求，须加固、返工、报废及造成人身伤亡或重大经济损失的事故，对其发生情况及处理的记录形成工程质量事故报告和工程质量事故处理记录。

4.4　进度造价资料

进度造价资料目录见表 4-12。

表 4-12　进度造价资料目录

序号	内容
1	施工进度计划报审表
2	工程款支付申请表
3	工程变更费用报审表
4	工程索赔申请表

1. 施工进度计划报审表

施工进度计划报审表审核要点如下。

(1)开工日期，竣工日期。

(2)关键线路。

(3)主要工程材料及设备供应、劳动力、水、电配套能否保证施工进度计划的需要，供应是否均衡。

(4)施工条件(资金、图样、施工现场、采购的物资等)。

2. 工程款支付申请表

"工程款支付申请表"是施工单位根据施工合同中有关工程款支付约定的条款，向项目监理机构申请支付工程预付款、工程进度款、工程结算款的申请。

申请支付工程款金额应包括合同内工程款、工程变更增减费用、批准的索赔费用，扣除应扣预付款、保留金及施工合同中约定的其他费用。

3. 工程变更费用报审表

"工程变更费用报审表"是指施工单位收到总监理工程师签认的"工程变更单""图样会审记录"和"设计变更通知单"后，在承包合同约定的期限内就变更工程价款的项目监理机构审核确认的资料。

总监理工程师在承包合同规定的期限内签发"工程变更费用报审表"，在签认此表之前应与建设单位、施工单位协商。

4. 工程索赔申请表

通常，建设工程索赔是指在工程合同履行过程中，合同当事人一方因对方不履行或未能正确履行合同或者因其他非自身因素而受到经济损失或权利损害，通过合同规定的程序向对方提出经济或时间补偿要求的行为。

在施工过程中，引起索赔的原因很多，常见的有以下几点。

(1)施工条件变化。在建筑工程的施工过程中，施工现场条件的变化对造价的影响很大，不利的自然条件及人为障碍，经常导致设计变更、工期延长和工程成本大幅度增加。土建工程对基础地质条件的要求很高，而这些土壤地质条件，如地下水、地质断层、地下文物遗址等，根据业主在投标文件中所提供的资料，以及承包商在招标前的现场查勘，都不可能准确无误地被发现，即使是有经验的施工单位也无法事前预料。因此，基础地质方面出现的异常变化必然会引起施工索赔。

(2)工程变更。在工程施工中，工程量的变化是不可避免的。施工时实际完成的工程量超过或少于工程量表中所列的工程量的15％～20％时，则会引起很多问题。尤其是在施工过程中，工程师发现设计、质量标准或施工顺序等问题时，往往下达指令增加新的工作，改换建筑材料，暂停施工或加速施工等。

这些变更指令必然引起新的施工费用，或需要延长工期。所有这些情况，都会造成施工方提出索赔要求，以弥补自己不应承担的经济损失。

(3)工期拖延。建筑工程的施工过程中，由于受天气、水文或地基等因素影响，经常出现工期拖延。如发生工期延误，在分析拖期原因、明确拖期责任时，合同双方往往产生分歧，使施工方实际支出的计划外施工费用得不到补偿，势必引起索赔要求。如果工期拖延的责任在施工方面，则施工单位无权提出索赔，施工单位应该及时采取赶工的措施，抢回延误的工期；如果到合同规定的完工日期时，仍然做不到按期建成，则应承担误期损害赔偿费。

(4)合同违约。施工合同中的违约，一般是指未按规定为施工单位提供条件；未按规定时限向施工单位支付工程款；工程师未按规定时间提供施工图纸、指令或批复等。对于这些方面的原因而引起的施工费用增加或工期延长，施工单位均有权提出索赔。此外，由于建设单位坚持指定的分包商的违约行为，施工单位也有权向建设单位提出索赔要求。

4.5 施工物资资料

施工物资资料目录见表 4-13。

表 4-13　施工物资资料目录

序号	内容
1	材料、构配件进场检查记录
2	工程物资进场报验表
3	钢材资料要求
4	水泥资料要求
5	砂、石资料要求
6	混凝土资料要求
7	外加剂资料要求
8	掺合料资料要求
9	砖与砌块资料要求
10	木结构工程物资要求
11	建筑节能物资要求
12	装饰装修物资要求

序号	内容
13	幕墙工程物资要求
14	防水材料相关要求

1. 对工程物资资料的总体要求

(1)工程物资主要包括建筑材料、成品、半成品、构配件、设备等。建筑工程所使用的工程物资均应有出厂质量证明文件，包括产品合格证、出厂检验(试验)报告、产品生产许可证和质量保证书等。

质量证明文件应反映工程物资的品种、规格、数量、性能指标等，并与实际进场物资相符。实行生产许可证制度的还要有许可证编号。

如批量较大，提供的出厂质量证明(合格证)又较少，或用量较少，供应单位不能提供原件时可用复印件(抄件)备查，加盖原件存放单位公章，并应注明原件证号、存放单位和抄件时间，并且应有抄件人签字、抄件单位盖章，具有可追溯性。出厂质量证明(合格证)应由技术员、材料保管员分别在合格证背面签字，注明使用工程名称、使用部位、批量、进场日期，然后交资料员整理排列编号，进入资料管理流程。出厂质量证明(合格证)应该分类编号，以便在施工试验资料、技术交底、施工日志、混凝土及砂浆配合比通知单、隐检记录、质量验收记录等资料的编制整理时填写。工程质量的内容应与实际工程相符，具有可追溯性。

质量证明文件幅面小于 A4 幅面纸时，将质量证明文件按其先后顺序粘贴在"质量证明文件粘贴表"内。

(2)涉及结构安全和使用功能的材料需要代换且改变了设计要求时，必须有设计单位签署的认可文件。

(3)新材料、新产品应由具备鉴定资格的单位或部门出具鉴定证书，同时具有产品质量标准和试验要求及安装、维修、使用和工艺标准等相关技术文件，使用前应按其质量标准和试验要求进行试验或检验。

(4)进口材料和设备等应有商检证明(国家认证委员会公布的强制性认证 CCC 产品除外)，中文版的质量证明文件，性能检测报告，以及中文版的安装、维修、使用、试验要求等技术文件。

(5)对进场检验的要求。建设工程采用的主要材料、半成品、成品、构配件、器具、设备等应实行进场验收，施工、供应、监理单位共同对其品种、规格、数量、外观质量及出厂质量文件进行检验，填写"材料、构配件进场检查记录""设备开箱检查记录"。进场经施工单位自检合格后填写"工程物资进场报验表"，报监理单位审核签字。涉及安全、功能的有关物资应按工程施工质量验收规范及相关规定进行复试和取样送检，及时提供相应试(检)验报告，填写"试样委托单"送检测单位试验。

(6)管理责任。供应单位或加工单位负责收集、整理和保存所供物资或原材料的质量证明文件。施工单位则需收集、整理和保存供应单位或加工单位提供的质量证明文件与进场后进行的试(检)验报告。各单位应对各自范围内工程资料的汇集、整理结果负责，并保证工程资料的可追溯性。

2. 材料、构配件进场检查记录

材料、构配件进场检查记录(表 4-14)是对施工单位进入现场的材料、构配件等质量进行检查的原始记录。

(1)材料、构配件进场后，应由建设单位、监理单位会同施工单位对进场材料、构配件进行检查验收、填写"材料、构配件进场检验记录"，主要检验内容包括以下几个方面。

①材料、构配件出厂质量证明文件及检测报告是否齐全。

②实际进场材料和构配件数量、规格及型号等是否满足设计和施工计划要求。

③材料、构配件外观质量是否满足设计要求或规范规定。

④按规定应抽检的材料、构配件是否及时抽检等。

(2)按规定应进场复试的工程材料、构配件，必须在进场检查验收合格后取样复试。

表格填写范例见表4-14。

表 4-14　材料、构配件进场验收记录

工程名称	××市××职业技术学院宿舍楼					
序号	名称	规格型号	进场数量	生产厂家	检查项目	检验结果
1	地埋式9孔格栅通信管	107 mm×107 mm	780 m	杭州市××股份有司	外观检查(目测尺量)质量证明文件	合格
2	热镀锌钢管	DN50	450 m	天津市××钢管有司	外观检查(目测尺量)质量证明文件	合格
3	建筑绝缘电工	PVC20	8 000 m	浙江省××塑胶有司	外观检查(目测尺量)质量证明文件	合格
4	普通纸面石膏板	PC2400 1 200 mm×9.5 mm	20张	××集团建材股有司	外观检查(目测尺量)质量证明文件	合格
施工单位检查结果	以上材料、构配件经外观检查合格，材质、规格型号及数量经复检均符合设计及规范要求，产品质量证明文件齐全。 项目专业质量检查员：××年×月×日					
	项目专业技术负责人			专业工长(施工员)		
监理(建设单位结论)	□同意　□重新检验　□退场 验收日期： 监理工程师：(签章) ××年×月×日					

3. 工程物资进场报验表

"工程物资进场报验表"是施工单位向项目监理单位报验工程材料、设备进场使用的资料，由施工单位对进场材料进行检验，监理单位需核对其材料原件，并要求施工单位在提交给监理机构的复印件上，注明质量保证资料原件存放单位，并加盖原件存放单位的公章。

4. 钢材资料要求

工程中使用的钢材有钢筋、型钢及连接材料。钢材进场时应有出厂质量证明文件并进行见证取样和送检。钢材是主要的建筑材料之一，关系到建筑结构的安全，在资料管理中数量比较多，比较复杂。

(1)出厂质量证明及出厂试验报告单的要求。产品的出厂合格证由其生产厂家质量检验部门提供给使用单位，用以证明其产品质量已达到各项规定的指标。其主要内容包括出厂日期、检验部门印章、合格证的编号、钢种、规格、数量、力学性能、化学成分等数据和结论。

(2)见证取样及试验要求。进场时应按炉罐(批)号及规格分批检验，核对标志及外观检查，并应按照有关标准的规定抽取试样做力学性能试验。

钢筋和型钢的必试项目有物理必试项目与化学分析。其中，物理必试项目包括拉力试验，如屈服强度、抗拉强度、伸长率；冷弯试验，如冷拔低碳钢丝为反复弯曲试验；化学分析主要是分析材料中的碳(C)、硫(S)、磷(P)、锰(Mn)、硅(Si)等的含量。

钢筋和型钢的试验报告单中的各个栏目，如委托单位、工程名称及部位、委托试样编号、试件种类、钢材种类、试验项目、试件代表数量、送样时间、试验委托人等，试验报告单中试验编号、各项试验的测算数据及结论、报告日期、试验人、计算人、审核人、负责人签字、试验单位公章等必须齐全。

实验报告单中的指标如有一项不符合技术要求，应取双倍试件进行复试，复试合格则该批合格，如果复试不合格则判定验收批钢筋为不合格。对于不合格材料，不得使用，并应作出相应的处理报告。复试合格单附于试验报告单的后面存档。

进口的钢筋或钢材，在加工过程中发生脆断或焊接性能不良或力学性能显著不正常等现象时，必须对该批材料化学成分检验。对于有特殊用途要求的，还应进行相应的专项试验。

与钢材相关的资料，有出厂质量证明及出厂试验报告单、"见证取样送样报告单"、现场试验"钢材物理性能试验报告""钢材化学分析试验报告"，供应单位提供的"钢筋机械连接形式检验报告"。

5. 水泥资料要求

(1)出厂质量证明及出厂试验报告单的要求。合格证中应含有水泥的品种、强度等级、出厂日期、强度(抗压和抗拉)全性、试验编号等项内容和性能指标。其各项内容和性能指标应填写齐全。

水泥生产单位应在水泥出厂7天内提供3天或7天各项试验结果的出厂质量证明，32天内补水泥的28天强度报告。水泥的强度应以标准养护28天试件试验结果为准。其合格证"备注"栏内应由施工单位填明使用工程的名称、使用的工程部位，并加盖水泥厂印章。

(2)见证取样及试验要求。使用单位应对其包装或散装仓号、品种、强度等级、出厂日期等进行认真检查、核对、验收，按批量见证取样及送检。

水泥复试的主要项目有抗折强度与抗压强度、凝结时间、安定性等。常用水泥的必试项目有水泥的抗压强度与抗折强度、水泥安定性、水泥初凝时间等。必要时的试验项目还有细度、凝结时间等。

(3)其他要求。如果水泥的批量较大，厂方提供合格证又较少，可用复印件(如抄件)备查，复印件的管理要求同钢材。

6. 砂、石资料要求

工程中应用的砂、石材料主要有砂、碎石、卵石。砂、石材料进场时应有出厂质量证明文件，并应按规定见证取样和送检。

(1)出厂合格证要求。砂、碎石(卵石)产品的出厂合格证由其生产厂家提供给使用单位。其主要内容包括出厂日期、检验部门印章、合格证的编号、品种、规格、数量、颗粒级配、密度、含泥量等数据和结论。

技术提示

如果钢筋、型钢存在下列情况之一者，如进口的钢筋或钢材、在加工过程中发生脆断或焊接性能不良或力学性能显著不正常的，必须做化学成分检验。

进口水泥、出厂超过三个月或快硬石硅酸盐水泥超过一个月、承重结构使用的水泥、使用部位对水泥有强度等级要求的，必须进行复试，并且原混凝土配合比应重新试配。

(2)见证取样及试验要求。使用前应按照品种、规格、产地、批量的不同进行取样试验，取样频率应符合相关要求。砂的必试项目有筛分析，含泥量，泥块含量。碎石的为试项目有筛分析，含泥量，泥块含量，针、片状颗粒含量，压碎指标。对于用来配制有特殊要求的混凝土的砂、碎石(卵石)，还需做相应的项目试验。对碱骨料反应有要求的工程或结构，供应单位还应提供砂、石的碱活性检验报告。

(3)其他要求。对于下列情况之一者，如进口砂或碎(卵)石无出厂证明的砂或碎(卵)石、对砂或碎(卵)石质量有怀疑的、用于承重结构的砂和碎(卵)石，必须进行复试。

砂、石合格证要编号，与试验报告单中的试验编号对应，以便于施工试验资料、隐检记录、质量验收记录等资料的编制时填写，保证实际所用的工程、部位与施工资料对应一致。

与出厂质量合格证和试验报告单相关的施工资料还有施工组织设计、技术交底、洽商记录、施工日志、混凝土及砂浆配合比申请单及通知单、混凝土及砂浆试块抗压强度报告等与砂、碎(卵)石原材料有关的资料。

7. 混凝土资料要求

(1)商品混凝土。商品混凝土供应单位必须向施工单位提供以下资料：配合比通知单、商品混凝土运输单、商品混凝土出厂合格证(32天内提供)及混凝土氯化物和碱总量计算书。

商品混凝土单位应将以下资料整理存档，并具有可追溯性：混凝土试配记录、水泥出厂合格证和试(检)验报告、砂和碎(卵)石试验报告、轻集料试(检)验报告、外加剂合掺和料产品合格证和试(检)验报告、开盘鉴定、混凝土抗压强度报告(出厂检验混凝土强度值应填入预拌混凝土出厂合格证)、抗渗试验报告(试验结果应填入预拌混凝土出厂合格证)，混凝土坍落度试验记录(搅拌站测试记录)和原材料有害物质检测报告。

(2)现场搅拌混凝土。应有使用原材料的质量证明文件、混凝土配合比试验报告、混凝土开盘鉴定、混凝土抗压强度检测报告和混凝土抗渗性能检测报告。

混凝土一般涉及以下资料：混凝土浇灌申请书、混凝土抗压强度报告(现场检验)、抗渗试验报告(现场检验)、混凝土试块强度统计、评定记录(现场)、混凝土试块养护记录。

(3)预制构件。预制构件加工单位应向施工单位提供合格证。出厂合格证中的委托单位，工程名称，构件的名称、型号、数量及生产日期，合同证编号，混凝土设计强度的等级、配合比编号、出厂强度，主筋的种类、规格、力学性能、结构性能、生产许可证等项目，应填写齐全，不得错填和漏填。

施工单位使用预制构件时，预制构件加工单位应保存各种原材料(如钢筋、钢材、钢丝、预应力筋、木材、混凝土组成材料)的质量合格证明、复试报告等资料，以及混凝土、钢构件、木构件的性能试验报告和有害物质含量检测报告等资料，并应保证各种资料的可追溯性；施工单位必须保存加工单位提供的预制混凝土构件出厂合格证、钢构件出厂合格证，以及其他构件出厂合格证和进场后的试验检验报告。

8. 外加剂资料要求

外加剂主要包括减水剂、早强剂、缓凝剂、泵送剂、防水剂、防冻剂、膨胀剂、引气剂、速凝剂和砌筑砂浆增塑剂等。在其进场时应有出厂质量证明文件，并应按规定见证取样和送检。

合格证的内容包括厂家名称、产品名称、产品特性、主要成分与含量、适用范围、适宜掺量、使用方法与说明、注意事项、匀质性指标、掺外加剂混凝土性能指标、包装、质量、储存条件、出厂日期、有效期等。

外加剂使用前应按照现行产品标准和检测方法标准进行规定取样复试，应具有复试报告；承重结构使用的外加剂应实行见证取样和送检。

钢筋混凝土结构所使用的外加剂应有有害物含量的检测报告。当含有氯化物时，应做混凝土氯化物总含量的检测，其总质量应符合现行国家标准要求。

9. 掺合料资料要求

（1）掺合料主要包括粉煤灰、粒化高炉矿渣粉、沸石粉、硅灰和复合矿物掺合料等。

（2）掺合料进场时应有出厂质量证明文件，并应按规定见证取样和送检，有掺合料试验报告。用于结构工程的掺合料应按规定取样复试，应有复试报告。

10. 砖与砌块资料要求

砖与砌块进场时应有出厂质量证明文件，使用前应按规定见证取样和送检。

见证取样和送检应按照品种、规格、产地、批量的不同进行取样试验。砖的必试项目为抗压强度。对其材质有怀疑的、用于承重结构的，应进行复试。

11. 木结构工程物资要求

木结构工程物资主要包括方木、原木、胶合木、胶粘剂、钢连接件、胶合木构件等。进场时应有出厂质量证明文件、包括产品合格证、检测报告等，并应进行见证取样和送检。木构件应有含水率试验报告。木结构用圆钉应有强度检验报告。

12. 建筑节能物资要求

建筑节能物资包括建筑砌块、板材、节能门窗、建筑密封胶、黏结苯板专用胶、耐碱玻璃纤维网格布、锚钉、绝热用模塑聚苯乙烯泡沫塑料（EPS）、绝热用挤塑聚苯乙烯泡沫塑料（XPS）及胶粉 EPS 颗粒保温浆料等。

建筑节能产品进场时应有出厂质量证明文件，并应按规定见证取样和送检，有试验报告。

13. 装饰装修物资要求

装饰装修物资主要包括抹灰材料、地面材料、门窗材料、吊顶材料、轻质隔墙材料、饰面板（砖）、石材、涂料、裱糊与软包材料和细部工程材料等。

装饰、装修工程所用的主要装饰装修物资进场时有出厂质量证明文件，并应进行见证取样和送检，有相应的试验报告。

建筑外窗应有力学、物理和保温性能试验报告，抗风压性能、空气渗透性能和雨水渗透性能检测报告。

有隔声、隔热、防火阻燃、防水防潮和防腐等特殊要求的物资应有相应的性能试验报告。

需做污染物检测的材料，应有污染物含量试验报告，室内装饰装修用花岗石石材应有放射性试验报告，人造木板及饰面人造板应有甲醛试验报告。

14. 幕墙工程物资要求

幕墙工程物资主要包括玻璃、石材、铝塑金属板、铝合金型材、钢材、胶粘剂及密封材料、五金件及配件、连接件和涂料等。

幕墙工程物资主要有出厂质量合格证明文件，包括产品合格证、检测报告、商检证等。幕墙工程用玻璃、石材和铝塑板应有法定检测机构出具的性能检测报告。

幕墙应有抗风压性能、空气渗透性能、雨水渗透性能及平面变形性能的检测报告。硅胶应符合设计和现行规范的要求。硅酮结构胶应有国家指定检测机构出具的相容性和剥离黏结性检验报告。

玻璃、石材和金属板应有法定相应资质等级检测机构出具的性能检测报告。在正式使用前应按规范要求取样复试。

幕墙应使用安全玻璃，具有安全性能检测报告，并按有关规定取样复试。幕墙用铝合金型材应有涂膜厚度的检测，并应符合设计和规范要求。

幕墙用防火材料应有相应的资质等级国家法定检测机构出具的耐火等级检测报告。

15. 防水材料相关要求

防水材料主要包括防水涂料、防水卷材、胶粘剂、止水带、膨胀胶条、密封膏、密封胶、水泥基渗透结晶型防水材料等。其进场时应有出厂质量证明文件，并应按规定见证取样和送检，有"防水涂料试验报告"及"防水卷材试验报告"。

（1）出厂合格证要求。防水卷材的出厂合格证主要包括出厂日期、检验部门印章、合格证的编号、品种、规格、数量、各项技术指标、包装、标识、质量、面积、产品的外观、物理性能等。

（2）其他要求。防水卷材见证取样和送检频率应符合规范要求。

防水卷材在使用前应进行试验，检验内容为不透水性、拉力、柔度和耐热度等。

沥青材料在使用前应进行试验，检验的内容为针入度、软化点和延度等。

在配制沥青玛瑞脂或直接使用普通石油沥青时，均应按照要求进行耐热度、粘结力、柔韧性等试验。玛瑞脂还应有试配单。

🕐 技术提示

见证取样和送检是指在建设单位或工程监理单位人员的见证下，由施工单位的现场试验人员对工程中涉及结构安全的试块、试件和材料进行现场取样，并送至经过省级以上住房城乡建设主管部门对其资质认可和质量技术监督部门对其计量认证的质量检测单位进行检测。

在施工过程中，见证人员应按照见证取样和送检计划，对施工现场的取样和送检进行见证，取样人员应在试样或其包装上做出标识、封志。标识和封志应标明工程名称、取样部位、取样日期、样品名称和样品数量，并由见证人员和取样人员签字。见证人员应制作见证记录，并将见证记录归入施工技术档案。见证人员和取样人员应对试样的代表性与真实性负责。

4.6 施工记录资料

施工记录资料整理目录见表4-15。

表 4-15 施工记录资料整理目录

序号	资料名称
1	砂和砂石地基工程
2	土方回填工程
3	地下防水工程
4	砌筑基础工程
5	基础钢筋工程
6	主体结构钢筋工程
7	地面一般抹灰工程
8	地面涂膜防水工程
9	门套制作与安装工程
10	门窗埋件与锚固件工程

序号	资料名称
11	楼梯栏杆工程
12	吊顶工程
13	屋面基层工程
14	屋面找平层工程
15	屋面保温层工程
16	屋面防水层工程
17	节能保温层工程
18	施工检查记录
19	交接检查记录
20	工程定位测量记录
21	基槽验线记录
22	楼层平面放线记录
23	楼层标高抄测记录
24	建筑物垂直度、标高观测记录
25	沉降观测记录
26	基坑支护水平位移观测记录
27	桩基、支护测量放线记录
28	地基验槽记录
29	地基钎探记录
30	混凝土浇灌申请书
31	预拌混凝土运输单
32	混凝土开盘鉴定
33	混凝土拆模申请单
34	混凝土预拌测温记录
35	混凝土养护测温记录
36	地下工程防水效果检查记录
37	防水工程试水检查记录
38	通风道、烟道、垃圾道检查记录
39	大体积混凝土养护测温记录
40	大型构件吊装记录
41	焊接材料烘焙记录

序号	资料名称
42	预应力筋张拉记录
43	有黏结预应力结构灌浆记录
44	钢结构施工记录

1. 隐蔽工程验收记录

隐蔽工程是指在施工过程中，完成上一道工序后，将被下一道工序掩盖，全部完工后无法进行检查的部位，如地基基础中的垫层、钢筋；主体结构中的钢筋、钢筋接头、预埋铁件、砖墙拉结筋；建筑装饰装修工程中的抹灰基底、门窗中连墙件及塞缝、栏杆的连接件等；电气管线、供水供热管线等需要覆盖、掩盖的工程。

由于隐蔽工程在隐蔽后，如果发生质量问题，还得重新覆盖和掩盖，会造成返工等重大损失，为了避免资源的浪费和当事人双方的损失，保证工程的质量和工程顺利完成，承包人在隐蔽工程隐蔽以前，应当通知发包人检查，发包人检查合格的，方可进行隐蔽工程。

隐蔽工程验收记录是指下一道工序所遮盖、包裹而无从检查的分项工程均需进行隐蔽验收和记录。隐蔽工程验收由项目负责人在验收前三天以书面的形式向监理单位（建设单位）提出申请。验收记录应按专业、分层、分段、分部位填写，内容包括位置、标高、材质、品种、规格、数量等。表格中分部（分项）名称指隐蔽部位所在分项名称，施工标准名称及编号指施工所依据的标准名称及编号，质量要求指设计或规范要求，检查结论指同意隐蔽或不同意隐蔽修改后复查，同意隐蔽后参加验收单位签字盖章，承包人才可以进行隐蔽工程施工。"土建工程主要隐蔽检查项目"见表 4-16。

表 4-16 土建工程主要隐蔽检查项目

工程名称	主要隐检项目及内容
土方工程	土方基槽、房心回填前检查基底清理、基底标高情况等
支护工程	锚杆、土钉的品种、规格、数量、位置、插入长度、钻孔直径、深度和角度等；地下连续墙的成槽宽度、深度、倾斜度、垂直度、钢筋笼规格、位置、槽底清理、沉渣厚度等
桩基工程	钢筋笼规格、尺寸、沉渣厚度、清孔情况等
地下防水工程	混凝土变形缝、施工缝、后浇带、穿墙套管、埋设件灯光设置的形式和构造；人防出口止水做法；防水层基层、防水材料规格、厚度、铺设方式、阴阳角处理、搭接密封处理等
结构工程（基础、主体）	用于绑扎的钢筋的品种、规格、数量、位置、锚固和接头位置、搭接长度、保护层厚度和除锈情况、钢筋代用变更及胡子筋处理等；钢筋焊（连）接形式、焊（连）接种类、接头位置、数量及焊条、焊剂、焊口形式、焊缝长度、厚度及表面清渣和连接质量等
预应力工程	检查预留孔道的规格、数量、位置、形状、端部的预埋垫板；预应力筋的下料长度、切断方法、竖向位置偏差、固定、护套的完整性；锚具、夹具连接点的组装等
钢结构工程	地脚螺栓规格、位置、埋设方法、紧固等
砌体工程	外墙内外保温构造节点做法

工程名称	主要隐检项目及内容
地面工程	各基层(垫层、找平层、隔离层、防水层、填充层、地龙骨)材料品种、规格、铺设厚度、方式、坡度、标高、表面情况、节点密封处理、黏结情况等
抹灰工程	具有坚强措施的抹灰应检查其加强构造的材料规格、铺设、固定、搭接等
门窗工程	预埋件和锚固件、螺栓等的数量、位置、间距、埋设方式、与框的连接方式、防腐处理、缝隙嵌填、密封材料的黏结等
吊顶工程	吊顶龙骨及吊件材质、规格、间距、连接方式、固定、表面防火和防腐处理、外观情况、接缝和边缝情况、填充和吸声材料的品种、规格及铺设、固定等
轻质隔墙工程	预埋件、连接件、拉结筋的位置、数量、连接方法、与周边墙体及顶棚的连接、龙骨连接、间距、防火、防腐处理、填充材料设置等
饰面砖(板)工程	预埋件(后置埋件)位置、连接方式和防腐处理等;有防水构造的部位应检找平层、防水层的构造做法,同地面基层工程检查
幕墙工程	构件之间及构件与主体结构的连接节点的安装及防腐处理;幕墙四周、幕墙与主体结构之间间隙节点的处理、封口的安装;幕墙伸缩缝、沉降缝、防震缝及墙面转角节点的安装;幕墙防雷接地节点的安装等
细部工程	预埋件或后置埋件和连接件的数量、位置、连接方式、防腐处理等
建筑屋面工程	基层、找平层、保温层、防水层、隔离层、材料的品种、规格、厚度、铺贴方式、搭接宽度、接缝处理、黏结情况;附加层、天沟、檐沟、泛水和变形缝细部做法、隔离层设置、密封处理部位

隐蔽工程验收记录(表 4-17~表 4-24)的填写注意事项如下。

(1)工程名称:与施工图纸中图签一致。

(2)隐蔽项目:应按实际项目填写,具体写明(子)分部工程名称和施工工序主要内容。

(3)隐蔽部位:按实际部位填写,填写地下或地上×层;填写横轴起至横止轴/纵起至纵止轴,轴线数字码、英文码标注应带圆圈;填写墙柱、梁板等的起止标高或顶标高。

(4)检查时间:按实际检查时间填写。

(5)隐蔽依据:施工图纸、设计变更、工程洽商及相关的施工质量验收规范、标准、规程;本工程的施工组织设计、施工方案、设计交底等。特殊的隐蔽项目如新材料、新工艺、新设备要标注具体的执行标准文号或企业标准文号。

(6)隐蔽工程检查记录编号:按专业工程分类编码填写;按组卷要求进行组卷;主要材料名称及规格/型号,按实际发生材料、设备填写,要表述清楚。

(7)隐蔽内容:应将隐蔽的项目、具体内容描述清楚,包括主要原材料的复试报告单编号、主要连接件的复试报告编号、主要施工方法。若文字不能表述清楚,可用示意简图进行说明。

(8)审核意见:审核意见要明确,隐蔽的内容是否符合要求要描述清楚,然后给出审核结论,根据检查情况在相应的结论框中打"√"。在隐蔽工程检查中一次检查未通过的要注明质量问题,并提出复查要求。

(9)复查结论:主要是针对一次检查出现的问题进行复查,因此,要对质量问题改正的情况描述清楚。在复查中仍出现不合格项,按不合格品处理。

2. 施工检查记录

按照现行规范要求应进行施工检查的工序,且无相应施工记录表格的,如预应力管桩桩芯的混凝土灌注和锚固钢筋的情况、基础垫层工序等,可填写施工检查记录表(表 4-23)。

表 4-17　钢筋隐蔽工程检查验收

| 工程名称：××办公楼 | 建设单位：×× | 图号：结—1.8.9.15.18 |
| 隐蔽部位：五层框架柱、墙、梁、板及四层梯 | 施工单位：××× | 隐蔽日期：××年×月×日 |

隐蔽检查内容：

1. 按结—1.8.9.15.18 图及设计变更通知单施工，设计抗震等级为三级，钢筋施工日期为××。

2. 钢筋在现场集中加工制作，φ6、φ8 盘圆钢筋现场机械调直，$φ^Z7$、$φ^Z9$ 分别按图示尺寸由厂家统一加工。

3. 钢筋合格证及复试资料齐全，技术指标合格，钢筋表面无锈蚀、油污。

4. 柱受力钢筋采用电渣压力焊接，焊剂 HJ431，梁水平通长筋双面搭焊，焊条 E4303，现场留置 φ25 电渣压力焊焊件 2 组，φ20 双面搭接焊 1 组，焊件试验强度合格。其余部位均采用绑扎搭接连接，其搭接长度、位置、同一界面搭接百分率及钢筋保护层均符合规范要求。梁、柱均按设计要求做箍筋加密，其中角柱箍筋全高加密。

5. 楼梯踏步预埋件按图施工，数量、规格、位置符合设计要求，现场留置 T 形预埋件 1 组，强度合格，见报告单。

6. 经现场监理工程师检查验收，施工质量符合规范要求。

监理工程师验核意见： 同意。 验核人：××	试验单、合格证、其他证明文件等编号		
	名称或直径	出厂合格证编号	试验单编号
	××	××××	×××
	××	××××	×××
参加核查人员意见： 合格。 检查人：××	××	××××	×××

单位工程技术负责人：××　　质量检查员：××　　填表人：××

注：本表适合混凝土、钢筋、埋地工程、砌体埋筋、屋面、回填土等工程隐蔽用。

表 4-18　混凝土隐蔽工程检查验收

| 工程名称：××　办公楼 | 建设单位：×× | 图号：结—1.8.9.15.18 |
| 隐蔽部位：五层框架柱、墙、梁、板及四层梯 | 施工单位：×× | 隐蔽日期：××年×月×日 |

隐蔽检查内容：

1. 按结—1.8.9.15.18 图及设计变更通知单施工，混凝土浇筑日期为××，砼量：柱墙 C35，125 m³，梁、板、梯 C25，174 m³。

2. 混凝土采用新华混凝土搅拌站提供的预拌混凝土。配合比通知单由市检测中心下达，采用泵送，机械振捣。

3. 混凝土浇筑前，模板、钢筋检验批验收合格，四层楼板标高处混凝土接槎部位浮渣清理干净，浇水湿润。

4. 柱、墙、梁、板、梯混凝土连续浇筑不留设施工缝，不同强度混凝土按先高强度等级后低强度等级的顺序浇筑，并安装钢板网隔离。

5. 柱、墙、梁、梯用棒式振捣器振捣，楼板用板式振捣器振捣。楼板混凝土浇筑 5 h 后采用二次振捣工艺振捣，24 h 后楼板表面洒水养护。

6. 拆模后，混凝土柱、墙、梁板截面尺寸，墙、柱垂直度及轴线位移经检测基本在规范允许偏差范围内，混凝土表面密实，无蜂窝、孔洞、露筋、裂纹等，预留洞、预埋件位置准确。

7. 现场制作 C35、C25 混凝土试件各两组，混凝土搅拌站提供的预拌混凝土试块报告各两份，详见报告单。

8. 经现场监理工程师验核，五层框架柱墙梁板及四层梯混凝土施工质量符合规范要求。

监理工程师验核意见： 同意。 验核人：××	试验单、合格证、其他证明文件等编号		
	名称或直径	出厂合格证编号	试验单编号
	××	××××	×××
	××	××××	×××
	××	××××	×××
参加核查人员意见： 合格。 检查人：××	××	××××	×××

单位工程技术负责人：××质量检查员：××填表人：××

注：本表适合混凝土、钢筋、埋地工程、砌体埋筋、屋面、回填土等工程隐蔽用。

表 4-19 砌体拉结筋及配筋隐蔽工程检查验收

工程名称：××办公楼　　　　　建设单位：×××　　　　图号：建－1.12.15

隐蔽部位：二层框架填充墙　　　施工单位：×××　　　　隐蔽日期：××年×月×日

隐蔽检查内容：

1. 二层框架填充墙及砌体拉结筋按建－1.12.15 图施工，设计抗震烈度为 7 度。施工时间为××，砌体工程为 340 m³。

2. 砌体材料为免烧空心砖，墙厚：外墙为 300 mm（设 50 mm 厚苯板外保温），内墙为 180 mm、120 mm 厚免烧空心砖，卫生间隔墙 60 mm 厚普通砖砌筑。砌筑砂浆 M5.0 混合砂浆，墙厚 60 mm 时用 M10 水泥砂浆砌筑。楼板上三皮砖及门窗套采用免烧普通砖砌筑，门窗框两侧砌体安装框连接用混凝土预制块。门窗及水电箱采用预留洞法施工，顶部均设混凝土预制过梁。

3. 砌体与框架柱、墙相交处均按 2φ6@500 留置砌体拉结筋，拉结筋埋入砌体内 L＝1 000 mm。拉结筋采用植筋法安装，现场做植筋锚固力试验，并试验合格。

4. 砌体所用材料合格证及进场复告资料齐全，产品质量合格。

5. 砌体施工中留置 M5 混合砂浆标准养护试块两组，详见报告单。

6. 经现场监理工程师验核，二层框架填充墙砌筑工程施工质量符合规范要求。

监理工程师验核意见： 同意。 验核人：××	试验单、合格证、其他证明文件等编号		
	名称或直径	出厂合格证编号	试验单编号
	××	××××	×××
	××	××××	×××
参加核查人员意见： 合格。 检查人：××	××	××××	×××

单位工程技术负责人：××　　　　质量检查员：××　　　　填表人：××

表 4-20　外墙外保温隐蔽工程检查验收

工程名称：××市××职业技术学院宿舍楼	建设单位：×××	图号：建—1.4.5
隐蔽部位：外墙面	施工单位：×××	隐蔽日期：××年×月×日

隐蔽检查内容：

1. 外墙外保温按建—1.4.5图及国家相关行业标准施工。外墙外保温施工面积为 10 500 m²，施工日期××，施工期间未遇风、雨等不利气象条件。

2. 外保温施工前，外墙面基层抹灰经检验：表面平整度符合要求，抹灰层表面无空鼓、裂纹、起砂等缺陷。

3. 外保温采用 50 mm 厚聚苯膨胀苯板，采用大连建科院生产专用胶粘剂黏结，辅以塑料膨胀锚栓固定。表面以抗裂砂浆复合玻璃纤维网格布作防护层。保温材料及辅材合格证及复试报告资料齐全，指标合格。黏结强度经检测符合规范要求（见检测报告）。

4. 聚苯板胶粘剂按点框法（条式或点式）刮涂于板的背面，其涂胶厚度、面积满足相关技术标准要求，且不小于板面积的 40%。

5. 塑料胀栓按设计要求位置安装，其数量、规格符合相关规范要求，门窗洞口、转角等特殊部位均适当加强。板缝排列整齐平整，缝宽不大于 2 mm。

6. 聚苯板表面满刮抗裂胶浆，铺贴耐碱玻璃纤维网格布。其搭接长度不小于 100 mm，转角处、洞口边及首层墙面另增设一层加强网格布。网格布压入抗裂砂浆中不透底。抗裂砂浆表面平整、密实无裂纹，厚度符合设计要求。

7. 经现场监理工程师验核验，外墙面外保温做法及施工质量符合规范要求。

监理工程师验核意见：	试验单、合格证、其他证明文件等编号		
同意。	名称或直径	出厂合格证编号	试验单编号
验核人：××	××	××××	×××
	××	××××	×××
	××	××××	×××
参加核查人员意见：	××	××××	×××
合格。			
检查人：××			

单位工程技术负责人：××	质量检查员：××	填表人：××

表 4-21　塑钢门窗隐蔽工程检查验收

工程名称：××市××职业技术学院宿舍楼	建设单位：×××	图号：建—1.4.5
隐蔽部位：外墙面	施工单位：×××	隐蔽日期：××年×月×日

隐蔽检查内容：

1. 塑钢门窗安装按建—1.4.5图及国家行业相关规范规程施工。门窗框在主体围护结构砌筑后安装，门窗扇在室内外装饰抹灰后安装。

2. 塑钢门窗由专业厂家供应，产品质量合格证明及物理性能检测报告齐全，进场后抽检产品质量符合规范要求，门窗用五金配件、密封胶合格证齐全。

3. 窗框安装前，对洞口尺寸及预埋混凝土块验收。预埋块位置、数量符合规范要求。

4. 门窗框连接采用射钉固定。框后用发泡聚苯作保温填充，不漏缝隙。

5. 门窗框安装后，经检验规格、型号、位置、标高及安装方向均符合设计与规范要求。

6. 窗扇安装后，开启灵活，密封严密，满足规范要求。

7. 窗框内外周边密封胶填嵌顺滑整洁，宽窄一致，封闭严密。

8. 经现场监理工程师检查验收，塑钢门窗安装施工质量符合设计及规范要求。

监理工程师验核意见：	试验单、合格证、其他证明文件等编号		
	名称或直径	出厂合格证编号	试验单编号
同意。	××	××××	×××
验核人：××	××	×××××	×××
	××	×××××	×××
参加核查人员意见：	××	×××××	×××
合格。			
检查人：××			
单位工程技术负责人：××	质量检查员：××	填表人：××	

表 4-22　屋面保温及防水隐蔽工程检查验收

工程名称：××市××职业技术学院宿舍楼　　　　建设单位：×××　　　图号：建-1.4.5

隐蔽部位：外墙面　　　　　　　　　　　　　　施工单位：×××　　　隐蔽日期：××年×月×日

隐蔽检查内容：

1. 裙房屋面保温及防水按建—1、13、18施工。

2. 裙房屋面保温施工日期××，防水施工××，防水由××专业施工队施工(见施工资质及上岗人员证件)，屋面施工面积共1 056 m²。

3. 裙房屋面保温施工前，通风道砌筑安装完毕，屋面杂物清扫干净。

4. 屋面保温及防水使用的材料合格证、复试报告齐全，材料质量合格。

5. 屋面保温按以下方法操作：

(1)水泥珍珠岩1∶8坡向排水口找坡，坡度≥1.5%，最薄处(排水口周边)50 mm厚。

(2)20 mm厚1∶3水泥砂浆找平层，随铺摊随抹光。

(3)40 mm厚聚苯板干铺，拼缝挤实，用胶带粘贴，二层苯板相平行的拼缝距离不小于100 mm。

(4)苯板上抹20 mm厚1∶3水泥砂浆找平层，做保温层保护层。按6 m×6 m割缝，缝宽为20 mm，用沥青胶泥嵌实。墙根泛水处抹$r=50$圆角。

(5)找平层表面干燥后，用热容法铺贴SBS卷材3.5 mm厚一层，拼接处粘贴严密，上反高度均达到反水檐下，且不小于250 mm。

(6)表面1∶3水泥砂浆20 mm厚，做防水保护层，保护层割缝间距3 m×3 m，格缝用密封胶填嵌密实。

6. 屋面防水基层找平层做含水率试验，其基层含水率满足施工要求。

7. 防水层施工后做蓄水试验24 h，最薄处水深50 mm，未见渗漏现象。

8. 屋面保温及防水层检验批施工质量满足规范要求"合格"标准。

监理工程师验核意见：	试验单、合格证、其他证明文件等编号		
	名称或直径	出厂合格证编号	试验单编号
同意。	××	××××	×××
验核人：××	××	×××××	×××
参加核查人员意见：	××	××××	×××
合格。			
检查人：××			
单位工程技术负责人：××	质量检查员：××	填表人：××	

表 4-23 施工检查记录(通用)

检查形式	综合	编号	
检查部位	施工现场、生活区	检查日期	××年×月×日
检查情况	经××年×月×日检查情况及存在问题: 板钢筋安装未进行特别处理。 梁柱交接处箍筋加密部分不到位。 钢筋表面出现黄色浮锈,严重的转为红色,日久后变成暗褐色,甚至发生鱼鳞片剥落现象。 钢筋品种、等级混杂不清,直径大小不同的钢筋堆放在一起,有技术证明与无技术证明的非同批原材料垛在一堆,难以分辨,影响使用;原材料仓库管理不当,制度不严。 钢筋出厂未按规定轧制螺纹或涂色;直径大小相近的,用目测有时分不清。钢筋在运至仓库时发现有严重曲折形状。 检查记录人(签字/日期): ××年×月×日 (本表格根据具体检查的内容填写)			
整改意见			
复查结果	□以上问题整改到位。 □以上问题未整改到位(未整改到位的具体描述)。 ××年×月×日		
被检查单位负责人 签字	××	参加检查人员签字	××
	××		××
	××		××
	××		××

表 4-24 工序交接检查(通用)

工程名称	××市××职业技术学院宿舍楼		
移交单位名称	保温作业组	接收单位名称	抹灰作业组
交接部位	外墙	检查日期	××年×月×日
交接内容: 保温板的拼接方式、黏结面积;保温板的表面平整度高低差;阴阳角的方正顺直; 锚固钉的数量、分布。 (本表格根据具体交接的内容填写)			
检查结果: 合格。			
复查意见: 经查和图纸相符 复查人:×× 复查日期:××年×月×日			

见证单位意见：		
符合要求。		
见证单位名称	××	
签字栏	移交单位	接收单位	见证单位
	××	××	××

注：本表由测量单位提供，城建档案馆、建设单位、监理单位、施工单位各保存一份。

技术提示

隐蔽工程检查是保证工程质量与安全的重要过程控制检查，应分专业（土建、给水排水、电气、通风空调等）、分系统（机电工程）、分区段（划分的施工段）、分部位（主体结构、装饰装修等）、分工序（钢筋工程、防水工程等）、分层进行。每项隐蔽工程的检查，施工单位必须填报工序质量报验单，并附隐蔽工程检查记录及图示或照片等材料、合格证件、复试报告等相关资料。

3. 交接检查记录

不同工种之间的工序交接、不同施工单位之间的工程交接，应进行交接检查，"填写交接检查记录"，如钢筋分项与模板分项交接、钢筋与混凝土分项交接、土建专业与防水交接、土建与装饰装修交接、土建与安装专业交接等。移交单位、接收单位和见证单位共同对移交工程进行验收，并对质量情况、遗留问题、工序要求、注意事项、成品保护等进行记录。

4. 工程定位测量记录

"工程定位测量记录"应在工程开工前完成，记录应依据本地区城市规划部门对工程定位的规定、批准手续及批准的总平面设计图进行。

（1）"坐标依据"：填写由设计给定的建筑物与周边相邻建（构）筑物的位置尺寸关系，或新旧建筑物的角点坐标数值。"高程依据"填写由设计给定的高程控制水准点表示。

（2）"使用仪器"：应填写仪器名称和计量检测编号及有效日期。

（3）"定位抄测示意图"：图的右上方标注出方向指示标志，一般情况下按上北下南标注。同时，标注高程测量据点水准点（Bench Mark，BM）或某指定点距待测建筑物的纵横向距离。如采用与相邻建（构）筑物做工程定位时，应标注出待测建筑物与原有建筑物的纵横向距离尺寸，一般均以边线作为定位尺寸。待测建筑物轮廓线以粗实线表示，其他均以细实线表示。待测建筑物轮廓线内应标注±0.000（相对标高）。待测建筑物应标注两个方向的轴线及尺寸线。

5. 楼层平面放线、标高抄测记录

楼层平面放线是楼板安装或浇筑后轴线隐藏，利用经纬仪和控制点再将楼层轴线引测到楼板上的过程；标高抄测记录是将本层的 50 线引到墙体上或柱上，以此达到控制层高的目的。放线内容包括轴线竖向投测控制线、各层墙柱轴线、墙柱边线、门窗洞口位置线、垂直度偏差等；在完成楼层平面放线后填写报监理单位审核。

"楼层平面放线、标高抄测记录"填写要求及注意事项如下。

(1)"放线部位"：注明楼层(分层、分轴线或施工流水段填写)。

(2)"放线依据"：填写定位桩控制线，测绘院 BM1、BM2，地下/地上××层平面(图号××)。

(3)"放坡简图"：标明楼层外轮廓线、楼层重要控制轴线、尺寸、所在楼层相对高程及指北针方向、分楼层段的具体图名等。同时，应注明墙柱轴线、边线、门窗洞口线见××施工图。

(4)"检查意见"：由施工单位根据监理的要求手写或计算机输入，应有测量的具体数据误差。

(5)签字栏中技术负责人为项目总工程师，测量负责人为施测单位主管，质量检查员为现场质检员。

6. 地基验槽记录

建筑物应进行施工验槽，检查内容包括基坑位置、平面尺寸、持力层核查、基底绝对高程和相对标高、基坑土质及地下水水位等，有桩支护或桩基的工程还应进行桩的检查。地基验槽检查记录应由建设单位、勘察单位、设计单位、监理单位、施工单位共同验收签认。如地基验槽未通过，需要进行地基处理，应由勘察、设计单位提出处理意见并填写"地基处理记录"。

(1)基坑验收内容如下。

①依据地质勘察报告验收地基土质是否与报告相符合，核对基坑的土质和地下水情况是否与勘察报告一致。

②依据图纸核查基坑的位置、平面尺寸、基槽底标高等是否符合设计文件。

③若地基土与报告不相符，则需办理地基土处理洽商。对人工处理的地基，应按有关规范和设计文件的要求进行验收。

④勘察报告包括勘察点布置图及记录。检查基坑底面以下有无空穴、古墓、古井、防空掩体、地下埋设物及其他变异。

⑤对深基础，还应检查基坑对附近建筑物、道路、管线是否存在不利影响。

(2)预制桩基验收内容如下。

①施工前必须按照规范或设计要求试桩，试桩的数量、做法应符合规定，试桩记录和质量检验报告应满足规范和设计要求。

②每根预制桩均应有完整的贯入度记录，锤击数、桩位图及桩的编号、截面尺寸、长度、入土深度、桩位偏差、施工机械、施工日期等。

③沉桩过程中，应对土体侧移和隆起、超孔隙水压力、桩身应力与变形、沉桩对相邻建筑物与设施的影响有无异常进行监测。

④必须按规定对桩位进行抽样检测，检测结果应合格。

(3)钻孔或挖孔灌注桩验收内容如下。

①检查成孔过程中有无缩径和塌孔，成孔垂直度，沉渣或虚土、孔底土扰动及持力层均应符合设计要求。

②钢筋规格与钢筋笼制作应符合设计要求。

③混凝土的材料、配合比、坍落度、制作方法等，均应符合规范和设计要求。

④浇注混凝土，混凝土面标高与导管管口标高控制应适当，混凝土贯入量应符合相关设计

要求。

⑤对大直径挖孔桩，应有专人下入孔内，对开挖尺寸、有无虚土、岩土条件等进行检验。

⑥按规定必须对桩进行抽样检测的，检验结果应合格。

（4）地基验槽检查记录填写要求如下。

①"验槽内容"栏：按表格设计格式填写，明确具体位置；若建筑工程无桩基，在"□"内打"/"。

②"检查意见"栏：经检查，基坑位置、平面尺寸、持力层核查、基底绝对高程和相对标高符合设计要求；基坑土质符合地质勘察报告（编号××），地基土局部是否存在问题，处理方案见洽商（编号××）。

7. 地基钎探记录

地基钎探是一种土层探测施工工艺：将标志刻度的标准直径钢钎，采用机械或人工的方式，使用标定重量的击锤，垂直击打进入地基土层；根据钢钎进入待探测地基土层所需的击锤数，探测土层内隐蔽构造情况或粗略估算土层的容许承载力。钎探完毕后首先经过质检人员和工长检查孔深与记录，无误后，经过验槽合格，方可进行灌砂。地基钎探记录根据钎探图上探孔顺序编号，将锤击数填入统一表格内，经过监理单位、单位工程技术负责人、质检员、资料员签字后归档。地基钎探的注意事项如下。

（1）钎探记录用于检验浅层土（如基槽）的均匀性，确定地基的容许承载力及检验填土的质量。钎探前应绘制钎探点平面布置图，应与实际基槽（坑）一致，确定钎探点布置及顺序编号，标出方向及控制轴线。按照钎探图及有关规定进行钎探并记录。钎探中如发现异常情况，应在"地基钎探记录表"的"备注"栏注明。需地基处理时，应将处理范围（平面、竖面）标注在钎探点平面布置图上，并注明处理依据，同时将处理形式、方法（或方案）记录下来，并将处理过程及取样报告等汇总入档案。

（2）以下情况可停止钎探。

①若贯入 30 cm 的锤击数超过 100 或贯入 10 cm 的锤击数超过 50，可停止贯入。

②如基坑不深处有承压水层，钎探可造成冒水涌砂，或持力层为砾石层或卵石层，且厚度符合设计要求时，可不进行钎探。如需对下卧层继续做试验，可用钻具钻穿坚实土层后再做试验。

③专业工长负责钎探的实施，并做好原始记录。钎探日期要根据现场情况填写。

8. 混凝土浇灌申请书

混凝土浇灌申请书由施工单位负责填写。浇筑混凝土前，施工单位应检查各项准备工作（如钢筋、模板工程检查，水电预埋检查，材料、设备及其他准备等），自检合格填写"混凝土浇灌申请书"，报请监理单位后方可浇筑混凝土。

9. 预拌混凝土运输单

预拌混凝土运输单是指对浇筑部位、混凝土的运输前坍落度、配合比、温度、车号、车次、司机和运输后坍落度、浇筑时间、温度等情况进行全面真实的记录。预拌混凝土砂、石、水泥放射性检测报告要求混凝土搅拌站提供。

10. 混凝土开盘鉴定

采用预拌混凝土的，应在混凝土出厂前，由混凝土供应单位自行组织相关人员对首次使用的混凝土配合比进行开盘鉴定。

采用现场搅拌混凝土的，首次使用的混凝土配合比应进行开盘鉴定。由施工单位组织监理单位、搅拌机组、混凝土试配单位进行开盘鉴定工作，共同认定试验室签发的混凝土配合比确定的组成材料是否与现场施工所用材料相符，以及混凝土拌合物性能是否满足设计要求和施工需要。开始生产时，至少留置一组标准养护试件作为验证配合比的依据。

11. 混凝土工程的施工记录

混凝土工程的施工记录由施工单位负责填写，是指无论混凝土浇筑工程量大小，对环境条件、混凝土配合比、浇筑部位、坍落度、试块结果等进行全面真实的记录。混凝土在施工过程中应抽查粗、细骨料的含水率，混凝土施工配合比及坍落度；并应重点检查施工缝的留置及处理情况、混凝土的养护方法及养护时间、混凝土试块的留置组数等，形成混凝土施工记录。

掺外加剂的预拌混凝土可不受此表限制，但应符合相关规范的规定。

12. 混凝土的坍落度检查记录

坍落度试验是测定混凝土拌合物流动性的方法。坍落度检查记录是指为保证混凝土质量在浇筑时对混凝土坍落度的检查记录，检查工作在浇筑地点进行，每工作班至少两次。通过目测结合经验可检查混凝土拌合物的黏聚性和保水情况，评定其可塑性和稳定性，以便较全面地评定混凝土拌合物的和易性。

13. 混凝土拆模申请单

混凝土拆模申请单由施工单位填写并负责审核，由项目监理人员(建设单位项目技术负责人)审批。

拆模时，混凝土强度规定：当设计有要求时，应按设计要求；当设计无要求时，应按现行相关规范要求。

如结构复杂(结构跨度变化较大)或平面不规则，应附拆模平面示意图。

在拆除现浇混凝土结构板、梁、悬臂构件等底模和柱墙侧模前，应填写"混凝土拆模申请单"并附同条件混凝土试块强度报告，报项目专业技术负责人审核后，经监理人员(建设单位项目技术负责人)审批许可后方可拆模。

14. 地下工程防水效果检查记录

为保证地下防水工程施工质量，强化地下防水工程的质量验收，《地下防水工程质量验收规范》(GB 50208—2011)中第9条及附录C制定了关于地下结构验收的渗漏水检查的规定。地下防水效果检查已列入单位工程重要的安全、功能检查项目，必须引起高度重视。

屋面工程完工后，应对细部构造(屋面天沟、檐沟、檐口、泛水、水落口、变形缝、伸出屋面管道等)、屋面高低跨、女儿墙根部、出层面的烟(风)道、接缝处和保护层进行雨期观察或淋水、蓄水检查。淋水试验持续时间不得小于2 h；做蓄水检查的屋面，蓄水时间不得少于24 h，蓄水最浅处深度不应小于20 mm。

检查记录表中"检查方法及内容"：应注意特殊部位蓄水检查方法，如厕浴间管根处、地漏处和屋面细部构造等。

4.7 施工试验记录资料

1. 施工试验记录及检测报告目录

施工试验记录及检测报告有通用表格及专用表格。其中，通用表格只有四种，主要是设备单机试运转、系统试运转、接地电阻和绝缘电阻测试；其余均为专用表格，分为建筑与结构工程、给水排水及采暖工程、建筑电气工程、智能建筑工程、通风与空调工程、电梯工程等。专用表格中常用的建筑与结构工程列举见表4-25。

表4-25　施工试验记录及检测报告目录

序号	资料名称
1	回填土压实度检验报告

序号	资料名称
2	砂浆配合比试验报告
3	砂浆抗压强度试验报告
4	砂浆试块强度统计评定记录
5	混凝土配合比试验报告
6	混凝土抗压强度试验报告
7	混凝土试块强度统计评定记录
8	混凝土抗渗试验报告
9	钢筋焊接及机械连接试验报告
10	结构实体混凝土强度检验记录
11	结构实体钢筋保护层厚度检验记录
12	屋面淋水(蓄水)试验记录
13	建筑物沉降观测测量记录
14	节能、保温测试记录
15	室内环境检测报告

2. 施工试验记录及检测报告编制整理

单位工程的竣工验收是对分部工程验收的汇总。分部工程的验收主要有对分部(子分部)及工程所含分项工程的质量验收;质量控制资料的验收;对地基基础、主体结构和设备安装等分部工程有关安全及功能的检验和抽样检测结果的验收;对观感质量的验收。

质量控制资料主要包括施工物资资料、施工记录、施工试验记录及检测报告。其中,施工试验记录及检测报告是建筑工程质量控制资料中极其重要的部分。

(1)土工击实试验、回填土试验报告整理。土工击实试验是研究土压实性能的基本方法,也是建筑工程必须试验的项目之一。该试验采用击实仪法,即通过锤击使土密实,测定土样在一定击实功能的作用下达到最大密度时的含水量(最优含水量)和此时的干密度(最大干密度)。为有效控制回填质量,国家有关标准对不同工程部位的土方压实度指标都有明确规定,因此,土方工程应测定土的最优含水量时的最大干密度,并有土工击实试验报告。若设计中给出了土的最大干密度,就无须做土工击实试验。

①回填土试验报告填写和检验方法及有关规定。

a. 试验报告子目填写齐全,步数、取样位置简图(平面、剖面)须标注完整、清晰、准确,符合要求。其中,点数与步数的确定(基槽):基槽点数=周长÷(10~20);基槽步数=(底标高-顶标高)÷(夯实厚度)。

b. "工程名称及施工部位"要写具体,名称应与图签和施工组织设计一致;部位明确(如柱基、地基处理等)。

c. "委托单位"要写具体,名称应与施工组织设计一致。

d. "回填土种类"应填素土、灰土(如2:8灰土)、砂或级配砂石等。

e. "要求压实系数、控制干密度"按设计要求;无设计要求,按施工规范和经试验计算确实数据为准。

②素土、灰土、砂或级配砂石回填应按设计要求办理。当设计无要求，控制干密度 ρ_d（g/cm³）应符合下列标准：素土一般应≥1.65，黏土可降低10％；灰土≥1.55，粉质黏土≥1.50，黏土≥1.45；砂不小于在中密状态时的干密度，中砂1.55～1.60；级配砂石2.1～2.2。步数：夯实后素土每步厚度为15 cm；灰土每步厚为20 cm；冬期施工夯实厚度宜为10～15 cm。

③回填土种类、取样（注：按现场施工部位、工序、时间不同分别进行）、试验时间应与其他资料相吻合。相关资料有地质勘察报告、地基验槽及隐检记录、施工记录、设计变更洽商、检验批质量验收记录等。灰土地基、砂和砂石地基、粉煤灰地基的取样数量，每单位工程不应少于三点；1 000 m²以上工程，每100 m²至少应有一点；3 000 m²以上工程，每300 m²至少应有一点。每一独立基础下至少应有一点，基槽每20延米应有1点。土方回填的取样数量应按协议规定，协议未规定的也可按上述规定执行。

④合格判定：填土压实厚的干密度，应有90％以上符合设计要求，其余10％最低值与设计值的差不得大于0.08 g/cm³，且不得集中。密度及含水率试验、灌水、灌砂法密度试验、击实试验、砂的相对密度试验及压实度试验报告见质控（建）表。

⑤报告中应按规范要求绘制回填土取点平面、剖面示意图，标明重要控制轴线、尺寸，分段、分层（步）取样，指北针方向等。现场取样步数、点数须与试验报告各步、点一一对应，并应注明回填土的起止标高。

（2）砂浆配合比试验报告。委托单位应根据设计强度等级、技术要求、施工部位、原材料情况等，向试验部门提出配合比申请单、试验部门依据配合比申请单签发配合比设计报告。

（3）砂浆抗压强度试验报告整理。

①承重结构的砌筑砂浆试块，应按规定实行见证取样和送检。

②检验方法及要求。

a. 检查报告单上各项目是否齐全，所有子项必须填写清楚、具体，不空项。

b. 应按照施工图纸要求，检查砂浆配合比及砂浆强度报告中砂浆种类、强度等级与使用的原材料种类、试验编号对应其原材料试验报告、配合比通知单及砂浆强度报告中相应项目是否相吻合；试件成型日期、实际龄期、养护方法、组数、试验结果及结论是否符合设计要求和施工规范规定，准确、真实、无未了项；实验室签字、盖章是否齐全；检查试验编号、委托编号是否填写。

c. 试验数据是否达到规范规定标准值；若发现问题应及时报有关部门处理，并将处理结论附于此报告单后一并存档。

（4）砌筑砂浆试块强度统计、评定记录整理。

①单位工程试块抗压强度评定应按砌筑砂浆的验收批进行（分为地基基础、主体结构完成后，工程所用各品种、各强度等级的砂浆都应分别进行统计评定）。配合比和原材料基本相同的同品种、同强度等级砂浆划分为同一批。

②砌筑砂浆的验收批，同一类型、同强度等级的砂浆试块应不小于三组。当同一验收批只有一组试块时，该组试块抗压强度的平均值必须大于或等于设计强度等级所对应的立方体抗压强度的1.1倍。砂浆强度进行标准养护，以龄期为28天的试块抗压试验结果为准。砂浆试件取样留置应满足下列要求。

a. 每一检验批且不超过250 m³砌体的各种类型及强度等级的砌筑砂浆，每台搅拌机应至少取样一次。

b. 建筑地面工程水泥砂浆强度试件，每一层（或检验批）不应小于一组；当每一层（或检验批）面积大于1 000 m²时，每增加1 000 m²应增做一组试件，剩余不足1 000 m²的按1 000 m²计。当配合比不同时，应相应制作不同试件。

当施工中或验收时出现下列情况，可采用现场检测方法对砂浆和砌体强度进行原位检测或取样检测，判定其强度，并应由有资质等级的检测单位出具检测报告。

（1）砂浆试块缺乏代表性或试块数量不足。

（2）对砂浆试块的试验结果有怀疑或争议。

（3）砂浆试块的试验结果，不能满足设计要求。

（4）发生工程事故，需要进一步分析事故原因。

c. 同盘砂浆只制作一组试件。

d. "结论"栏应填写：依据《砌体结构工程施工质量验收规范》（GB 50203—2011）规定评定。

（5）混凝土配合比试验报告。

①现场搅拌混凝土应有配合比申请单和配合比通知单。预拌混凝土应有实验室签发的配合比通知单。委托单位应依据设计强度等级、技术要求、施工部位、原材料情况等向试验部门提出配合比申请单；试验部门依据配合比申请单签发配合比通知单。

②混凝土拌制前，先测定砂、石含水率并根据测试结果调整材料用量，提出施工配合比。检查数量：每工作班检查一次；检验方法：检查含水率测试结果和施工配合比通知单。

（6）混凝土抗压强度试验报告整理。

①应有按规定留置龄期为 28 天的标准试块和相应数量同条件养护试块的抗压强度试验报告。

②抗压强度试块、抗渗性能试块、同条件养护试块留置方式和取样数量应符合下列规定。

a. 每拌制 100 盘且不超过 100 m^3 的同配合比的混凝土，取样不得少于一次。

b. 每工作班拌制的同一配合比的混凝土不足 100 盘时，取样不得少于一次。

c. 当一次连续浇筑超过 1 000 m^3 时，同一配合比的混凝土每 200 m^3 取样不得少于一次。

d. 每一楼层、同一配合比的混凝土，取样不得少于一次。

e. 建筑地面工程混凝土强度试件每一层（或检验批），每 1 000 m^2 取样不得少于一次，每增加 1 000 m^2 应增取一次，不足 1 000 m^2 的按 1 000 m^2 计。当改变配合比时，也应相应增加制作试件取样次数。

f. 基坑工程的地下连续墙，每 50 m^3 应取样一次，每幅槽段不得少于一次。

g. 灌注桩每浇筑 50 m^3 混凝土应取样一次，单桩单柱时，每根桩必须有一组试件。

h. 对设计成熟、生产数量较少的大型构件，在不做结构承载力检验时，混凝土取样按每 5 m^3 且不超过半个工作班生产的同配合比混凝土，留置一组试件。

i. 非大体积粉煤灰混凝土每拌制 100 m^3，至少取样一次；大体积粉煤灰混凝土每拌制 500 m^3，至少取样一次；不足以上规定数量时，每台班至少取样一次。

j. 混凝土配合比开盘鉴定时应至少留置一组标准养护试件，作为验证配合比的依据。

k. 每次取样应至少留置一组标准养护试件，同条件养护试件的留置组数应根据实际需要确定。

③承重结构的混凝土抗压强度试块，应按规定实行见证取样和送检。结构由有不合格批混凝土组成，或未按规定留置试块的，应有结构处理的相关资料；需要检测的，应由有资质的检测机构出具检测报告，并有设计单位出具的认可文件。

④检验方法及要求如下。

a. 检查报告单上各项目是否齐全，所有子项必须填写清楚、具体，不空项。

b. 应按照施工图纸要求，检查混凝土配合比及混凝土强度报告中强度等级与使用的原材料种类、试验编号及原材料试验报告、混凝土配合比通知单及混凝土强度报告中相应项目是否相吻合；试件成型日期、实际龄期、养护方法、组数、试验结果及结论是否符合设计要求和施工规范规定，所报内容是否准确、真实，无未了项；实验室签字、盖章是否齐全；检查试验编号、委托编号是否填写。

c. 试验数据是否达到规范规定标准值；若发现问题应及时取双倍试样做复试或报有关部门处理，并将复试合格单或处理结论附于此报告单后一并存档。

（7）混凝土试块强度统计、评定记录整理。

单位工程试块抗压强度数理统计应按分部（分项）工程的验收批进行（分为地基基础、主体结构完成后；如为预拌混凝土应按不同供应单位分开，分别进行统计评定）。混凝土统计评定验收批的划分：同一验收项目、同强度等级、同龄期（28 天标养）配合比基本相同（是指施工配制强度相同并能在原材料有变化时，及时调整配合比使其施配制强度目标值不变）、生产工艺条件基本相同的混凝土为一验收批。

（8）混凝土抗渗试验报告。有抗渗要求的混凝土应留置检验抗渗性能的试块，留置原则可依据《地下防水工程质量验收规范》（GB 50208—2011）规定："连续混凝土每 500 m^2 应留置一组 6 个抗渗试件，且每项工程不得少于两组；采用预拌混凝土的抗渗试块，留置组数应视结构的规模和要求而定。"续浇筑混凝土每 500 m^3 应留置一组抗渗试件（一组为 6 个抗渗试件），预拌混凝土当连续浇筑混凝土每 500 m^3 应留置不少于两组试件，且每部位（底板、侧墙）的试件不少于两组；每增加 250～500 m^3 混凝土，应增加留置两组（12 块）抗渗试块，且每项工程不得少于两组。其中一组作为标养，另一组作为同条件养护；采用预拌混凝土的抗渗试件，留置组数应视结构的规模和要求而定。混凝土抗渗性能应采用标准条件下养护混凝土抗渗试件的试验结果评定。抗渗性能试验应符合现行《普通混凝土长期性能和耐久性能试验方法标准》（GB/T 50082—2009）要求。

（9）钢筋连接试验报告整理。

①用于焊接、机械连接钢筋的力学性能和工艺性能应符合现行国家标准。

②正式焊（连）接工程开始前及施工过程中，应对每批进场钢筋在现场条件下进行工艺检验。工艺检验合格后方可进行焊接或机械连接的施工。

③钢筋焊接接头或焊接制品、机械连接接头应按焊（连）接类型和验收批的划分进行质量验收并现场取样复试。承重结构工程中的钢筋连接接头应按规定实行见证取样和送检的管理。

④对于采用新型钢筋焊（连）接施工工艺的，技术提供单位必须提供有效检测机构出具的检测报告。焊（连）接操作工人必须经考试合格并取得有关主管部门的岗位证书，持证工人应在其考试合格项目及认可范围内施焊。

⑤报告单上各项目填写齐全，试验结果及结论准确、真实，无未了项；实验室签字、盖章齐全；试验编号、委托编号正确填写、试验数据达到规范规定标准值；若发现问题应及时取双倍试样做复试或报有关部门处理品，并将复试合格单或处理品结论附于此报告单后一并存档；核对使用日期，不允许先使用后试验。不同的钢筋接头其力学性能检验应从外观检查合格的成品接头或制品中按批随机抽取试件分别做拉伸、弯曲或抗剪等检验，其批量应符合下列要求。

a. 凡钢筋牌号、直径及尺寸相同的焊接网和焊接骨架为同一验收批，且每 300 件为一批，一周内不足 300 件也按一批。

b. 闪光对焊以同一台班、同一焊工完成的 300 个同牌号、同直径的钢筋焊接接头作为一批；当同一台班内焊接的接头数量较少时，可在一周内累计，若累计仍不足 300 个接头，也按一批。

c. 钢筋电弧焊在现浇混凝土结构中，以同牌号钢筋、同接头类型不大于 300 个接头为一批。在房屋结构中，按不超过二楼层中 300 个同牌号钢筋、同形式接头为一批，不足 300 个仍按一批。

d. 钢筋电渣压力焊和钢筋气压焊在现浇混凝土结构中，以同牌号钢筋不大于 300 个接头为一批；在房屋结构中，按不超过二楼层中 300 个同牌号钢筋接头为一批，不足 300 个仍按一批计。

e. 预埋件钢筋埋弧压力焊 T 形接头以 300 件同类型预埋件为一批，一周内连续焊接时，可以累计，不足 300 件也按一批计。

f. 钢筋机械连接以同一施工条件下采取同一批材料的同等级、同形式、同规格不超过 500 个接头一批；当现场检验连续 10 个验收批抽样合格率为 100%，验收批的数量可为 1 000 个接头（现场安装同一楼层不足 500 个或 1 000 个接头时仍按一批计）。

(10) 结构实体混凝土强度检验记录。

①依据《混凝土结构工程施工质量验收规范》(GB 50204—2015) 的规定编制。涉及混凝土结构安全的重要部位应进行结构实体检验，在混凝土结构子分部工程验收前进行，其检验范围限于涉及安全的柱、墙、梁等结构构件的重要部位，并实行有见证取样和送检（结构实体检验应采用由各方参与的见证抽样方式，以保证检验结果的公共性）。

②用于结构实体检验用的同条件养护试件，应在达到等效养护龄期时进行强度试验。试件从养护地点取出后，应尽快试验，以免试件内部的温度、湿度发生显著变化。同条件自然养护试件的等效养护龄期，宜根据当地的气温和养护条件，按日平均气温（当日温度最高值和最低值的平均值）逐日累计达到 600 ℃/天时所对应的龄期，0 ℃及以下的龄期不计入；等效养护龄期不应小于 14 天，也不宜大于 60 天。结构实体检验报告应由有相应资质等级的试验（检测）单位提供。

③对于结构实体检验用同条件试件的取样部位，应由监理（建设）、施工等各单位根据结构构件的重要性共同选定。对混凝土结构工程中的各种混凝土强度等级，应留置同条件养护试件，其留置数量应根据混凝土工程量和重要性确定，不宜少于 10 组，且不应少于 3 组。同条件养护试件试验后，按《混凝土物理力学性能试验方法标准》(GB/T 50081—2019) 的规定确定后，将同组试件的强度代表值乘以折算系数 1.10 修正后，再按现行国家标准《混凝土强度检验评定标准》(GB/T 50107—2010) 进行评定。

(11) 结构实体钢筋保护层厚度检验记录。

①钢筋保护层厚度检验的结构部位和构件数量应符合下列要求。

a. 钢筋保护层厚度检验的结构部位，应由监理（建设）、施工等各单位根据结构构件的重要性共同选定。

b. 对梁类、板类构件，应各抽取构件数量的 2% 且不少于 5 个构件进行检验；当有悬挑构件时，抽取的构件中悬挑梁类、板类构件所占比例均不宜小于 50%。

c. 对选定的梁类构件，应对全部纵向受力钢筋的保护层厚度进行检验；对选定的板类构件，应抽取不少于 6 根纵向受力钢筋的保护层厚度进行检验。对每根钢筋，应在有代表性的部位测量一点。

d. 钢筋保护层厚度的检验，可采用非破损或局部破损的方法，也可采用非破损方法并用局部破损方法进行校准。当采用非破损方法检验时，所使用的检测仪器应经过计量检定，检测操作应符合相应规程的规定。钢筋保护层厚度检验的检测误差不应大于 1 mm。

e. 钢筋保护层厚度检验时，纵向受力钢筋保护层厚度的允许偏差：对梁类构件为 +10 mm、−7 mm；对板类构件为 +8 mm，−5 mm。

f. 对梁类、板类构件纵向受力钢筋的保护层厚度应分别进行验收。

②结构实体钢筋保护层厚度验收合格应符合下列规定。

a. 当全部钢筋保护层厚度检验的合格点率为 90% 及以上时，钢筋保护层厚度的检验结果应判为合格。

b. 当全部钢筋保护层厚度检验的合格点率小于 90% 但不小于 80% 时，可再抽取相同数量的构件进行检验；当按两次抽样总和计算的点合格率为 90% 及以上时，钢筋保护层厚度的检验结果仍应判为合格。

c. 每次抽样检验结果中不合格点的最大偏差均不应大于规定允许偏差的 1.5 倍。

③层高、轴线、开间、柱、墙垂直度及平整度等的实测，应由建设、监理、施工等各单位根据结构实际情况而定，每层取不少于 10% 的房间，且不少于三间，每间检测的点数不少于三点。

(12)屋面淋水(蓄水)试验记录。屋面淋(蓄)水试验记录的基本要求和内容应符合下列规定。

①屋面防水工程完成后，应进行淋水或蓄水试验。

②屋面淋(蓄)水试验应符合设计要求及现行国家标准《屋面工程质量验收规范》(GB 50207—2012)规定，填写应完整，数据应真实。

③屋面淋(蓄)水试验应进行监理旁站，并做好旁站记录。无监理的工程项目，旁站应由建设单位负责。

④屋面淋(蓄)水试验记录应由项目专业质检员及监理工程师签证认可，手续应齐全。

⑤屋面泛水、变形缝、出屋面管道根部、过水孔及易出现渗漏水的薄弱部位，在淋(蓄)水试验时应重点控制。

⑥坡屋面(斜屋面)采用 2 h 淋水试验，或有监理(建设)签认的经一场 2 h 以上的大雨记录。有条件的平屋面宜采用蓄水试验，蓄水时间不应少于 24 h。对于蓄水屋面则必须进行蓄水试验，蓄水高度应符合设计要求，蓄水区域的划分应符合《屋面工程质量验收规范》(GB 50207—2012)的规定。

(13)建筑物沉降观测测量记录。

①建筑物沉降观测测量记录的基本要求和内容应符合下列规定。

a. 高耸构筑物、高层建筑、大型公共建筑、重要工业厂房及在软弱地基上建造的建筑物，采用锚杆静压桩进行地基处理或基础托换的新建或改建建(构)筑物，以及《建筑地基基础设计规范》(GB 50007—2011)规定应进行变形观测的建筑物，需进行可靠性鉴定的，均应进行沉降观测，并应按单位工程提供沉降观测记录。

b. 沉降观测的每一个区域，必须有足够的水准点，不得少于三个。水准点布设应坚固稳定，应设置在基岩上或设在压缩性较低的土层上，应避开沉降和振动影响的范围，与被观测的建筑物和构筑物的距离宜为 30～50 m。水准点埋设必须在基坑施工前 15 天完成，水准点应定期核对。

②沉降观测测量仪器应在检定有效期内使用，观察时应使用固定的测量工具和测量人员。观测前应严格校验仪器，每次观测均须采用环形闭合法或往返闭合法进行检查，同一观测点的两次观测之差不得大于 1 mm。采用二等水准测量应符合上 0.5 mm 的要求。

③测量精度宜采用二等水准测量。视线长度宜为 20～30 m，视线高度不宜低于 0.3 m，前后视距应基本相等，前、后视观测应使用同一水准尺，前视各点观测完毕后，应回视后视点，最后应闭合于水准点上。

④沉降观测周期和时间应根据设计要求、工程进度、基础荷载的增加及意外情况等因素而定，一般第一次观测应在观测点安设稳固后及时进行，且应符合下列规定。

a. 建筑物主体施工阶段的观测，应随施工进度及时进行，一般建筑可在基础完工后或地下室完工后开始观测，大型、高层建筑可在基础垫层或基础底部完成后开始观测。

b. 观测次数与间隔时间应视地基与加荷情况而定。民用建筑可每加 1～2 层观测一次；工业建筑可按不同施工阶段分别进行观测，若建筑物均匀增高，应至少增加荷载的 25%、50%、75% 和 100% 时各测一次；烟囱等构筑物每增加 15 m 观测一次；采用锚杆静压桩在压桩前、后应各观测一次。

c. 施工过程中如暂时停工时间较长，在停工时复工前应各观测一次。停工期间，可据实际情况每隔 2~3 个月观测一次。整个施工期间的观测不得少于四次。

d. 在观测过程中，如有基础附近地面荷载突然增减、基础四周大量积水、长时间连续降雨等情况，均应增加观测次数。当建筑物突然发生大量沉降、不均匀沉降或严重裂缝时，应增加观测次数，做好记录。

e. 建筑使用阶段的观测次数，应按设计要求，或视地基土类型和沉降速度大小确定。

⑤沉降观测应做好记录，及时整理和妥善保管。观测工作结束后，应提交下列成果。

a. 沉降观测记录。

b. 沉降观测点位分布图及各周期沉降展开图。

c. 建筑物沉降曲线图和沉降观测分析记录。

(14) 节能、保温测试记录。

①建筑节能工程围护结构现场实体检验记录的基本要求和内容应符合下列规定。

a. 建筑围护结构施工完成后，应对围护结构的外墙节能构造和夏热冬冷地区的外窗进行现场实体检测。当条件具备时，可直接对围护结构的传热系数进行检测。

b. 外墙节能构造的现场实体检验方法应按《建筑节能工程施工质量验收标准》(GB 50411—2019)附录 C 的规定执行。

c. 夏热冬冷地区的外窗现场实体检测应按照现行国家有关标准的规定执行。

d. 外墙节能构造和外窗气密性的现场实体检验，其抽样数量可以在合同中约定，但合同中约定的抽样数量不应低于《建筑节能工程施工质量验收标准》(GB 50411—2019)的规定。

e. 外墙节能构造的现场实体检验应在监理(建设)人员见证下进行，现场实体检验可委托有资质的检测机构实施，也可由施工单位实施。

f. 外窗气密性能的现场检测应在监理(建设)人员见证下抽样，并应委托有资质的检测单位实施。

g. 当对围护结构的传热系数进行检测时，应由建设单位委托具备检测资质的检测机构承担；其检测方法、抽样数量、检测部位和合格判定标准等可在合同中约定。

h. 当外墙节能构造或外窗气密性现场实体检验出现不符合设计要求和标准规定的情况时，应委托有资质的检测机构扩大一倍数量抽样，对不符合要求的项目或参数再次检验，仍然不符合要求，应给出"不符合设计要求"的结论。

i. 对于不符合设计要求的结构节能构造应查找原因，对因此造成的对建筑节能的影响程度进行计算或评估，采取技术措施予以弥补或消除后应重新进行检测，合格后方可通过验收。

j. 设计要求和现行国家标准规定的，应查找原因进行修理，使其达到要求后重新进行检测，合格后方可通过验收。

②建筑节能工程围护结构现场实体检验记录应按下列办法进行核查。

a. 核查是否按规定进行现场实体检测。

b. 核查检验方法是否符合规定。

c. 抽样数量、检测部位和合格判定标准是否符合合同约定、设计要求和相关规范规定。

d. 委托有资质的检测机构实施的，核查检测机构资质是否符合要求，检测报告内容是否齐全，结论是否明确。

e. 外墙节能构造的现场检验由施工单位实施的，应核查检测报告内容是否齐全、数据是否准确、依据是否正确、签证是否完整、结论是否明确、所使用的检测仪器是否在检定有效期内、仪器仪表的性能是否符合有关相应标准的规定。

③建筑节能围护结构现场实体检验记录凡出现下列情况之一的，应核定为"不符合要求"。

a. 未提供建筑节能围护结构现场实体检验记录。

b. 检验方法不符合规定。

c. 抽样数量、检测部位和合格判定标准不符合合同约定、设计要求和相关规范规定。

d. 出具检测报告的检测单位未具有相应检测资质。

e. 检测报告内容不齐全、数据不准确、依据不正确，签证不完整或结论不明确。

f. 外墙节能构造的现场检验由施工单位实施时，所使用的检测仪器未检定、校验，超过使用期或仪器仪表的性能等不符合有关相应标准规定。

④建筑节能系统节能性能检测记录的基本要求和内容应符合下列规定。

a. 采暖、通风与空调、配电与照明工程安装完成后，应由建设单位委托具有相应资质的检测机构进行系统节能性能的检测，并出具检测报告。

b. 受季节影响未能在验收时进行的节能性能检测项目，应在保修期内补做，施工单位与建设单位应事先在工程(保修)合同中对该检测项目做出延期补做试运转及调试的约定。

c. 采暖、通风与空调、配电与照明系统节能性能检测的主要项目及要求应符合《建筑节能工程施工质量验收标准》(GB 50411—2019)的规定，其检测方法应按现行国家有关标准规定执行。

d. 系统节能性能检测的项目和抽样数量也可以在工程合同中约定，必要时可增加其他检验项目。但合同中约定的检验项目和抽样数量不应低于《建筑节能工程施工质量验收标准》(GB 50411—2019)的要求。

⑤建筑节能系统节能性能检测记录应按下列办法进行核查。

a. 核查建筑节能系统节能性能是否按规定进行检测。

b. 核查检验方法是否符合规定。

c. 抽样数量、检测部位和合格判定标准是否符合约定、设计要求和相关规范规定。

d. 核查检测机构资质是否符合要求，检测报告内容是否齐全，结论是否明确。

e. 受季节影响未能验收进行的节能性能检测项目，核查应在保修期内补做，施工单位与建设单位事先在工程(保修)合同中对该检测项目做出延期补做试运转及调试的约定。

⑥建筑节能系统节能性能检测记录凡出现下列情况之一的，应核定为"不符合要求"。

a. 未提供建筑节能系统节能性能检测记录。

b. 核查检验方法不符合规定。

c. 抽样数量、检测部位和合格判定标准不符合合同约定、设计要求和相关规范规定。

d. 出具检测报告的检测单位未具有相应检测资质。

e. 检测报告内容不齐全或结论不明确。

(15)室内环境检测报告。室内环境检测报告的基本要求和内容应符合下列规定。

①民用建筑工程及室内装饰装修工程的室内环境质量验收，应在工程完工至少 7 天以后、工程交付使用前进行。

②民用建筑工程所选用的无机非金属建筑主体材料和装饰装修材料，应提供产品合格证书及放射性指标检测报告，并能符合设计和符合现行国家标准《民用建筑工程室内环境污染控制标准》(GB 50325—2020)的规定。

③民用建筑工程室内饰面采用的天然花岗石石材或瓷质砖，使用面积大于 200 m² 时，应对不同产品、不同批次材料分别进行放射性指标的复验。

④民用建筑工程室内装饰装修中所采用的人造木板及其制品，应提供产品合格证书及游离甲醛释放量检测报告，并应符合设计要求和《民用建筑工程室内环境污染控制标准》(GB 50325—2020)的规定。当民用建筑工程室内装饰装修中采用的某一种人造木板或饰面人造木板面积大于 500 m² 时，应对不同产品、不同批次材料分别进行游离甲醛含量或游离甲醛释放量的复验。

⑤民用建筑工程室内装饰装修中所采用的水性涂料、水性胶粘剂、水性处理剂应提供产品合格证书及同批次产品的挥发性有机化合物（VOCs）和游离甲醛含量检测报告；溶剂型涂料、溶剂型胶粘剂应提供产品合格证书及同批次产品的挥发性有机化合物、苯、甲苯十二甲苯游离甲苯二异氰酸酯（TDI）含量检测报告，并应符合设计要求和《民用建筑工程室内环境污染控制标准》（GB 50325—2020）的规定。

⑥民用建筑工程验收时，必须进行室内环境污染物浓度检测，检测项目应包括氡、甲醛、氨、苯和总挥发性有机物（TVOC）。应抽检有代表性的房间室内环境污染物浓度，抽检数量不得少于5%，并不得少于三间；房间总数少于三间时，应全数检测；凡进行了样板间室内环境污染物浓度检测且检测结果合格的，抽检数量减半，但不得少于三间。

4.8 施工质量验收资料

根据国家《建筑工程施工质量验收统一标准》（GB 50300—2013）及各相应规范，促进施工企业做好资料的收集和整理工作，使工程技术资料管理工作做到规范化、标准化、系统化。依据《建筑工程施工质量验收统一标准》（GB 50300—2013）和有关专业规范，建筑工程质量验收应划分为单位工程、分部工程、分项工程和检验批。

1. 建筑工程施工质量验收的划分

（1）施工质量验收层次划分的目的。通过验收批和中间验收层次及最终验收单位的确定，实施对工程施工质量的过程控制和终端把关，确保工程施工质量达到工程项目决策阶段所确定的质量目标和水平。

（2）施工质量验收划分的层次。建筑工程质量验收应划分为单位（子单位）工程、分部工程、子分部工程、分项工程和检验批。施工单位应按标准规定，在施工组织设计中明确单位（子单位）工程、分部工程、子分部工程、分项工程和检验批的划分，经施工单位、监理（建设）单位相应人员签章、审批，并依此进行验收。

可将建筑规模较大的单体工程和具有综合使用功能的综合性建筑物工程划分为若干个子单位工程进行验收；在分部工程中，按相近工作内容和系统划分为若干个子分部工程，每个子分部工程中包括若干个分项工程，每个分项工程中包含若干个检验批，检验批是工程施工质量验收的最小单位。

（3）单位工程的划分。单位工程的划分应按下列原则确定。

①具备独立施工条件并能形成独立使用功能的建筑物及构筑物为一个单位工程。

②规模较大的单位工程，可将其能形成独立使用功能的部分划分为一个子单位工程。

（4）分部工程的划分。分部工程的划分应按下列原则确定。

①分部工程的划分应按专业性质、建筑部位确定。如建筑工程划分为地基与基础工程、主体结构、建筑装饰装修工程、建筑屋面、建筑给水排水及采暖、建筑电气、智能建筑、通风与空调、电梯及建筑节能。

②当分部工程较大或较复杂时，可按材料种类、施工特点、施工程序、专业系统及类别等划分为若干个子分部工程。

（5）分项工程的划分。分项工程应按主要工种、材料、施工工艺、设备类别等进行划分。如混凝土结构工程中按主要工种分为模板工程、钢筋工程、混凝土工程等分项工程；按施工工艺又分为预应力、现浇结构、装配式结构等分项工程。

（6）检验批的划分。根据《建筑工程施工质量验收统一标准》（GB 50300—2013）规定，分项工程可由一个或若干个检验批组成，检验批可根据施工及质量控制和专业验收需要按楼层、施工段、变形缝等进行划分。

分项工程划分为检验批进行验收，有助于及时纠正施工中出现的质量问题，确保工程质量符合施工实际需求。关于检验批的具体划分《建筑工程施工质量验收统一标准》(GB 50300—2013)中没有具体给出。实际施工前可以根据工程的具体情况进行确定，可以在施工组织设计中体现出来。

一般情况下，分项工程检验批的划分，可按以下原则确定。

①土方开挖、土方回填和换填地基分项工程一般划分为一个检验批。工程量较大时，应按材料、工艺和施工部位划分，相同材料、工艺和施工部位每 500 m² 划分为一个检验批。

②降水、排水分项工程一般划分为一个检验批。

③复合地基的分项工程一般划分为一个检验批。工程量较大时，应按桩的类型、工艺和施工部位划分，相同类型、工艺和施工部位每 200 根桩为一个检验批。

④桩基分项工程一般划分为一个检验批。工程量较大时，应按桩的类型、工艺和施工部位划分，相同类型、工艺和施工部位每 100 根桩为一个检验批。

⑤基坑支护分项工程根据支护结构类型按照复合地基桩和桩基分项工程划分。

⑥基础工程可按不同地下层或变形缝等划分检验批。

⑦地下防水工程不得按不同地下层或变形缝、沉降缝和施工段划分检验批，一个单位工程地下防水工程只有一个检验批。

⑧砌体工程应按楼层、变形缝、施工段划分检验批，且不超过 250 m² 砌体为一个检验批。

⑨混凝土结构工程可据工艺相同量原则按结构类型、构件类型、工作班、核层、施工段和变形缝划分检验批。其中，钢筋工程(接头)可按现行国家的产品标准和相关规范执行。

⑩屋面工程可按不同楼层屋面划分不同的检验批，对于同一楼层屋面不得按变形缝和施工段划分检验批。

⑪建筑地面工程应按楼层、施工段、变形缝划分检验批，高层建筑的标准层可按每三层作为一个检验批。单层面积较大时可按 500 m² 为一个检验批。

⑫相同材料、工艺和施工件的室外抹灰工程、室外饰面砖工程、室外涂饰工程每 500～1 000 m² 划分一个检验批。同样的室内抹灰工程、室内饰面砖工程、室内涂饰工程每 50 个自然间(大面积房间和走廊按抹灰、饰面砖和涂饰面积 30 m² 为一间)应划分为一个检验批。

⑬同一品种、类型和规格的木门窗、金属门窗、塑料门窗及门窗玻璃工程每 100 樘划分为一个检验批，同样的特种门工程每 50 樘应划分为一个检验批。量大的可按楼层划分检验批。

⑭同一品种的吊顶工程、轻质隔墙工程、裱糊和软包工程每 50 间(大面积房间和走廊按吊顶、隔墙和裱糊面积 30 m² 为一间)应划分为一个检验批。

⑮相同设计、材料、工艺和施工条件的幕墙工程每 500～1 000 m² 划分为一个检验批。同一单位工程的不连续幕墙应单独划分检验批。对于异型及有特殊要求的幕墙，检验批的划分应由监理(建设)单位和施工单位协商确定。

⑯细部工程按同类制品每 50 间(处)划分一个检验批。每部楼梯应划分为一个检验批。

⑰给水排水及采暖工程可按设计系统和设备组别划分检验批，也可区域、施工段或按层、单元划分检验批。

⑱室外电气安装工程依据庭院大小、投运时间先后、功能区块不同划分。变配电室安装工程，主要配电室和变配电室各为一个检验批。供电干线安装工程，依据供电区段和电气线缆竖井的编号划分。电气动力和电气照明安装工程及建筑物等电位联结分项工程，检验批的划分应按土建施工区段、变形缝、楼层等划分。备用和不间断电源安装分项工程各划分为一个检验批。

⑲防雷及接地装置安装工程、人工接地装置和利用建筑物基础钢筋的接地体各为一个检验批，大型基础可按区块划分成几个检验批。避雷引下线安装，六层以下建筑为一个检验批；高层

建筑依压环设置间隔的层数为一个检验批；接闪器安装同一个屋面为一个检验批。

⑳通风与空调工程，按设计系统和设备组别划分检验批；对于风管配件制作工程可按规格、型号、数量划分检验批；对于设备安装可按设备规格型号、数量划分检验批，对于管道系统安装工程，可按管道的规格、型号、长度来划分检验批。

㉑室外工程统一划分为一个检验批。散水、台阶、明沟等含在地面检验批中。

建筑工程分部(子分部)工程、分项工程划分见表4-26。

表4-26　建筑工程分部(子分部)工程、分项工程划分

序号	分部工程	子分部工程	分项工程
1	地基与基础	土方	土方开挖，土方回填，场地平整
		基坑支护	灌注桩排桩围护墙，重力式挡土墙，板桩围护墙，型钢水泥土搅拌墙，土钉墙与复合土钉墙，地下连续墙，咬合桩围护墙，沉井与沉箱，钢或混凝土支撑，锚杆(索)，与主体结构相结合的基坑支护，降水与排水
		地基处理	素土、灰土地基，砂和砂石地基，土工合成材料地基，粉煤灰地基，强夯地基，注浆加固地基，预压地基，振冲地基，高压喷射注浆地基，水泥土搅拌桩地基，土和灰土挤密桩地基，水泥粉煤灰碎石桩地基，夯实水泥土桩地基，砂桩地基
		桩基础	先张法预应力管桩，钢筋混凝土预制桩，钢桩，泥浆护壁混凝土灌注桩，长螺旋钻孔压灌桩，沉管灌注桩，干作业成孔灌注桩，锚杆静压桩
		混凝土基础	模板，钢筋，混凝土，预应力，现浇结构，装配式结构
		砌体基础	砖砌体，混凝土小型空心砌块砌体，石砌体，配筋砌体
		钢结构基础	钢结构焊接，紧固件连接，钢结构制作，钢结构安装，防腐涂料涂装
		钢管混凝土结构基础	构件进场验收，构件现场拼装，柱脚锚固，构件安装，柱与混凝土梁连接，钢管内钢筋骨架，钢管内混凝土浇筑
		型钢混凝土结构基础	型钢焊接，紧固件连接，型钢与钢筋连接，型钢构件组装及预拼装，型钢安装，模板，混凝土
		地下防水	主体结构防水，细部构造防水，特殊施工法结构防水，排水，注浆
2	主体结构	混凝土结构	模板，钢筋，混凝土，预应力，现浇结构，装配式结构
		砌体结构	砖砌体，混凝土小型空心砌块砌体，石砌体，配筋砌体，填充墙砌体
		钢结构	钢结构焊接，紧固件连接，钢零部件加工，钢构件组装及预拼装，单层钢结构安装，多层及高层钢结构安装，钢管结构安装，预应力钢索和膜结构，压型金属板，防腐涂料涂装，防火涂料涂装
		钢管混凝土结构	构件现场拼装，构件安装，柱与混凝土梁连接，钢管内钢筋骨架，钢管内混凝土浇筑
		型钢混凝土结构	型钢焊接，紧固件连接，型钢与钢筋连接，型钢构件组装及预拼装，型钢安装，模板，混凝土
		铝合金结构	铝合金焊接，紧固件连接，铝合金零部件加工，铝合金构件组装，铝合金构件预拼装，铝合金框架结构安装，铝合金空间网格结构安装，铝合金面板，铝合金幕墙结构安装，防腐处理
		木结构	方木和原木结构，胶合木结构，轻型木结构，木结构防护

序号	分部工程	子分部工程	分项工程
3	建筑装饰装修	建筑地面	基层铺设，整体面层铺设，板块面层铺设，木、竹面层铺设
		抹灰	一般抹灰，保温层薄抹灰，装饰抹灰，清水砌体勾缝
		外墙防水	外墙砂浆防水，涂膜防水，透气膜防水
		门窗	木门窗安装，金属门窗安装，塑料门窗安装，特种门安装，门窗玻璃安装
		吊顶	整体面层吊顶，板块面层吊顶，格栅吊顶
		轻质隔墙	板材隔墙，骨架隔墙，活动隔墙，玻璃隔墙
		饰面板	石板安装，陶瓷板安装，木板安装，金属板安装，塑料板安装
		饰面砖	外墙饰面砖粘贴，内墙饰面砖粘贴
		幕墙	玻璃幕墙安装，金属幕墙安装，石材幕墙安装，陶板幕墙安装
		涂饰	水性涂料涂饰，溶剂型涂料涂饰，美术涂饰
		裱糊与软包	裱糊，软包
		细部	橱柜制作与安装，窗帘盒和窗台板制作与安装，门窗套制作与安装，护栏和扶手制作与安装，花饰制作与安装
4	屋面	基层与保护	找坡层和找平层，隔汽层，隔离层，保护层
		保温与隔热	板状材料保温层，纤维材料保温层，喷涂硬泡聚氨酯保温层，现浇泡沫混凝土保温层，种植隔热层，架空隔热层，蓄水隔热层
		防水与密封	卷材防水层，涂膜防水层，复合防水层，接缝密封防水
		瓦面与板面	烧结瓦和混凝土瓦铺装，沥青瓦铺装，金属板铺装，玻璃采光顶铺装
		细部构造	檐口，檐沟和天沟，女儿墙和山墙，水落口，变形缝，伸出屋面管道，屋面出入口，反梁过水孔，设施基座，屋脊，屋顶窗

2. 建筑工程质量验收资料的收集

(1)分项工程检验批。

①各分项工程检验批在班组自检合格的基础上，由企业专职质检员根据国家专业规范中相应条款在下道工序施工前进行验收，填写验收记录并经监理工程师(建设单位项目专业技术人员)确认。

②分项工程检验批质量验收记录(表4-27～表4-30)，应按下列要求填写。

a. 分项工程检验批质量验收记录表中"主控项目"的质量情况，应简明扼要地说明该项目实际达到的质量状况，填写质保书编号和试验报告编号，避免填写"符合规范要求""符合质量要求"等笼统结论。

b."一般项目"的质量情况，有具体数据的就填写数据；无数据的填写实际情况。当分项工程检查时发现不合格者必须进行处理，否则，不得进行下道工序的施工。

③"施工单位检查评定结果"栏目由项目专业质量检查员填写。"监理(建设)单位验收结论"由监理工程师在核查资料、现场实测旁站后填写。未实行监理的工程应由建设单位项目专业技术负责人在核查资料、现场实测旁站后填写。

④分项工程及检验批项数、分部工程质量应由总监理工程师(建设单位项目负责人)组织施工单位项目负责人和技术质量负责人等进行验收。

⑤如有特殊分项工程，由施工企业按有关技术标准自制表格进行评定，自制表格内的记录内容必须由总监理工程师确认后，并将验收资料移交总承包单位归入工程质量验收资料中。

（2）隐蔽工程验收与试验记录。

①按相应施工质量规范规定的内容进行检查验收，签证要齐全。

②各项试验与测试记录必须按相应工质量验收规范及有关标准进行，表中各项数据应真实无误，注明测试依据，签证齐全，签证时间一致。

表 4-27 分项工程质量验收记录

单位（子单位）工程名称		分部（子分部）工程名称			
分项工程数量		检查批数量			
施工单位		项目负责人		技术（质量）负责人	
分包单位		分包单位项目负责人		分包内容	
序号	检验批名称	检验批容量	部位/区段	施工单位检查结果	监理单位验收结论
1					
2					
3					
4					
5					
6					
说明：					
施工单位检查结果		项目专业技术负责人 年 月 日			
监理单位验收结论		专业监理工程师 年 月 日			

表 4-28 分项工程质量验收记录

单位（子单位）工程名称		子分部工程数量		分项工程数量	
施工单位		技术负责人		技术（质量）负责人	
分包单位		分包单位负责人		分包内容	
序号	子分部工程名称	分项工程名称	检验批数量	施工单位检查结果	监理单位验收结论
1					
2					
3					

4			
5			
6			
质量控制资料			
安全和功能检查结果			
观感质量检验结果			
综合验收结论			

施工单位	勘察单位	设计单位	监理单位
项目负责人 年　月　日	项目负责人 年　月　日	项目负责人 年　月　日	项目负责人 年　月　日

表 4-29　钢筋原材料检验批质量验收记录

单位(子单位) 工程名称			分项(子分项) 工程名称		分项工程名称	
施工单位			项目负责人		检查批容量	
分包单位			分包单位项目 负责人		检查批部位	
施工执行标准 名称及编号		《混凝土结构工程施工规范》 (GB 50666—2011)		验收依据	《混凝土结构工程施工质量 验收规范》(GB 50204—2015)	

验收项目			设计要求及 规范规定	样本总数	最小/实际 抽样数量	检查记录	检查结果
主控项目	1	钢筋力学性能和 质量偏差检验	第5.2.1条				
	2	成型钢筋力学性能和 质量偏差检验	第5.2.2条				
	3	抗震用钢筋 强度实测值	第5.2.3条				
一般项目	1	钢筋外观质量	第5.2.4条				
	2	成型钢筋外观质量 和尺寸偏差	第5.2.5条				
	3	钢筋机械连接套筒、 锚固板及预埋件外观质量	第5.2.6条				

施工单位 检查结果	专业工长： 项目专业质量检查员： 年 月 日
监理（建设）单位 验收结论	监理工程师（建设单位项目负责人） 专业监理工程师： 年 月 日

表 4-30　地面基土检验批质量验收记录

工程名称	××住宅楼	分项工程名称	底面基层	验收部位	一楼地面
施工单位	××建设集团 有限公司	专业工长	××	项目经理	××
施工执行标准 名称及编号	《建筑地面工程施工质量验收规范》（GB 50209—2010）				
分包单位		分包项目经理		施工组组长	

主控 项目		项目			施工单位检查记录									合格率/%	监理（建设） 单位验收记录
	1	土的种类			符合要求									100	符合要求
	2	密实程度			符合设计规范要求										

一般 项目		项目	允许偏差 /mm	实测偏差/mm										合格率/%	符合要求
				1	2	3	4	5	6	7	8	9	10		
	1	表面平 整度	15	1	3	2	5	1	6	2	8	7	5	100	
	2	标高	0～−50	−43	−3	−22	−41	−15	−6	−30	−35	−8	−29	100	
	3	坡度	不大于房间 相应尺寸的 2/1 000， 且不大于30												
	4	厚度	在个别地方 不大于设计 厚度的1/10												

施工单位检查 评定结果	施工单位检查评定结果经检查，主控项目、一般项目均符合设计和《建筑地面工程施工质量验收规范》（GB 50209—2010）的规定，评定合格。 项目专业质量检查员：××××年×月×日
监理（建设）单位 验收结论	同意施工单位评定结果，验收合格，同意进行下道工序施工。 监理工程师：×× （建设单位项目专业技术负责人）：××××年×月×日

3. **建筑工程质量管理资料的填写**

收集整理应与工程施工同步进行，分包工程均应有相应的质量管理资料，并可单独装订或装订在施工质量验收资料的前面。

4. **建筑工程施工质量验收资料的填写、装订和整理**

序号按实有内容编排，责任者填写该资料的核查人，日期填写审核日期。

表格可根据工程质量进行增加、减少和删除。目录中的内容按实际资料编页码，资料中每一页占一个页码。

（1）填写。每个工程至少一式三份，建设单位、施工单位和城建档案馆各一份。需增加时由施工单位确定，填写时一律用蓝黑墨水，字迹要工整。不得用圆珠笔抄写。

（2）整理。各种材料合格证和试验（检测）报告一张为一页，新增加的分部或分项工程评定表不够用需要复印时，统一用 A4 纸复印或打印。

（3）编码。施工企业按上述要求收集整理好资料后，空白及多余的部分全部删除，然后统一用数字号码机按顺序编排页码。"提示"不编写页码。案卷封面、卷内目录不编写页码。

页码编写的位置：单面书写的文件在右下角；双面书写的文件，正面在右下角，背面在左下角。折叠后的图纸一律在右下角。

（4）装订。资料收集齐全并经审核符合要求后，按照档案管理的要求及上述内容和录顺序排列、编码、装订成册。

5. **建筑工程检验批质量验收记录表填写方法及范例**

（1）表的名称及编号。检验批验收表为《建筑工程施工质量验收统一标准》（GB 50300—2013）的附录。

检验批由监理工程师或建设单位项目技术负责人组织项目专业质量检查员等进行验收，表的名称应在制订专用表格时就印好，前边印上分项工程的名称。表的名称下边标注质量验收规范的编号。

检验批表的编号按全部施工质量验收规范系列的分部工程、子分部工程统一为八位数的数码编号，写在表的右上角，前六位数字均印在表上，后留两个"□"，检查验收时填写检验批的顺序号。其编号规则如下。

①前边两个数字是分部工程的代码，01～09。地基与基础为 01，主体结构为 02，建筑装饰装修为 03，屋面为 04，建筑给水排水及采暖为 05，通风与空调为 06，建筑电气为 07，智能建筑为 08，建筑节能为 09，电梯为 10。

②第 3、4 位数字是子分部工程的代码。

③第 5、6 位数字是分项工程的代码。

④第 7、8 位数字是各分项工程检验批验收的顺序号。因为在大量高层或超高层建筑中，同一个分项工程会有很多检验批的数量，故保留了两位数的空位置。如地基与基础分部工程，无支护土方子分部工程，土方开挖分项工程，其检验批表的编号为"010101□□"，第一检验批为"01010101"。

顺序号见《建筑工程施工质量验收统一标准》（GB 50300—2013）附录 B"建筑工程分部、分项工程划分表"。

还需要说明的是，有些子分部工程中有些项目可能在两个分部工程中出现。这就要在同一个表上编两个分部工程及相应子分部工程的编号。

有些分项工程可能在几个子分部工程中出现，这就应在同一个检验批表上编几个子分部工程及子分部工程的编号。

如建筑电气的接地装置安装，在室外电气、变配电室、备用和电源安装及防雷接地安装等子分部工程中都有，其编号为"070117□□""070213□□""070613□□""070701□□"。

另外，有些规范的分项工程，在验收时也将其划分为几个不同的检验批来验收。如混凝土结构子分部工程的混凝土分项工程，分为原材料及配合比设计、混凝土施工两个检验批来验收。又如建筑装饰装修分部工程建筑地面子分部工程中的基层分项工程，其中有几种不同的检验批。故在其表名下加标罗马数字（Ⅰ）（Ⅱ）（Ⅲ）……

（2）表头部分的编写。

①检验批表编号的填写：在两个方框内填写检验批序号。

②单位工程名称，按合同文件上的单位工程名称填写，子单位工程标出该部分的位置。分部工程名称，按验收规范划定的分部名称填写。验收部位是指一个分项工程中的验收的那个检验批的抽样范围，要标注清楚，如"一层墙"。施工单位、分包单位、填写施工单位的全称，与合同上公章名称相一致。项目经理填写合同书中指定的项目负责人。在装饰、安装分部工程施工中，有分包单位时也应填写分包单位全称，分包单位的项目经理也应是合同中指定的项目负责人。这些人员由填表人填写不需要本人签字，只是标明其是项目负责人。

③施工执行标准名称及编号。由于验收规范只列出验收质量指标，其工艺等只提出一个原则要求，具体的操作工艺依据企业标准，可以将一些协会标准、施工指南、施工手册等转化为企业标准。只有按照不低于国家质量验收规范的企业标准来操作，才能保证国家验收规范的实施，填写表时要将施工工程中使用的主要的施工工艺标准、企业标准及地方性标准图集名称及编号填写上。

（3）质量验收规范的规定栏。由于表格的空白处小，不能将多数指标全部内容填写下，所以只将质量指标归纳、简化描述或题目及条文号填写上作为检查内容提示，以便查对验收规范的原文，验收资料的填写应依据现场检查结果和实测数据，表格规定栏及背面不全文抄录也规避了"编选"资料的情况。

（4）主控项目、一般项目施工单位检查评定记录。填写方法分以下几种情况，判定是否验收均按验收规范的规定进行判定。

①定量项直接填写检查数据，多于10处时，填写"共查××处，最大值和最小值"。

②对定性项目，当符合规范规定时，采用打"√"的方法标注；当不符合规范规定时，采用打"×"的方法标注。

③有混凝土、砂浆强度等级的检验批，按规定制取试件后，可填写试件留置日期，待试件试验报告出来后，对检验批进行判定，并在分项工程验收时进一步进行强度评定及验收。

④对既有定性又有定量的项目，各个子项目质量均符合规范规定时，采用打"√"来标注；否则采用打"×"的方法标注。无此项内容的打"/"标注。

⑤对一般项目合格点有要求的项目，应是其中带有数据的定量项目；定性项目应符合标准。定量项目中每个项目都必须有80%以上（混凝土保护层为90%）检测点的实测数值达到规范规定。

"施工单位检查评定记录"栏的填写，有数据的项目，将实际测量的数值填入格内，超企业标准的数字，而没有超过国家验收规范的用"○"将其圈住；对超过国家验收规范的用"△"圈住。

⑥施工单位必须有完整的企业标准，检验批合格必须具有完整的施工操作依据、质量检查记录。如施工技术方案、作业指导书、施工工艺标准、隐蔽记录、自检记录等。

（5）监理（建设）单位验收记录。在检验批验收时，对主控项目、一般项目应逐项进行验收。对符合验收规范的项目，填写"合格"或"符合要求"；对不符合验收规范规定的项目，暂不填写，待处理后再验收，并应做标记。

（6）施工单位检查评定结果。施工单位自行检查评定合格后，应注明"主控项目全部合格，一般项目满足规范规定要求"。

专业工长(施工员)和施工班、组长栏由本人签字,以示承担责任。专业质量检查员代表企业逐项检查,将表填写并写清楚结果,签字后,交监理工程师或建设单位项目专业技术负责人验收。

(7)监理(建设)单位验收结论。主控项目、一般项目验收合格,混凝土、砂浆试件强度待试验报告出来后判定,其余项目已全部验收合格,注明"同意验收":同意验收;包括合格、符合要求、优质及让步验收[《建筑工程施工质量验收统一标准》(GB 50300—2013)第5.0.6条],范围更广。专业监理工程师及建设单位的专业技术负责人签字。

6. 建筑工程质量验收程序和组织

(1)检验批及分项工程应由监理工程师(建设单位项目技术负责人)组织施工单位项目专业质量(技术)负责人等进行验收。

(2)分部工程应由监理工程师(建设单位项目负责人)组织施工单位项目负责人和技术、质量负责人等进行验收;地基与基础、主体结构分部工程的勘察、设计单位工程项目负责人和施工单位技术、质量部门负责人也应参加相关分部工程验收。

(3)施工单位组织人员进行检查评定,并向建设单位提交工程验收报告。

(4)建设单位收到工程验收报告后,应由建设单位(项目)负责人组织施工(含分包单位)、设计、监理等单位(项目)负责人进行单位(子单位)工程验收。

(5)单位工程有分包单位施工时,分包单位对所承包的工程项目应按标准规定的程序检查评定,总包单位应派人参加。分包工程完成后,应将工程有关资料交总包单位。

(6)当参加验发各方对工程质量验发意见不一致,可请当地住房城乡建设管理部门或工质量监督机构协调处理。

(7)单位工程质量验收合格后,建设单位应在规定时间内将工程竣工验收报告和有关文件,报住房城乡建设管理部门备案。

7. 建筑工程质量验收

(1)检验批合格质量应符合下列规定。

①主控项目和一般项目的质量经抽样检验合格。

②具有完整的施工操作依据、质量检查记录。

(2)分项工程质量验收合格应符合下列规定。

①分项工程所含检验批的质量均应验发合格。

②分项工程所含检验批的质量验收记录应完整。

(3)分部(子分部)工程质量验收合格应符合下列规定。

①分部(子分部)工程所含分项工程的质量均应验收合格。

②质量控制资料应完整。

③有关安全节能、环境保护和主要使用功能的抽样检验结果应符合相关规定。

④观感质量验收应符合要求。

(4)单位(子单位)工程质量验收合格应符合下列规定。

①单位(子单位)工程所含分部(子分部)工程的质量均应验收合格。

②质量控制资料应完整。

③单位(子单位)工程所含分部工程有关安全节能、环境保护和主要使用功能的检验资料应完整。

④主要功能项目的抽查结果应符合相关专业验收规范的规定。

⑤观感质量验收应符合要求。

(5)建筑工程质量验收记录应符合下列规定。

①检验批质量验收可按《建筑工程施工质量验收统一标准》(GB 50300—2013)附录 E 进行。

②分项工程质量验收可按《建筑工程施工质量验收统一标准》(GB 50300—2013)附录 F 进行。

③分部(子分部)工程质量验收应按《建筑工程施工质量验收统一标准》(GB 50300—2013)附录 G 进行。

④单位(子单位)工程质量竣工验收记录、质量控制资料核查记录、安全和功能检验资料核查及主要功能抽查记录、观感质量检查应按《建筑工程施工质量验收统一标准》(GB 50300—2013)附录 H 进行。

(6)当建筑工程质量不符合要求时,应按下列规定进行处理。

①经返工重做或更换器具、设备的检验批,应重新进行验收。

②经有资质的检测单位检测鉴定能够达到设计要求的检验批,应予以验收。

③经有资质的检测单位检测鉴定达不到设计要求,但经原设计单位核算认可能够满足结构安全和使用功能的检验批,可予以验收。

④经返修或加固处理的分项、分部工程,虽然改变外形尺寸但仍能满足安全使用要求,可按技术处理方案和协商文件进行验收。

(7)经过返修或加固处理仍不能满足安全使用要求的分部工程、单位(子单位)工程,严禁验收。

模块小结

施工资料主要包括施工管理资料;施工技术资料;施工测量记录;施工物资资料;施工记录;施工试验记录;施工质量验收记录;工程管理与验收资料。

施工管理资料包括工程开工报告;工程开工报审表;施工现场质量管理检查记录;施工日志;建设工程特殊工种上岗证审查表;工程质量保证书。

施工物资资料包括材料、构配件进场验收记录;工程物资进场报验表;各种检验、试验报告单等。

施工记录资料包括隐蔽工程验收记录;施工检查记录;交接检查记录;砼施工记录等。

视频:施工质量检查记录示例　视频:隐蔽工程验收记录示例　视频:隐蔽工程验收要求

课后习题

一、单项选择题

1. 工程施工时实际完成的工程量超过或少于工程量表中所列的工程量的(　　)时,则会引起很多问题。

A. 5%～10%

B. 10%～15%

C. 15%～20%

D. 20%～25%

2. 下列各项中不属于分部（子分部）工程质量应符合的规定的是（　　）。

A. 分部（子分部）工程所含分项工程的质量均应验收合格

B. 质量控制资料应完整

C. 主控项目和一般项目的质量经抽样检验合格

D. 质量验收资料应完整

3. 下列各项中不属于热轧带肋钢筋进场必试的项目是（　　）。

A. 屈服点　　　　　　　　　　　　　B. 伸长率

C. 反向弯曲　　　　　　　　　　　　D. 抗拉强度

4. 下列各项中不属于施工日志中生产情况的是（　　）。

A. 现场准备　　　　　　　　　　　　B. 材料进场情况

C. 施工检验结果　　　　　　　　　　D. 施工内容

5. 在安全技术交底内容中，当风速为（　　）m/s时，高空吊装施工应停止。

A. 5　　　　　　　B. 10　　　　　　　C. 15　　　　　　　D. 20

6. 消火栓的主要规格是（　　）。

A. $DN15$　　　　　B. $DN25$　　　　　C. $DN75$　　　　　D. $DN100$

7. 下列各项中不属于分部（子分部）工程质量验收记录的内容的是（　　）。

A. 分项工程　　　　　　　　　　　　B. 施工检查评定栏

C. 质量控制资料　　　　　　　　　　D. 检验批资料

二、多项选择题

1. 下列各项中属于合成高分子防水卷材试验必试项目的有（　　）。

A. 断裂拉伸强度　　　　　　　　　　B. 扯断伸长率

C. 耐冻性　　　　　　　　　　　　　D. 耐热度

E. 低温弯折性

2. 下列各项中属于资料员开工前需要准备的文件的有（　　）。

A. 施工组织设计　　　　　　　　　　B. 施工组织设计审批表

C. 图纸会审　　　　　　　　　　　　D. 开工报审表

E. 施工许可证

3. 下列各项中必须进行强度（压力）试验的设备和材料的是（　　）。

A. 阀门　　　　　　　　　　　　　　B. 密封水箱

C. 管道支架　　　　　　　　　　　　D. 成组散热器

E. 洁具

4. 关于通球试验的说法，下列正确的有（　　）。

A. 排水水平管应进行100％通球试验

B. 排水主立管应进行100％通球试验

C. 排水主立管应进行80％通球试验

D. 排水管道通球试验，试球直径不小于排水管道管径的2/3

E. 排水立管通球试验，应将试球自立管顶部投入

5. 下列各项中属于分部（子分部）工程验收记录中验收内容的有（　　）。

A. 分项工程　　　　　　　　　　　　B. 施工检查评定栏

C. 质量控制资料　　　　　　　　　　D. 安全和功能检验（检测）报告

E. 子分项工程

6. 工程竣工后，施工单位必须编写工程竣工报告，工程竣工报告应包括（   ）。

A. 工程概况及实际完成情况   B. 工程质量验收情况

C. 存在问题的整改情况   D. 有关检测项目的检测情况

E. 主要建筑设备调试情况

7. 下列（   ）单位等应将现场安全资料的形成和积累纳入工程建设管理的各个环节，建立健全工程施工现场安全资料岗位责任制，对施工现场安全资料的真实性、完整性和有效性负责。

A. 建设   B. 施工   C. 监理   D. 设计

E. 勘察

三、名词解释

1. 施工技术资料

2. 施工试验记录

3. 混凝土的坍落度

4. 隐蔽工程

四、简答题

1. 简述工程开工报告的内容。

2. 在施工过程中，常见的引起索赔的原因有哪些？

3. 施工记录资料编制有哪些内容？

4. 施工进度计划报审表的审核要点有哪些？

模块5　竣工图及工程竣工文件

模块5　课程内容及对应素养元素

章节	内容	讨论	素养元素
模块5竣工图及工程竣工文件	竣工图	1. 竣工图都有哪些种类？ 2. 收集一套竣工图，谈谈如何进行整理和归档？	工匠精神 职业精神

思维导图

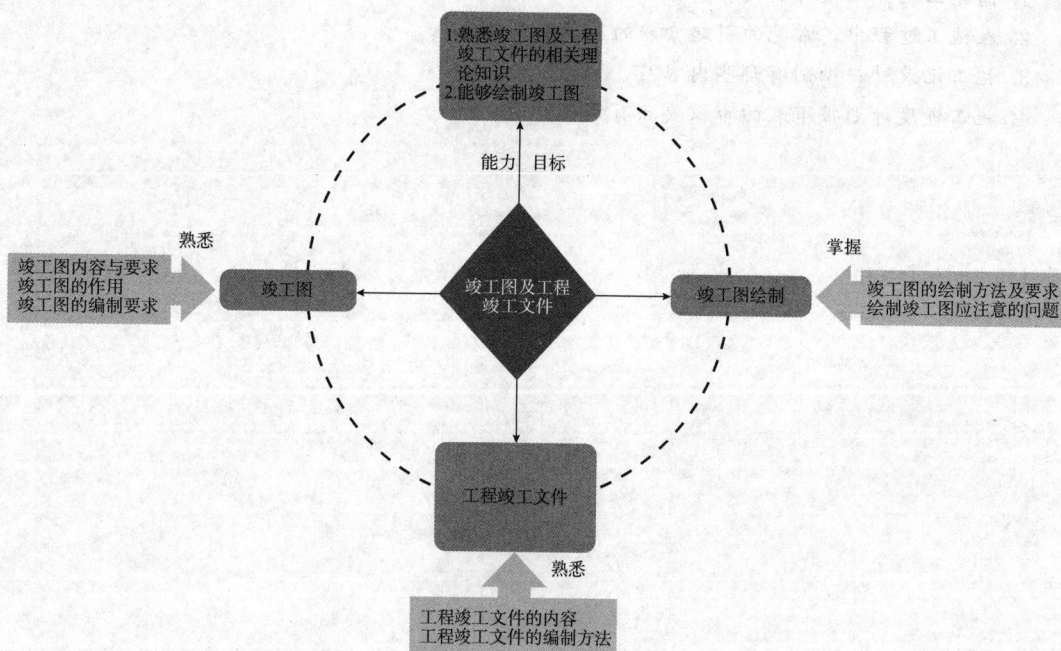

5.1　竣工图内容与要求

竣工图是建筑工程竣工档案的重要组成部分，是工程建设完成后主要凭证性材料，是建筑物真实的写照，是工程竣工验收的必备条件，是工程维修、管理、改建、扩建的依据。各项新建、改建、扩建项目均必须编制竣工图。

5.1.1　竣工图的主要内容

竣工图应按单位工程，并根据专业、系统进行分类和整理。竣工图包括以下内容。

(1)工艺平面布置图等竣工图。

(2)建筑竣工图、幕墙竣工图。

(3)结构竣工图、钢结构竣工图。

(4)装饰装修工程竣工图。

(5)建筑给水排水与采暖竣工图。

(6)燃气竣工图。

(7)建筑电气竣工图。

(8)智能建筑竣工图(综合布线、保安监控、电视天线、火灾报警、气体灭火等)。

(9)通风空调竣工图。

(10)地上部分的道路、绿化、庭院照明、喷泉、喷灌等竣工图。

(11)地下部分的各种市政、电力、电信管线等竣工图。

5.1.2 竣工图的类型

1. 根据工程的实际情况和绘制方法分类

根据工程的实际情况和绘制竣工图的方法,可以将竣工图的类型分为以下四种。

(1)利用施工蓝图改绘的竣工图。

(2)在底图上改绘的竣工图。

(3)重新绘制的竣工图。

(4)利用电子版施工图改绘的竣工图。

2. 根据工程性质分类

(1)建筑安装工程竣工图。

(2)市政基础设施工程竣工图。

5.1.3 竣工图绘制要求

1. 利用施工蓝图改绘的竣工图

在施工蓝图上改绘竣工图一般采用杠(划)改或叉改法,局部修改可以圈出更改部位,在原图空白处绘出更改内容,所有变更处都必须引划索引线,并注明更改依据。在施工图上改绘,不得使用涂改液涂抹、刀刮、补贴等方法修改图纸。具体的改绘方法可视图面、改动范围和位置、繁简程度等实际情况而定。

(1)取消的内容。

①尺寸、门窗型号、设备型号、灯具型号、钢筋型号和数量、注解说明等数字、文字、符号的取消,可采用杠改法。即将取消的数字、文字符号等用横杠杠掉(不得涂抹掉),从修改的位置引出带箭头的索引线,在索引线上注明修改依据,即"见×号洽商×条",也可注明"见×年×月×日洽商×条"。例如,首层底板结构平面图中 Z16(Z17)柱断面,(Z17)取消。改绘方法:将(Z17)和有关的尺寸用杠改法去掉,并注明修改依据(图 5-1)。

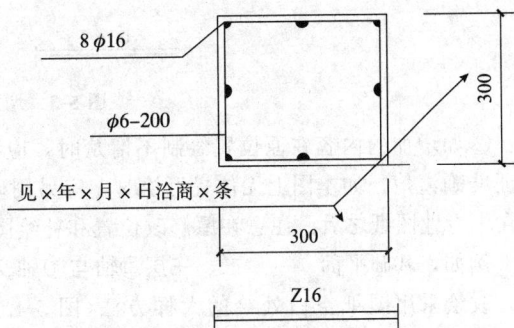

图 5-1 杠改法

②隔墙、门窗、钢筋、灯具、设备等取消,可用叉改法。即在图上将取消的部分打"×",在图上描绘取消的部分较长时,可视情况打几个"×"达到表示清楚为准;并从图上修改处见箭头索引线引出,注明修改依据。

例如,平面图中库房取消。即Ⓑ~Ⓒ轴间③轴上砖墙取消。改绘方法:"库房"二字和隔墙相关的尺寸杠改,将隔墙及其门用叉改法,并注明修改依据(图 5-2)。

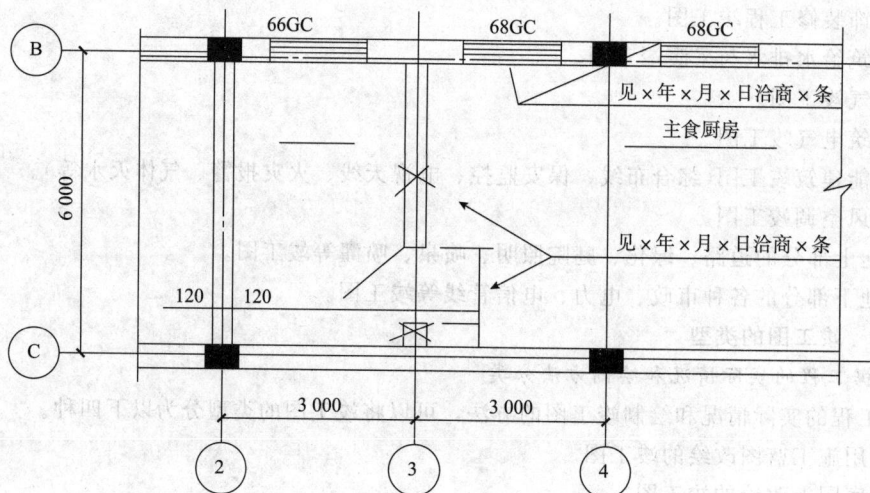

图 5-2 叉改法

（2）161 增加的内容。

①在建筑物某一部位增加隔墙、门窗、灯具、设备、钢筋等，均应在图上的实际位置用规范制图方法绘制出，并应注明修改依据。

例如，如图 5-3 中钢筋原为 4φ18、现改为 6φ18，并在 400 长边中间增加钢筋。改绘方法：将增加的钢筋画在剖面实际的位置上，并应注明修改依据。

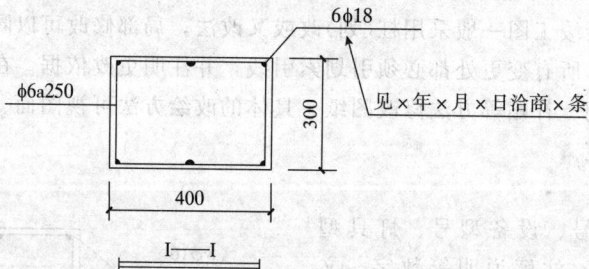

图 5-3 增加内容（1）

②如增加的内容在原位置绘制不清楚时，应在本图适当位置（空白处）按需要补绘大样图，并保证准确清楚，如本图上无位置可绘时，应另用硫酸纸绘补图并晒成蓝图或用绘图仪绘制白图后附在本专业图纸之后。注意在原修改位置和补绘图纸上应注明修改依据，补图要有图名和图号。

例如，基础平面、一、二、三层圆轴与①轴交叉处原方柱改为圆柱（直径为 500），基柱 Z5 改 Z6。改绘采用图纸空白处绘的大样方法（图 5-4）。注意，凡本图修改涉及的建筑图和结构图均要改绘。

（3）内容变更。

①数字、符号、文字的变更，可在图上用杠改法将取消的内容杠去，在其附近空白处增加更正后的内容，并注明修改依据。例如，图 5-2 中，原 66GC 窗改为 68GC 窗，是按杠改法改绘的。

②设备配置位置、灯具、开关型号等变更引起的改变；墙、板、内外装修等变化……均应在原图上改绘或在原位置上改。

③当图纸某部位变化较大或在原位置上改绘有困难，或改绘后杂乱无章，可以采用以下办法改绘：画木样改绘、另绘补图修改，个别蓝图需要重新绘制竣工图。

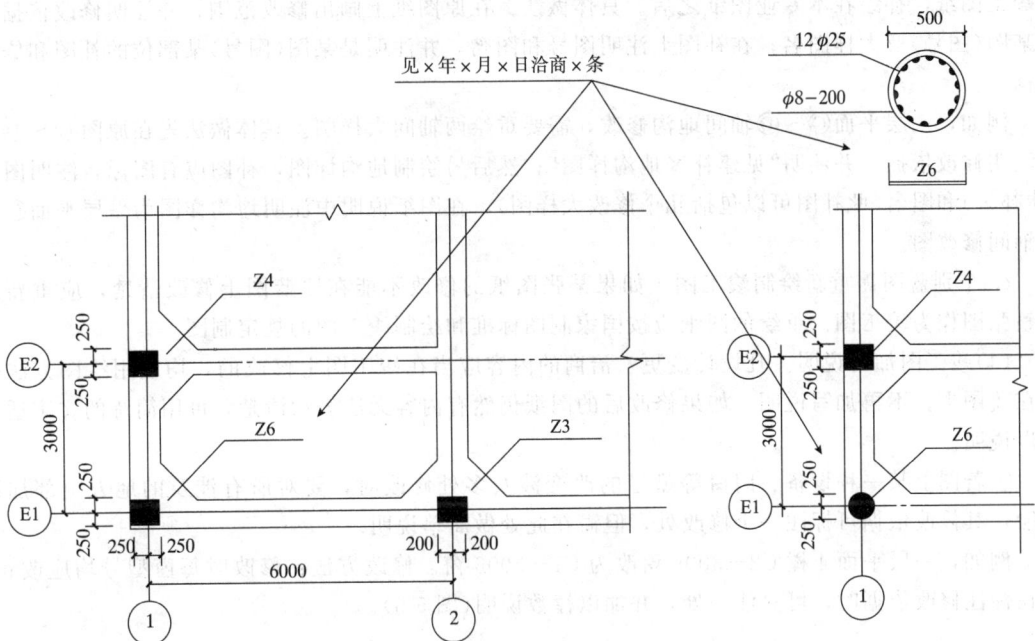

见×年×月×日洽商×条

图 5-4 增加内容(2)

a. 画大样改绘。在原图上标注出应修改部位的范围,然后在需要修改的图纸上绘制出修改部位的大样图,并在原图改绘范围和改绘的大样图处注明修改依据。

例如,地下室厨房窗台板做法修改。修改方法:将修改的部位用 A 表示并在图纸空白处绘制 A 大样图(图 5-5)。

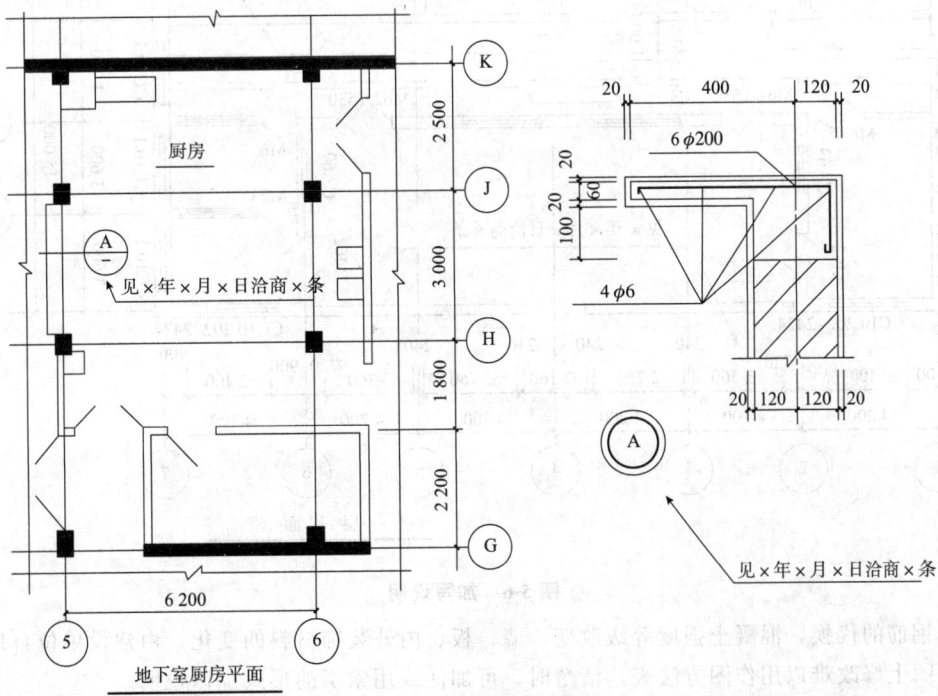

地下室厨房平面

图 5-5 画大样改绘

b. 另绘补图修改。如原图纸无空白处,可把应改绘的部位绘制硫酸纸补图晒成蓝图后,作为竣工图纸，补绘在本专业图纸之后。具体做法：在原图纸上画出修改范围，并注明修改依据和见某图(图号)及大样图名；在补图上注明图号和图名，并注明是某图(图号)某部位的补图和修改依据。

例如，一层平面ⓒ～ⓓ轴间地沟修改，需要重绘两轴间大样图。具体做法先在原图ⓒ～ⓓ轴间注明修改依据，并注明"见建补×地沟详图"；然后另绘制地沟详图，补图应有图标，注明图号(建补×)和图名(此补图可以包括几个修改大样图)，在图纸说明中注明地沟详图为一层平面ⓒ～ⓓ轴间修改图。

c. 个别蓝图需重新绘制竣工图。如果某张图纸的修改不能在原蓝图上修改清楚，应重新绘制整张图作为竣工图。重绘的图纸应按国家制图标准和绘制竣工图的规定制图。

(4)竣工图加写说明。凡设计变更、洽商的内容应当在竣工图上修改的，均应用绘图方法改绘在蓝图上，不再加写说明。如果修改后的图纸仍然有内容无法表示清楚，可用简练的文字适当加以说明。

①若图上某一种设备、门窗等型号的改变涉及多处修改时，要对所有涉及的地方全部加以改绘，其修改依据可标注一个修改处，但需在此处做简单说明。

例如，一层平面4樘C2－3009窗改为C1－3006窗。修改方法：修改时每窗型号均应改正，但在标注修改依据时，可只注一处，并加以樘数说明(图5-6)。

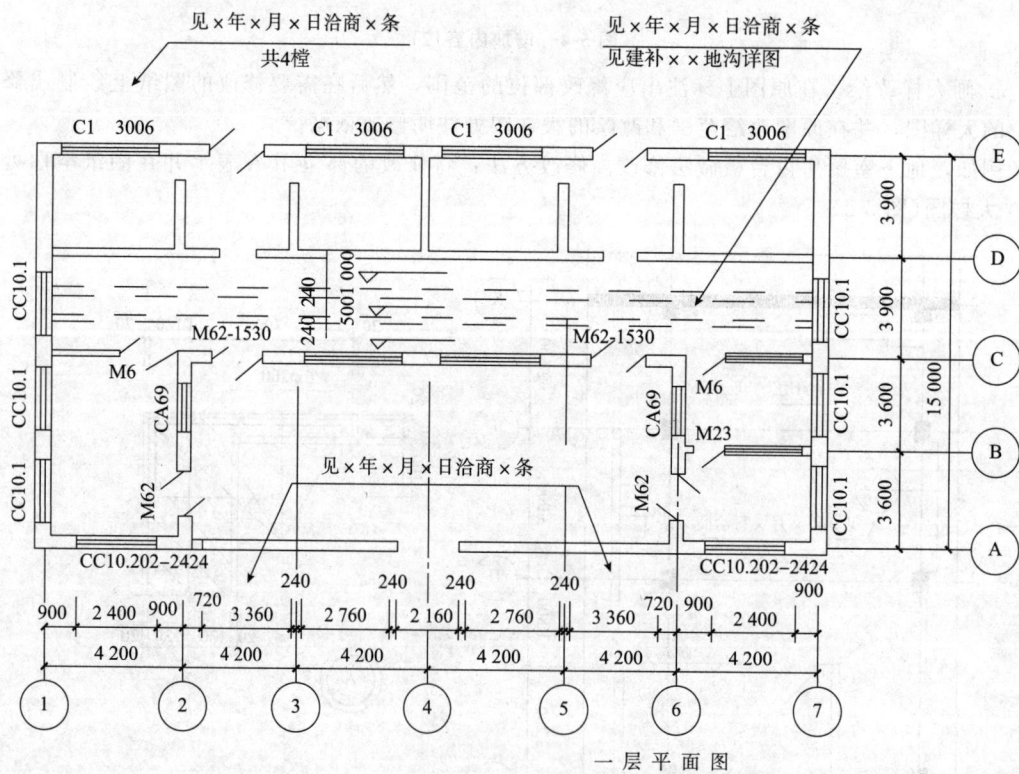

图5-6 加写说明

②钢筋的代换，混凝土强度等级改变，墙、板、内外装饰材料的变化，由建设单位自理的部分等在图上修改难以用作图方法表达清楚时，可加注或用索引的形式加以说明。

③凡涉及说明类型的洽商记录，应在相应的图纸上使用设计规范用语反映洽商内容。

(5)改绘竣工图注意事项。

①施工图纸目录必须加盖竣工图章,作为竣工图归档。凡有作废、补充、增加和修改的图纸,均应在施工图目录上标注清楚。即作废的图纸在目录上杠掉,补充的图纸在目录上列出图名、图号。

②如某施工图改变量大,设计单位重新绘制了修改图的,应以修改图代替原图,原图不再归档。

③凡是以洽商图作为竣工图,必须进行必要的制作。

如洽商图是按正规设计图纸要求进行绘制的,可直接作为竣工图,但需统一编写图名、图号,并加盖竣工图章作为补图。在说明中注明是哪张图、哪个部位的修改图,还要在原图修改部位标注修改范围,并标明见补图的图号。

如洽商图未按正规设计要求绘制,均应按制图规定另行绘制竣工图,其余要求同上。

④某一条洽商可能涉及两张或两张以上图纸,某一局部变化可能引起系统变化等,凡涉及的图纸和部位均应按规定修改,不能只改其一,不改其二。

⑤不允许将洽商的附图原封不动地贴在或附在竣工图上作为修改,也不允许将洽商的内容抄在蓝图上作为修改。凡修改的内容均应改绘在蓝图上或作为补图附在图纸之后。

⑥根据规定须重新绘制时,应按绘制竣工图的要求制图。

⑦改绘注意事项。

a. 修改时,字、线、墨水使用的规定。字:采用仿宋字,字体的大小要与原图采用字体的大小相协调,严禁错、别、草字;线:一律使用绘图工具,不得徒手绘制;墨水:必须用碳素墨水书写和绘制,不得用圆珠笔或其他易于褪色的墨水。

b. 施工蓝图的规定。图纸反差要明显,以适应缩微等技术要求。凡旧图、反差不好的图纸不得作为改绘用图。修改的内容和有关说明均不得超过原图框。

2. 在底图上修改的竣工图

利用设计底图或施工图制成二底(翻晒硫酸纸)图,在二底图上依据设计变更,工程洽商内容用刮改法进行绘制,即用刀片将需更改部位刮掉,再用绘图笔绘制修改内容,并在图中空白处做一修改备考表,注明变更、洽商编号(或时间)和修改内容。

修改备考见表 5-1。

表 5-1　修改备考表

变更、洽商编号(或时间)	内容(简要提示)

3. 重新绘制的竣工图

根据工程竣工现状和洽商记录绘制竣工图。重新绘制竣工图要求与原图比例相同,符合制图规范,有标准的图框和内容齐全的图签,图签中应有明确的"竣工图"字样或加盖竣工图章。

4. 用 CAD 绘制的竣工图

在电子版施工图上依据设计变更、工程洽商的内容进行修改,修改后用云图圈出修改部位,并在图中空白处做一修改备考表。同时,图签上必须有原设计人员签字。

5.1.4　关于编制基本建设工程竣工图的规定

(1)基本建设竣工图是真实地记录各种地下地上建筑物、构筑物的技术文件,是对工程进行交工验收、维护、改建、扩建的依据,是国家的重要技术档案。全国各建设单位、设计单位、施工单位和各主管部门，都要重视竣工图的编制工作。

(2)各项新建、扩建、改建的基本建设工程，特别是基础、地下建筑、管线、结构、井巷、硐室、桥梁、隧道、港口、水坝及设备安装等隐蔽部位，都要编制竣工图。编制各种竣工图，必须在施工过程中(不能在竣工后)，及时做好隐蔽工程检验记录，整理好建设变更文件，确保竣工图质量。

(3)编制竣工图的形式和深度，应根据不同情况，区别对待。

①凡按图施工没有变动的，则由施工单位(包括总包和分包施工单位)在原施工图上加盖"竣工图"标志后，即作为竣工图。

②凡在施工中，虽有一般性设计变更，但能将原施工图加以修改补充作为竣工图的，可不重新绘制，由施工单位负责在原施工图(必须是新蓝图)上注明修改的部分，并附以设计变更通知单和施工说明，加盖"竣工图"标志后，即作为竣工图。

③凡结构形式改变、工艺改变、平面布置改变、项目改变，以及有其他重大改变，不宜再在原施工图上修改、补充者，应重新绘制改变后的竣工图。由于设计原因造成的，由设计单位负责重新绘制；由于其他原因造成的，由建设单位自行绘图或委托设计单位绘图。施工单位负责在新图上加盖"竣工图"标志并附以有关记录说明，作为竣工图。重大的改建、扩建工程涉及原有工程项目变更时，应并相关项目的竣工图资料统一整理归档，并在原图案卷内增补必要的说明。

④竣工图一定要与实际情况相符，要保证图纸质量，做到规格统一、图面整治、字迹清楚。不得用圆珠笔或其他易于褪色的墨水绘制。竣工图要经承担施工的技术负责人审核签认。

(4)大中型建设项目和城市住宅小区建设的竣工图，不得少于两套，一套移交生产使用单位保管，另一套交有关主管部门或技术档案部门长期保存；关系到全国性特别重要的建设项目(如首都机场、南京长江大桥等)，应增交一套给国家档案馆保存。小型建设项目的竣工图不得少于一套，移交生产使用单位保管。因编制竣工图需增加的施工图，由建设单位负责及时提供给施工单位，并在签订合同时，明确需要增加的份数。

(5)大型工程竣工后，凡上述竣工图不能满足需要时，可重新绘制竣工图，由建设单位负责组织力量绘制，设计、施工单位负责提供工程变更资料。

(6)编制整理竣工图所需的费用，凡属于设计原因造成的，由设计单位解决；施工单位负责编制所需的费用，由施工单位在建筑安装工程造价中解决；建设单位负责编制和需要复制的费用，由建设单位在基建投资中解决；建成使用以后需要复制补制的费用，由使用单位负责解决。

(7)为了做好基本建设工程竣工图的编制工作，各主管部门可根据具体情况制订有关细则。

5.2 竣工图编制要求

5.2.1 竣工图的编制职责范围

竣工图编制由建设单位负责组织，建设单位在工程设计、施工合同中应对竣工图编制的有关问题按规定予以明确。纸质竣工图原则上由施工单位负责编制，因重大变更需要重新绘制竣工图，由责任方负责编制。因设计原因所造成的由设计单位负责重新绘制；由施工单位所造成的，由施工单位负责重新绘制；由建设单位所造成的，由建设单位会同设计单位及施工单位协商处理。竣工图计算机数据由甲方委托设计院根据施工单位所编纸质竣工图进行编制。

5.2.2 编制竣工图的分工

建设项目实行总包制的，各分包单位应负责编制分包范围内的竣工图。总包单位除应编制自行施工的竣工图外，还应负责汇总整理各分包单位编制的竣工图。总包单位在交工时应向建设单位提交总包范围内的各项完整、准确的竣工图。

建设项目由建设单位分别包给几个施工单位承担的，各施工单位应负责编制所承包工程的竣工图，建设单位负责汇总整理。

建设项目在签订承发包合同时，应明确规定竣工图的编制、检验和交接等问题。

建设单位应组织、督促和协助各设计、施工单位检验各自负责的竣工图编制工作，发现有不准确或短缺时，要及时采取措施修改和补齐。

5.2.3 纸质竣工图的编制要求

(1)竣工图的绘制工作，由绘制单位工程技术负责人组织、审核、签字、并承担技术责任。由设计单位绘制的竣工图，需施工单位技术负责人审查、核对后加盖竣工图章。所有竣工图均需施工单位在竣工图章上签字认可后才能作为竣工图。

(2)竣工图的绘制，必须依据在施工过程中确已实施的图纸会审记录、设计修改变更通知单、工程洽商联系单及隐蔽工程验收或对工程进行的实测实量等形成的有效记录进行编制，确保图物相符。

(3)竣工图的绘制(包括新绘和改绘)必须符合国家制图标准，使用国家规定的法定单位和文字；深度及表达方式与原设计图相一致。坐标高程系统应采用1985国家高程基准。

(4)在原施工图上进行修改补充的，要求图面整洁，线条清晰，字迹工整，使用黑色绘图墨水进行绘制，严禁用圆珠笔或其他易褪色的墨水绘制或更改注记。所有的竣工图必须是新蓝图。

(5)各种市政管线、道路、桥、涵、隧道工程竣工图，应有严格按比例绘制的平面图和纵断面图。平面图应标明工程中线起始点、转角点、交叉点、设备点等平面要素点的位置坐标及高程。沿路管线工程还应标明工程中线与现状道路或规划道路中线的距离。

(6)工程中采用的部级以上国家标准图可不编入竣工图，但采用国家标准图而有所改变的应编制入竣工图。

5.2.4 纸质竣工图的汇总

工程竣工后，竣工图的汇总工作，按下列规定执行。

(1)建设项目实行总承包的，各分包单位应负责编制所分包范围内的竣工图，总承包单位除应编制自行施工的竣工图外，还应负责汇总分包单位编制的竣工图，总承包单位交工时，应向建设单位提交总承包范围内的各项完整准确竣工图。

(2)建设项目由建设单位分别发包给几个施工单位承包的，各施工单位应负责编制所承包工程的竣工图，建设单位负责汇总。

(3)建议项目在签订承发包合同时，应明确规定竣工时的编制、检验和交接等问题。工程竣工验收前，建设单位应组织、督促和协助各设计、施工单位检验各自负责的竣工图编制工作，发现有不准确或短缺时，要及时采取措施修改和补齐。竣工图要作为工程交工验收的条件之一。竣工图不准确、不完整、不符合归档要求的，不能交工验收。在特殊情况下，也可按交工验收时双方议定的期限补交竣工图。

5.2.5 竣工图编制的套数

大中型项目、重要公用工程和其他特殊性项目的竣工图至少应编制三套，一套送城建档案部门归档，两套由生产或使用单位保存。一般小型项目至少编制二套，一套送城建档案部门归档，一套由生产或使用单位保存，作为维护、改造、扩建的依据。项目竣工图套数应该在签订施工合同时明确规定。

5.2.6 竣工图编制费用

竣工图编制费用以竣工图编制分工及规定的套数为基准，增加部分的费用由筹建单位负责。竣工验收后需要复制的，复制费用由使用单位负责。

5.2.7 对竣工图的规范性要求

规范地编制竣工图主要有以下几个方面的要求。

（1）使用新蓝图纸编制竣工图。

（2）竣工图图纸与目录的一致性，保证目录表与图纸的合法性。

（3）"修改依据"的标注（注记）应符合规范要求（包括"相同修改"的标注）。

（4）关联性修改，应全部修改到位。

（5）"绘制补图"的规范性要求。

（6）"重新绘制竣工图"问题。

（7）竣工章问题。

（8）其他注意事项。

（9）工图的立卷和目录编制。

对竣工图的规范性要求，不是指如何用规范的"修改方法"来编制竣工图。规范的修改方法如"杠改法""叉改法""圈改法"等，城建档案部门有具体的书面规定，这里所说的规定的，无须在此重复赘述规范性要求，是将以往项目资料工作中出现的大量不规范问题进行汇总，列举出在实际资料编制汇总过程中需要注意加以改正或避免的事项。结合这些具体不规范问题的改正方法，合理、规范完成竣工图编制，提高实践中工程竣工图编制工作的规范化水平，尽可能地达到或接近城建档案部门的要求。

5.2.8 编制竣工图的基本要求

1. 竣工图编制的有关规定

（1）当施工过程中未发生设计变更时，在原施工图纸（新图纸）上注明"竣工图"标志，即可作为竣工图使用。

（2）当施工中虽然有一般性的设计变更，但没有较大的结构性的或重要管线等方面的设计变更，可不再重新绘制竣工图，由施工单位在原施工图纸（新蓝图）上修改或补充，清楚地注明修改后的实际情况，并注明设计变更编号及施工说明，然后加盖竣工图章即可作为竣工图。

（3）当建筑工程结构形式、标高、施工工艺、平面布置、项目等有重大变更，或变更部分宜在原施工图上修改、补充的，应按照变更后的实际工程情况重新绘制竣工图。设计原因造成的变更由设计单位重新绘制；施工原因造成的变更由施工单位重新绘图；其他原因造成的变更由建设单位自行绘制或委托设计单位绘制。施工单位在新图纸上加盖竣工图章，并标注有关记录和说明，将其作为竣工图。

（4）重大的改建、扩建工程涉及原有工程项目变更时，应将相关项目的竣工图资料统一整理档，并在原案卷内增补必要的说明。引进工程的竣工图应在外商提供的最终版施工图上按实际修改，经审核加盖竣工图印章后作为竣工图。

2. 编制竣工图的技术要求

（1）必须使用图形线条深、反差大的全新蓝图编制竣工图。

（2）竣工图的数量、图名、图号，应该与竣工图目录完全一致，使竣工图具有合法性。

"合法"是指竣工图图纸符合相关规范，相关图章齐全；"一致"是指竣工图的数量、图名、图号应与竣工图目录完全一致。竣工图目录是设计单位规定的归档范围，目录与案卷中的资料关系是统计与被统计的关系。

①只有图纸上的图号、图名与目录上图号、图名完全一致的图纸归入卷中才具有合法性。在检查中如果发现有不一致的情况，应该及时向设计单位提出处理要求。例如，出具书面明并签字盖章，或是修改图纸上的图号、图名，使之与目录上的图号、图名一致，并加盖设计单位公章。

②图纸的数量与目录上的数量完全一致，图纸才具有合法性，也才能保证竣工图案卷的完整性。

如果目录上有的图纸，案卷中没有，说明案卷中的图纸资料不完整，应该按照目录补足案卷中的图纸资料(补入案卷的竣工图,必须用新图纸编制)。

如果案卷中有的图纸,在目录上没有,说明这是多出来的图纸,不具有合法性,应该向设计单位了解清楚;如果这些图纸是不应该归档的,则须清除出案卷;如果这些图纸是应该归档的,则应请设计单位使其合法化,如在这些图纸上标注"说明",加盖设计单位公章。施工单位资料管理人员应将这些补充归档的图纸登记到目录表上,如果目录表上空格不够用,可与设计单位商量,请其重新出一份归档目录(晒图目录)。

③作废图纸处理。经设计单位明确作废的图纸,应从案卷中抽出来处理掉。然后用碳素墨水笔在目录表上将作废图纸的目录内容"杠改"掉,并注明修改依据,使案卷中的图纸与目录一致。

④"补图"的处理。首先应该使"补图"与原图之间建立起明确的"主、附件"关系,然后将"补图"的图号、图名登记在目录表上,使图纸与目录一致。

注:经多次反复修改的施工图纸,如果已经弄不清楚究竟应该将哪些图纸归档,则应该到设计单位将问题弄清楚,必要时可商请设计单位重新出一份准确的归档图纸目录(晒图目录)。施工单位或建设单位要主动送审,与设计单位协商解决。

3. 竣工图上"修改依据"的规范性标注

(1)修改、标注要全,标注内容要规范。

①"修改要全"是指所有变更内容都在图纸上修改到位。

②"标注要全"是指所有修改处都标注有修改依据。

③"标注的内容规范"是指"修改依据"内容的组成要规范。这有以下两种标注方法。

"修改依据"一般由五个部分内容组成:"根据+修改依据文件编号+修改依据文件名称+修改依据文件条款内容的序号+修改"。例如,"根据××号建修1设计变更通知单第3条修改"。"修改依据"也可由四个部分组成,例如"根据××号建修1设计变更通知单第3条"

(2)有若干处"相同修改"的标注。

①在较容易看到的修改处标注,并在"修改依据"的标注后面补充注明"本图相同修改共有×处"且应将这几处的修改编上号。

②可以在每个修改处都标注。

4. 关联性修改

凡是关联性修改,相关图纸应全部修改到位。

若修改其中一张图中的内容,其他相关的图纸也应修改。遇到类似这种情况的修改,要认真检查、复核相关图纸的修改是否遗漏。

5. 有关绘制"补图"工作的规范性要求

例如,图纸上某个修改处需要修改的内容比较多,若在图纸上修改,空白处的大小不够用,就只能另用纸来详细绘制修改图,这时就需要绘制"补图"。

对绘制"补图"工作的相关要求如下:

(1)用来绘制"补图"的白纸,应是厚度为80克的A3或A4纸。

(2)绘制"补图",必须使用制图工具规范地绘制,不允许徒手操作。

(3)无论是使用绘图笔还是钢笔来绘制补图,都必须使用黑色碳素墨水。

(4)绘制"补图",必须绘制出图纸的外框线和标题栏。标题栏的设置格式可借鉴原图,必须设置有"图号""图名""编制日期",以及相关责任人签字等栏目。

"补图"的图号及图名编制方法:"补图"的图号用原图纸的"图号+补","补图"的图名用"原图的部分名称+部位名称+补图"。例如,给A型房"结施-6"(屋面结构平面图)的"补图"编制图号、图名:"补图"的图号可定为"结施-6补","补图"的图名可定为"屋面结构2-2剖面修改图"(这里假设原图上需要修改的部位是2-2剖面)。

（5）在"补图"的上方，应用合适的大号字设置图纸标题。

①设置标题的目的是醒目地标示出"补图"与原图之间的从属关系。

②标题设置要求简洁而醒目，故建议用"原图号＋补图"的方法设置。例如，将标题设置为"结施－6 补充修改图"或"结施－6 补图"。在原图纸需修改处，按"圈改法"处理，并注明"修改情况详见结施－6 补"。

（6）"补图"上须注明修改依据。例如，"本修改图根据×××号设计变更通知单第×条内容绘制"。

（7）"补图"上须加盖竣工章。

（8）将"补图"的图号、图名补充登记在原晒图目录表中。

（9）"补图"在案卷中的位置，须紧跟在原图之后。

6. 重新编制竣工图

竣工图的修改面积一般不要超过整张图纸的 40%；如果超过了，应该要求设计单位重新编制整张竣工图。尤其是大面积的高密度修改，必须要求设计单位重新绘制竣工图。

7. 注意事项

（1）不得使用下列各种图纸编制竣工图；在施工中使用过的旧图纸；图形线条很淡的图纸；被严重污染的图纸；出现被水浸湿后严重变色或字迹模糊等情况的图纸；反面已被乱涂乱画的图纸。

（2）必须保留图纸的原有历史面貌。

①不得在图纸上"开天窗"。所谓"开天窗"就是将图纸上要修改的地方裁切下来，再把绘制好的"修改图"从原图纸孔洞的后面贴上去。

②不得在图纸上"贴膏药"。所谓"贴膏药"就是将画好的修改图贴在原图要修改的地方。

③不得使用涂改液或墨汁等涂改图纸。

④不得徒手绘制竣工图。

（3）必须使用黑色碳素墨水。

（4）书写的文字必须可读性强。

（5）不得使用透明胶纸粘贴竣工图。竣工图中间的折叠部位被裁切破，一张图分开成了两张必须另换新图编制，不能用透明胶纸粘贴。

（6）不得将图纸的外框、标题栏、竣工图、章等裁切掉。若图纸已被裁掉边框、部分标题栏和竣工图章，该竣工图作废，另晒新图重新编制竣工图。

5.2.9 竣工图绘制的具体规定

竣工图编制单位应根据所在地及工程的具体情况，采用相应的绘制方法。特别是工程洽商记录中涉及图纸内容改变的这些洽商内容要改绘到施工图上；与图纸内容无关的洽商，如商务洽商等，不必反映到施工图上。

1. 利用电子版施工图改绘的竣工图应符合的规定

（1）将图纸变更结果直接改绘到电子版施工图中，用云线圈出修改部位。

（2）设计图签中应有原设计单位人员签字。

（3）委托本工程设计单位编制竣工图时，应直接在设计图签中注明"竣工阶段"，并应有绘图人、审核人的签字。

（4）竣工图章可直接绘制成电子版竣工图签，出图后应有相关责任人的签字。

2. 利用施工图蓝图改绘的竣工图应符合的规定

（1）应采用杠（划）改或叉改法进行绘制。

（2）应使用新晒制的蓝图，不得使用复印图纸。

（3）应使用刀片将需要改部位刮掉，在将变更内容标注在修改部位，在空白处做修改内容备注表。

（4）宜晒制成蓝图后，再加盖竣工文章。

5.3 竣工图绘制要求

5.3.1 项目竣工文件的编制

项目施工及调试完成后，施工单位应根据工程实际情况和行业规定、标准及合同规定的要求编制项目竣工文件。

竣工文件由施工单位负责编制，监理单位负责审核，主要内容有施工综合管理文件，测量文件，原始记录及质量评定、文件材料（构、配件）质量保证及复试文件，测试（调试）及随工检查记录，建筑、安装工程总量表，工程说明，竣工图，重要工程质量事故报告等。

竣工文件质量要求：各类归档文件材料必须用纸规范、字迹清楚、图样清晰、图表整洁、整齐，各级签字手续齐全、无漏缺。

竣工文件以及施工过程中各种原始记录，原始签证书、鉴定书等文件用纸规格统一为 A4 纸（210 mm×297 mm）和 A3 纸（420 mm×297 mm）。

各类归档文件材料必须采用耐久性强的书写材料（如碳素墨水、蓝黑墨水）进行书写、绘制；不得使用易褪色的书写材料（如铅笔、纯蓝墨水、圆珠笔、红墨水复写纸等）书写、绘制。

归档的原件必须为原始记录，对于由易褪色的材料（如复写纸、热敏纸等）形成的文件材料，应制作复制件，并与原件一起归档，排列时，复制件在前，原件在后。

各种施工记录表格、验收签证等归档时，签字栏必须签署全名，不得用简称和用印章代替。

有电子文档的，电子文件应以光盘为储存介质（使用不可擦除型光盘），归档时应提供一式二套，与纸质文档一并归档。

合同、协议书应保证归档一套正本和一套副本，并且附件必须齐全。在招投标文件中，中标单位的投标书必须保证归档一套正本和一套副本。

5.3.2 竣工图的编制要求

（1）编制竣工图的图纸必须采用新蓝图。

（2）竣工图的编制必须准确反映工程结构实际情况、施工真实状况、隐蔽工程的真实建筑结构状况、工程特征、设计变更、结构变更、现场商洽、材料变更、材料代用等基本情况。

（3）凡按原施工图施工，未做设计修改可在原施工图（必须是新蓝图）上加盖竣工图章，作为竣工图归档。

（4）对原施工图只作一般性设计变更、材料代用，可在原施工图上用杠改或划改方法，标注修正，并注明修改依据（如设计变更通知单、监理通知单、洽商记录等文件的编号）。具体要求如下：

①原施工图有修改的部分，采用"杠（划）改"的方法，同时必须进行标注，注明更改依据（如设计变更通知单、洽商记录等的文件编号）和更改日期。

②局部小范围修改可采用圈改，圈出更改部位，在原施工图空白处重新绘制。

③当无法在图纸上表达清楚时，应在图标栏上方或左边用文字说明。

④图上各种引出说明应与图框平行，引出线不交叉，不遮盖其他线条。

⑤原施工图中的文字部分（如设计说明、施工技术要求、材料明细表等）在需要修改时，也可采用"杠（划）改"方法，但不允许采用"涂改"方法，当修改内容较多时可采用注记说明的方法。

⑥新增加的文字说明，应在其涉及的竣工图上做相应的添加和变更。

⑦更改应符合各专业的要求。

⑧更改必须使用蓝黑墨水或碳素墨水。

⑨凡结构形式改变、工艺改变、平面布置改变、项目改变及有其他重大改变，图面变更面积超过 25% 或不宜在原施工图上修改、补充的，应重新绘制竣工图，其图号按原施工图的图号编制，末尾加注"竣"字。

(5)同一建筑物、构筑物重复的标准图、通用图可不编入竣工图中，但应在该建筑竣工图的图纸目录中列出图号，指明该图所在位置并在编制说明中注明。不同建筑物、构筑物应分别编制竣工图。

(6)竣工图编制完毕后，各编制单位应编制竣工图总说明及各专业的编制说明，叙述竣工图编制原则及各专业编制情况等。

(7)竣工图应准确、清楚、完整、统一真实反映工程竣工验收时的实际情况。

(8)竣工图应按标准图号裁剪边框线，并按国家标准《技术制图 复制图的折叠方法》(GB/T 10609.3—2009)，统一折叠为 A4(210 mm×297 mm) 或 A3(297 mm×420 mm) 规格。

5.3.3　竣工图的审核

(1)竣工图编制完成后，监理单位应督促和协助竣工图编制单位检查其竣工图编制情况，发现不准确或短缺时要及时修改和补齐。

(2)竣工图内容应如实反映施工图设计设计变更、现场洽商、材料变更、施工及质检记录等情况。

(3)国外引进项目、引进技术或由外方承包的建设项目，外方提供的竣工图由外方确认。

(4)竣工图编制完成后应按单位工程、专业或部位编写"竣工图编制说明"，包括竣工图编制原则、目录及每张竣工图与施工图的图号比较、修改依据等。

(5)参与竣工图的签字人员，应由单位授权的相关人员，以项目备案人员最为稳妥。

①技术负责人：项目总工、技术负责人、项目技术负责人、工程部部长或总工。

②编制人：具体编制人员，如技术专员或工程技术人员、专业工程师、施工员等。

③审核人：技术负责人、项目经理、总工。

④编制时间：施工图可作为工程竣工验收后真实反映建设工程施工结果的图样时，可以将施工图编制为竣工图，但需早于规划验收及竣工验收时间。

⑤监理工程师：以实际备案的各专业监理工程师为准。

⑥总监理工程师：以实际备案的总监理工程师为准。

5.3.4　竣工图章使用

所有竣工图必须加盖竣工图章，竣工图章应使用不褪色的印泥盖印，加盖在图标栏上方空白处；竣工图章应由施工单位编制人、审核人、技术负责人签字确认，并应经监理单位审核，监理工程师及总监理工程师签字认可。

根据《建设工程文件归档规范(2019 年版)》(GB/T 50328—2014)竣工图章样式如图 5-7 所示。如当地住房城乡建设主管部门及城建档案管理部门有特别要求，应优先考虑。

(1)竣工图章的基本内容应包括"竣工图"字样、施工单位、编制人、审核人、技术负责人、编制日期、监理单位、监理工程师、总监理工程师。

(2)竣工章由施工单位按规定尺寸刻制。

(3)竣工章各栏填写说明。

①"施工单位"：应填写(或盖章)实际编制该竣工图单位的全称。建议将编制单位名称刻成 52 mm×6 mm 长方形无边框条章，字体为"仿宋_GB 2312"，字号用 12 号或 11 号。字数太多写不下时，也可改用稍小的字号。

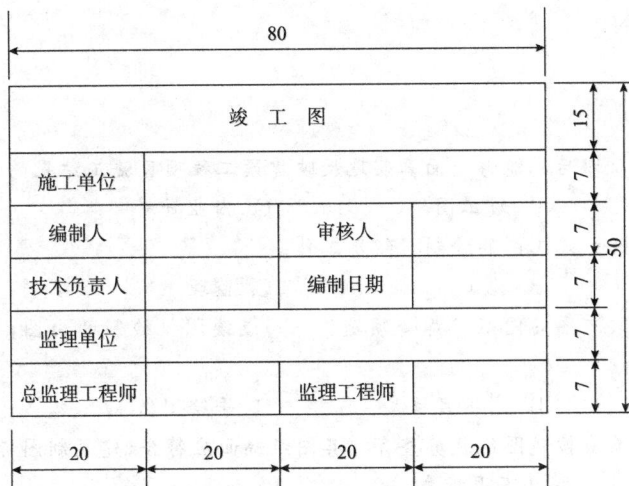

图 5-7　竣工图章样式

②"编制日期"：应填写编制该竣工图的日期，样式为××××年××月××日，不得简写。

③"监理单位"：应填写（或盖章）该项目实际监理单位的全称，建议将监理单位名称刻成 52 mm×6 mm 长方形无边框条章，字体为"仿宋＿GB 2312"，字号用 12 号或 11 号。字数太多写不下时，也可改用稍小的字。

④监理人员：由该项目的实际监理人签字。

（4）所有竣工图应由编制单位逐张加盖竣工章并签署竣工章中各项内容。竣工章中的内容应填写齐全、清楚，不得由他人代签或以个人印章代替签字。

（5）竣工图章尺寸应为 50 mm×80 mm。

（6）竣工图章应使用不易褪色的印泥，应盖在图标栏上方空白处。

（7）应使用蓝黑墨水等耐久性强的书写材料，不得使用红色墨水、纯蓝墨水、圆珠笔、复写纸、铅笔等易褪色的书写材料。

模块小结

竣工图应按单位工程，并根据专业系统进行分类和整理。

竣工图包括以下内容：施工平面布置图等竣工图、结构竣工图、建筑竣工图、幕墙竣工图、钢结构竣工图、建筑给水排水与采暖竣工图、燃气竣工图、电气竣工图、智能建筑竣工图（综合布线、保安监控、电视天线、火灾报警、气体灭火等）、通风空调竣工图；地上部分的道路、绿化、庭院照明、喷泉、喷灌等竣工图；地下部分的各种市政、电力、电信管线等竣工图。

竣工图的类型：利用施工蓝图改绘的竣工图；在底图上修改的竣工图；重新绘制的竣工图。

视频：竣工文件移交范围　　视频：竣工资料编制及组卷要求　　视频：竣工资料管理制度

一、选择题

1. 在工程竣工验收以后,能够全面真实地反映建设工程项目施工结果的图样,称为(   )。

A. 存档图纸   B. 竣工图   C. 内业资料   D. 施工图纸

2. (   )单位应组织竣工图的绘制、组卷工作。

A. 建设   B. 施工   C. 监理   D. 设计

3. 凡是用于改绘竣工图的图纸,都必须是(   )或绘图仪绘制的白图,不得使用旧图或复印的图纸。

A. 新蓝图   B. 图纸目录   C. 手绘图纸   D. 手绘白图

4. 竣工图纸折叠前应按裁图线裁剪整齐,其图纸幅面应符合《建筑制图标准》(GB/T 50104—2010)的规定,其中(   )图纸不用折叠。

A. A1   B. A2   C. A3   D. A4

5. 所有竣工图均应加盖竣工图章,应盖在图标栏(   )空白处。

A. 上方   B. 下方   C. 左方   D. 右方

二、名词解释

1. 竣工图

2. 工程竣工文件

三、简答题

1. 什么是竣工图?

2. 竣工图的作用是什么?

3. 竣工图应由谁来提交?

4. 竣工图的编制及审核有哪些规定?

5. 工程竣工文件有哪些?

模块6 施工现场安全管理资料

模块6 课程内容及对应素养元素

章节	内容	讨论	素养元素
模块6 施工现场安全管理资料	施工现场安全管理资料的相关理论知识、资料的编制及归档	1. 结合所学说说你所知道的加强生产安全和文明施工管理的做法要求。 2. 规范安全生产技术方面，有哪些智能化、信息化管理技术应用？	安全意识、创新发展意识

思维导图

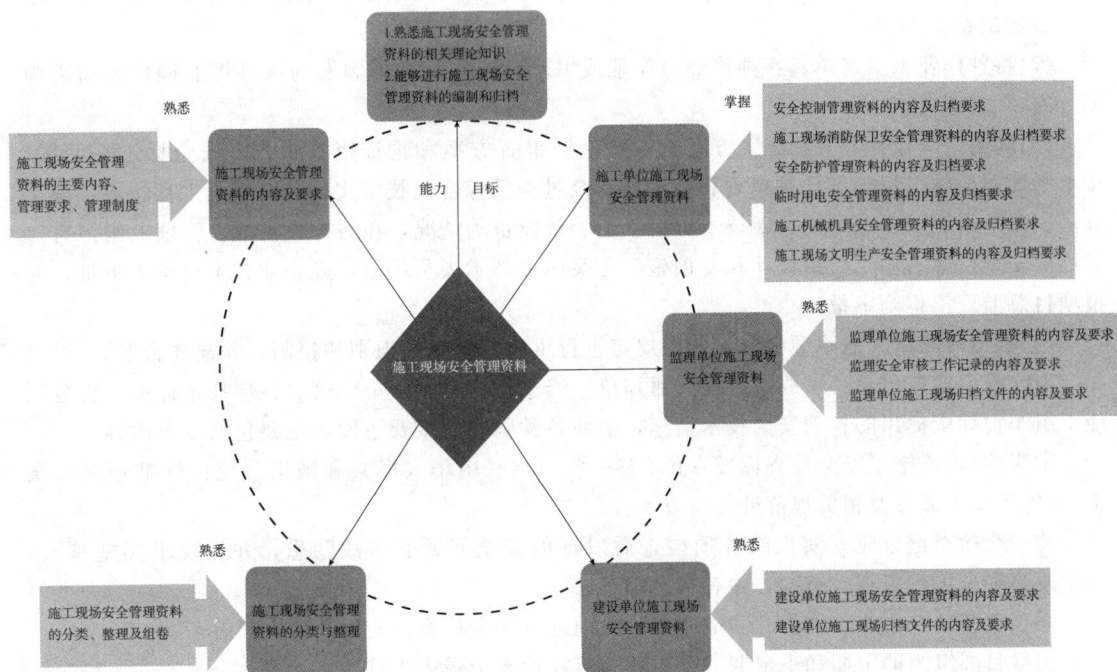

6.1 施工现场安全管理资料的内容及要求

施工现场安全管理资料是指建设工程各参与单位在工程建设过程中，为加强生产安全和文明施工管理所形成的各种形式的信息记录，包括纸质资料和音像资料等。施工现场安全管理资料是企业和工程项目在安全生产过程中的产物与结晶，资料管理工作的科学化、标准化，可不断地推动施工现场施工安全管理向更高的层次和水平发展。安全管理资料的有序管理，是工程实行安全报告监督制度、贯彻安全监督、分段验收、综合评价全过程管理的重要内容。

6.1.1 施工现场安全管理资料的主要内容

真实有效的施工现场安全管理资料可为指导安全生产工作及管理层决策提供依据，可以进一步规范安全生产技术，提高劳动生产效率，减少伤亡事故发生。真实有效的施工现场安全管理资料还可为施工过程中所发生的伤亡事故处理提供可靠的证据，并为今后的事故预测、预防提供依据。建筑施工现场安全管理资料主要包括各种证件、规章制度、操作规程、施工组织设计、分部(分项)工程安全技术交底、安全检查等内容，具体如下。

(1)施工企业的安全生产许可证复印件，企业法人、企业经理、生产经理、安全处(科)长、项目部经理、项目部专职安全员等安全管理人员的考核合格证复印件。这些证件是判断施工单位的生产是否合法的重要依据，同时，也是施工的前提条件。

(2)现场安全生产责任制、安全管理规章制度和各工种安全技术操作规程。

(3)职工伤亡事故月报表、工伤事故登记表、事故事件统计台账、工伤事故报告、工伤事故档案、工伤事故处理记录，以及发生工伤事故之后的一些相关记录。

(4)办理意外伤害保险有关单据。

(5)现场安全投入台账及购物单据复印件。

(6)安全生产教育培训相关记录。对全体从业人员尤其是新职工，要求进行普遍的、深入的、全面的安全生产和劳动保护方面的教育，相关记录包括职工年度培训计划、接受培训人员名单、培训台账及培训记录，以及新进场从业人员的三级安全教育记录卡、教育内容的记录、分工种进行考试的试卷。

(7)特种作业人员名单、特种作业操作证或IC卡(应急管理局颁发的特种作业操作证通常为IC卡形式)的复印件。

(8)施工组织设计、专项施工方案、专家论证审查方案和论证审查报告、安全标志平面图、排水平面图。施工组织设计是规划和指导施工全过程的综合性技术文件，要根据工程特点、施工方法、劳动组织、作业环境、新技术、新工艺、新设备等情况，在防护、技术、管理上制订有针对性的安全措施。施工组织设计和专项施工方案应由技术人员编制，经企业技术负责人审批，并报项目总监理工程师审批。

(9)施工现场重大危险源清单。按照规定进行重大危险源的识别和控制，并建立台账。

(10)安全检查记录、事故隐患整改通知单。安全检查是施工单位落实各项技术标准、规范和施工组织设计中提出的各项安全技术措施，消除各种隐患的重要手段，主要包括以下内容：

①应按《建筑施工安全检查标准》(JGJ 59—2011)、《中华人民共和国工程建设标准强制性条文》中施工安全部分及相关规范进行检查。

②安全检查记录应真实反映各项检查后发现的安全问题和事故隐患，并按要求实施整改，对整改事项应进行复查、销案，并有相应记录。

③工程基础、主体、结构、装饰四个阶段须进行安全检查评分，并附上评分表。

④项目部组织的定期和不定期安全检查均应在检查记录表中反映。

⑤行业安全管理部门、相关部门和企业检查的有关资料(事故隐患通知书、整改通知书等)应附入本档案内。

(11)现场临时用电组织设计、安全技术交底、验收记录、接地电阻测试记录、漏保护器测试记录、验收记录。

(12)"三宝""四口"防护：安全帽、安全带、安全网的合格证和检测报告；楼梯口、电梯口、通道口、预留洞口的安全技术交底和验收记录。

(13)基坑支护的施工方案、安全技术交底、验收记录、监测或观测记录。

(14)脚手架的施工方案，脚手架搭设、拆除的安全技术交底、脚手架工程验收记录。

(15)模板工程的施工方案、模板支设的安全技术交底、模板工程验收记录、混凝土强度报告、模板拆除安全技术交底。

(16)塔式起重机的专项施工方案，塔式起重机安装、拆除的安全技术交底及验收记录。

(17)施工机具的安全技术交底、验收记录、维修记录。

(18)起重吊装的施工方案、安全技术交底、验收记录。

(19)物料提升机的施工方案、安全技术交底、验收记录。

(20)外用电梯的安装方案、安全技术交底、验收记录、检测记录及外用电梯拆除的安全技术交底。

(21)现场应急救援预案、应急演练记录、应急情况(事故)处理记录。

(22)劳保用品的采购计划、发放台账、合格证、检测报告或检测记录。

(23)违章处理记录：根据企业或项目的安全生产奖惩制度，对遵章守纪人员和违章人员进行奖罚的记录，并应将票据复印件附后。

(24)施工现场动火作业的审批手续。

(25)主管部门及企业下发的有关文件与落实资料。

(26)其他施工现场安全管理资料；与同在一个施工现场的其他施工队伍的安全管理协议；与分包队伍的安全管理协议；与安全生产相关的文件、通知、安全会议记录、安全监督手续等。

6.1.2 施工现场安全管理资料的管理要求

(1)施工现场安全管理资料的管理为工程项目施工管理的重要组成部分，是预防安全生产事故和提高文明施工管理的有效措施。

(2)建设单位、监理单位和施工单位应负责各自施工现场安全管理资料的管理工作，逐级建立健全施工现场安全管理资料管理岗位责任制，明确负责人，落实各岗位责任。

(3)建设单位、监理单位和施工单位应建立施工现场安全管理资料的管理制度，规范施工现场安全管理资料的收集、整理、形成、组卷等工作，并应随施工现场安全管理工作同步形成，做到真实有效、及时完整。

(4)施工现场安全管理资料应字迹清晰，签字、盖章等手续齐全，计算机形成的资料可打印、手写签名。

(5)施工现场安全管理资料应为原件，因故不能为原件时，可为复印件。复印件上应注明原件存放处，加盖原件存放单位公章，有经办人签字并注明日期。

(6)施工现场安全管理资料应分类整理和组卷，由各参与单位项目经理部保存备查至工程竣工。

6.1.3 施工现场安全管理资料的管理制度

(1)建筑企业、工程项目施工现场安全管理资料应按岗位职责分工由相关部门、技术人员和安全技术操作责任人具体进行编写、填写。企业安全生产主管经理、项目经理对企业、项目施工现场安全管理资料的真实性负责。

(2)填写时应随工程进度及时整理，不得提前或滞后。

(3)施工现场安全管理资料应做到项目齐全，内容准确真实；所有验收表应填写全面，不得缺项，要求字迹工整，不得伪造证件和资料；应手续完备，不得漏项。

(4)有关人员签字必须由本人填写，不得代签。

(5)"验收结果"栏根据验收内容要求量化。

(6)各种合格证必须与现场所用材料相对应。

(7)所有验收记录应坚持"谁验收、谁签字、谁负责"。

(8)各种施工现场安全管理资料经具体的保管人员进行审查后，归档保管。

6.2 施工现场安全管理资料的分类及整理

6.2.1 施工现场安全管理资料的分类

施工现场安全管理资料的分类按照工程建设过程中参建单位的不同，将建设工程施工现场安全管理资料划分为建设单位施工现场安全管理资料(A类)、监理单位施工现场安全管理资料(B类)、施工单位施工现场安全管理资料(C类)三大类。

1. 建设单位施工现场安全管理资料(A类)

建设单位在工程建设过程中形成的安全管理资料，包括向施工单位提供的施工现场及毗邻区域内的供水、排水、供电、供气、供热、通信、广播电视等地上和地下管线资料，气象和水文观测资料，毗邻建筑物、构筑物和地下工程的有关资料，在编制工程概算时确定建设工程安全作业环境及安全施工措施所需费用统计支付的情况资料，在申请领取建筑工程施工许可证时提供建设工程有关安全施工措施的资料，监督和检查各参建单位工程施工现场安全检查时所形成的资料等。

2. 监理单位施工现场安全管理资料(B类)

监理单位在工程监理过程中形成的各种安全管理资料包括监理管理资料、监理工作记录等。

3. 施工单位施工现场安全管理资料(C类)

施工单位在工程施工过程中收集、形成的各种安全管理资料，包括工程项目施工现场安全管理资料，工程项目生活区资料，工程项目现场料具资料，工程项目环境保护资料，工程项目脚手架资料，工程项目安全防护资料，工程项目施工用电资料，工程项目塔式起重机、起重吊装资料，工程项目机械安全管理资料，工程项目保卫消防资料和其他资料。

6.2.2 施工现场安全管理资料的整理及组卷

施工现场安全管理资料的整理及组卷具体要求如下。

(1)施工现场安全管理资料整理，应以单位工程分别进行整理和组卷。

(2)施工现场安全管理资料组卷应按资料形成参与单位组卷。一卷为建设单位形成的资料；二卷为监理单位形成的资料；三卷为施工单位形成的资料，各分包单位形成的资料单独组成第三卷内的独立卷。

(3)每卷资料排列顺序为封面、目录、资料及封底。封面应包括工程名称、案卷名称、编制单位、编制人员及编制日期。案卷页号应以独立卷为单位顺序编写。

(4)施工现场安全管理资料整理可参考《建设工程施工现场安全资料管理规程》(CECS 266：2009)中的规定。

6.3 建设单位施工现场安全管理资料

6.3.1 建设单位施工现场安全管理资料的内容及要求

(1)施工现场安全生产监管备案登记表：应由建设单位形成，报当地住房城乡建设主管部门备案。

(2)施工现场变配电站、变压器、地上和地下管线及毗邻建筑物、构筑物资料移交单：建设单位应在工程施工现场场地平整及槽、坑、沟土方开挖、打桩施工前，向施工单位提供施工现场及毗邻区域内变配电站、变压器、地上和地下管线资料，以及毗邻建筑物、构筑物的有关资料，交施工单位使用。对一些资料不完整或有疑义时，建设单位应委托相关部门进行探查，并做好记录，经建设单位签字盖章认可后，交施工单位使用。

(3)建筑工程施工许可证：建设单位应在工程开工前到当地住房城乡建设主管部门办理领取

建筑工程施工许可证。

（4）夜间施工审批手续：如需夜间施工，建设单位应在夜间施工前到当地住房城乡建设主管部门办理。

（5）施工现场安全生产防护、文明施工措施费用支付统计：建设单位应按施工合同约定，及时支付安全防护、文明施工措施费用，并应对其实施情况进行检查。

（6）危险性较大的分部分项工程单位清单：建设单位向当地住房城乡建设主管部门报送的"危险性较大的分部分项工程清单"，建设单位应督促施工单位提出危险性较大的分部分项工程专项施工方案，并将工程项目填表报当地住房和城乡建设主管部门备案。

（7）上级主管部门、政府主管部门检查记录：这主要包括建设单位上级主管部门、当地住房城乡建设主管部门或其委托的机构的检查记录。

6.3.2　建设单位施工现场归档文件的内容及要求

（1）施工现场及毗邻区域内的供水、排水、供电、供气、供热、通信、广播电视等地上和地下管线资料，气象和水文观测资料，毗邻建筑物、构筑物和地下工程有关施工的安全技术文件。此类文件由建设单位提供，建设单位、施工单位、监理单位及其他相关单位共同保存。

（2）施工前报送住房城乡建设主管部门的危险等级为Ⅰ级、Ⅱ级的分部分项工程和其他施工作业危险源清单，以及有关工程施工安全技术（措施）文件。此类文件由建设单位提供，建设单位、施工单位、监理单位共同保存。

（3）施工中编制的有关施工的安全技术（措施）文件。此类文件由建设单位提供，建设单位、施工单位、监理单位共同保存。

6.4　监理单位施工现场安全管理资料

6.4.1　监理单位施工现场安全管理资料的内容及要求

（1）监理合同：监理单位与建设单位签订监理合同时，应将安全监理工作作为一项重要内容，在合同中明确。

（2）监理规划、安全监理实施细则：项目监理部在制订监理规划时，应包括安全监理方案，并应编制专项安全监理实施细则。

（3）安全监理专题会议纪要：项目监理部应定期召开安全监理例会及安全生产专题会议，并形成会议纪要。

6.4.2　监理安全审核工作记录

（1）工程技术文件报审表：由施工单位填写，报送施工组织设计、安全生产管理体系及有关人员执业资格证书、危险性较大的专项施工方案等，项目监理部应及时进行审核。

（2）施工现场施工起重机械安装/拆卸报审表：项目监理部应对施工单位报送的塔式起重机、施工升降机、电动吊篮、物料提升机械等安装/拆卸方案、机械性能检测报告、安装/拆卸人员及操作人员上岗证书、安装/拆卸单位资质等进行复核。

（3）施工现场施工起重机械验收核查表：项目监理部应对施工单位报送的施工现场施工起重机械验收表进行核查，其中塔式起重机、物料提升机、升降机应有安装告知手续。

（4）施工现场安全隐患报告书：监理人员在实施监理过程中，发现施工现场存在重大安全隐患，施工单位不及时进行有效整改的，项目监理部应填写"施工现场安全隐患报告书"，向建设单位和工程所在地住房城乡建设主管部门报告。

（5）工作联系单：监理人员在施工监理过程中发现安全措施不到位，可能产生安全隐患，认为口头指令不足以引起施工单位重视时，可填写"工作联系单"，要求施工单位进行整改，凡发出"工作联系单"的监理人员应按时复查整改结果，并在监理日记中记录说明。施工单位整改后应及时书面回复。

(6)监理通知：监理人员在施工监理过程中，发现安全隐患应及时签发"监理通知"，要求施工单位限期整改，并抄报建设单位。施工单位整改后应有书面回复，监理人员应按时复查整改结果。

(7)工程暂停令：监理人员在施工监理过程中，发现施工现场存在重大安全隐患，总监理工程师应及时签发"工程暂停令"，暂停部分或全部在施工程的施工，责令限期整改，并抄报建设单位。施工单位整改后应有书面回复，经监理人员复查合格、总监理工程师批准后方可复工。

(8)工程复工报审表：项目监理部发出"工程暂停令"后，施工单位应立即停止施工，组织人员查找原因、制订措施进行整改。自行检查合格后，施工单位应填写"工程复工报审表"，报项目监理部，经监理人员复查合格、总监理工程师批准后方可复工。

(9)安全生产防护、文明施工措施费用支付申请表：施工单位应按合同约定向监理单位提出安全生产防护、文明施工措施费用支付申请。

(10)安全生产防护、文明施工措施费用支付证书：项目监理部收到施工单位的"安全生产防护、文明施工措施费用支付申请表"，经审查后应填写安全生产防护、文明施工措施费用支付证书，向建设单位提出。

(11)施工单位安全生产管理体系审核资料：项目监理部应审查施工单位报送的安全生产管理机构、安全生产责任制、安全管理规章制度等资料。

(12)施工单位专项安全施工方案及工程项目应急救援预案审核资料：项目监理部应及时进行审查。

6.4.3 监理单位施工现场归档文件的内容及要求

(1)安全技术监理方案：由监理单位提供，建设单位、施工单位、监理单位共同保存。

(2)安全监理有关安全技术专题会议纪要：由监理单位提供，建设单位、施工单位、监理单位共同保存。

(3)事故隐患整改通知单：由监理单位提供，施工单位、监理单位共同保存。

(4)事故隐患整改、验收、复工意见：由监理单位提供，施工单位、监理单位共同保存。

(5)有关安全生产技术问题的处理意见或文件：由监理单位提供，施工单位、监理单位共同保存。

(6)自行检查记录：由监理单位提供，监理单位保存。

(7)施工中编制的有关施工安全技术(措施)文件：略。

(8)施工组织设计中的安全技术措施或专项施工方案审查、验收意见：由监理单位提供，施工单位、监理单位共同保存。

(9)采用新结构、新工艺、新设备、新材料的工程中安全技术措施的审查、验收意见：由监理单位提供，施工单位、监理单位共同保存。

6.5 施工单位施工现场安全管理资料

6.5.1 安全控制管理资料的内容及归档要求

1. 安全控制管理资料的内容及要求

(1)施工现场安全生产管理概况表：项目经理部应将工程基本信息、相关单位情况、施工现场安全管理组织及主要安全管理人员情况，填入"施工现场安全生产管理概况表"，向当地住房和城乡建设主管部门施工安全监督机构备案，并报建设单位、监理单位备案。

(2)施工现场重大危险源识别汇总表：项目经理部应对施工现场存在的重大危险源进行识别、汇总，并报项目监理部备案。

(3)施工现场重大危险源控制措施表：项目经理部对施工过程中可能出现的重大危险源事前应进行评价，制订重大危险源控制措施，每张表格只记录一种危险源，按《危险性较大的分部分项工程安全管理规定》(中华人民共和国住房和城乡建设部令第37号规定)，由项目经理批准实施并报项目监理部备案。

(4)施工现场危险性较大的分部分项工程专项施工方案表：危险性较大的分部分项工程应编制专项施工方案，经施工单位技术负责人批准，报项目监理部审查认可后，报项目所在地住房城乡建设主管部门施工安全监督机构。

需编制专项安全施工方案的危险性较大的分部分项工程，应按当地住房城乡建设主管部门的规定执行。当地住房城乡建设主管部门没有规定时，应按下列项目进行。

①基坑支护、降水工程：指开挖深度超过3 m(含3 m)或未超过3 m但地质条件和周边环境复杂的基坑(槽)支护、降水工程。

②土方开挖工程：指开挖深度超过3 m(含3 m)的基坑(槽)的方开挖工程。

③模板工程及支撑体系。

a. 各类工具式模板工程：包括大模板、滑模、爬模、飞模等工程。

b. 混凝土模板支撑工程：包括搭设高度在5 m及以上，搭设跨度在10 m及以上，施工总荷载在10 kN/m² 及以上，集中线荷载在15 kN/m及以上，高度大于支撑水平投影宽度且相对独立无联系构件的混凝土模板支撑工程。

c. 承重支撑体系：包括用于钢结构安装等的满堂支撑体系。

④起重吊装及安装拆卸工程：包括采用非常规起重设备、方法，且单件起重量在10 kN及以上的起重吊装；采用起重机械进行安装的工程；起重机械设备自身的安装、拆卸。

⑤脚手架工程：包括搭设高度在24 m及以上的落地式钢管脚手架工程，附着式整体和分片提升脚手架工程，悬挑式脚手架工程，吊篮脚手架工程，自制卸料平台、移动操作平台工程，新型及异型脚手架工程。

⑥拆除、爆破工程：包括建筑物、构筑物拆除工程，采用爆破拆除的工程。

⑦专项施工方案编制应包括下列内容。

a. 工程概况：危险性较大的分部分项工程概况、施工平面布置、施工要求和技术保证条件。

b. 编制依据：有关法律、法规、规范性文件、标准、规范及图纸(图集)、施工组织设计。

c. 施工计划：施工进度、人员进场、材料及设备计划。

d. 施工工艺技术：技术参数、工艺流程、施工方法、检查验收等。

e. 施工安全保证措施：组织保障、技术措施、应急预案、监测监控等。

f. 劳力计划：专职安全生产管理人员、特种作业人员等。

g. 计算书及相关图纸。

(5)施工现场超过一定规模的危险性较大的分部分项工程专家论证表。危险性较大的分部分项工程专项安全施工方案应经专家论证。项目经理部应编制专项安全施工方案，组织专家组进行论证，并按"施工现场超过一定规模的危险性较大的分部分项工程专家论证表"进行记录。作为专项安全施工方案的附件，一并报项目监理部核查确认后，报项目所在地住房城乡建设主管部门施工安全监督机构备案。

组织专家论证超过一定规模的危险性较大的分部分项工程应按当地住房城乡建设主管部门规定执行。当地住房城乡建设主管部门没有规定时，应按下列项目进行。

①深基坑工程：包括开挖深度超过5 m(含5 m)的基坑(槽)的土方开挖、支护、降水工程；开挖深度虽未超过5 m，但地质条件、周围环境和地下管线复杂，或影响毗邻建(构)筑物安全的基坑(槽)的土方开挖、支护、降水工程。

②模板工程及支撑体系。

a. 工具式模板工程：包括滑模、爬模、飞模工程。

b. 混凝土模板支撑工程：包括搭设高度在 8 m 及以上，搭设跨度在 18 m 及以上，施工总荷载在 15 kN/m² 及以上，集中线荷载在 20 kN/m 及以上等情形。

c. 承重支撑体系：包括用于钢结构安装等的满堂支撑体系，承受单点集中荷载 700 kg 及以上。

③起重吊装及安装拆卸工程：包括采用非常规起重设备、方法，且单件起重量在 100 kN 及以上的起重吊装工程；起重量在 300 kN 及以上的起重设备安装工程；高度在 200 m 及以上内爬起重设备的拆除工程。

④脚手架工程：包括搭设高度在 50 m 及以上的落地式钢管脚手架工程；提升高度在 150 m 及以上的附着式整体和分片提升脚手架工程；架体高度在 20 m 及以上的悬挑式脚手架工程。

⑤拆除、爆破工程：包括采用爆破拆除的工程；码头、桥梁、高架、烟囱、水塔或拆除中容易引起有毒有害气（液）体或粉尘扩散、易燃易爆事故发生的特殊建（构）筑物的拆除工程；可能影响行人、交通、电力设施、通信设施或其他建（构）筑物安全的拆除工程；文物保护建筑、优秀历史建筑或历史文化风貌区控制范围的拆除工程。

⑥其他：包括施工高度在 50 m 及以上的建筑幕墙安装工程；跨度在 36 m 及以上的钢结构安装工程；跨度在 60 m 及以上的网架和索膜结构安装工程；开挖深度超过 16 m 的人工挖孔桩工程；地下暗挖工程、顶管工程、水下作业工程；采用新技术、新工艺、新材料、新设备及尚无相关技术标准的危险性较大的分部分项工程。

（6）施工现场安全生产检查汇总表。项目经理部根据当地住房城乡建设主管部门的规定，对施工现场的一些安顿措施设施定期进行检查评价，用施工现场安全生产检查汇总表进行汇总并督促整改。各项检查内容按专项表格进行。专项检查评分表，保证项目为 60 分，一般项目为 40 分。当保证项目中有一项不得分或保证项目小计得分不足 40 分时，此项检查表不应得分。将各专项检查的实际得分填入"施工现场安全生产检查汇总表"各相应项中，根据得分情况和保证项目达标情况分为优良、合格、不合格三个等级。

①优良：保证项目达标，汇总表分值达 80 分及其以上。

②合格：保证项目达标，汇总表分值达 70 分及其以上。

③不合格：汇总表得分不足 70 分；或有一份表未得分，且汇总表得分在 75 分以下；当起重吊装或施工机具分表未得分，且汇总表得分在 80 分以下。

（7）施工现场安全技术交底汇总表。项目经理部应将各项安全技术交底按照作业内容及施工先后顺序依次汇总，存放于施工现场以备查验，并报项目监理部备案。

（8）施工现场安全技术交底表。分部分项工程施工前及有特殊风险项目作业前，应由项目技术负责人对施工作业人员进行书面安全技术交底，并填写"施工现场安全技术交底表"，存放在施工现场以备查验。

（9）施工现场作业人员安全教育记录表。项目经理部必须对新入场、转场及变换工种的施工人员进行安全教育，经考试合格后方准上岗作业；同时，应对施工人员每年至少进行两次安全生产培训，并对被教育人员、教育内容、教育时间等基本情况按"施工现场作业人员安全教育记录表"进行记录。

（10）施工现场安全事故原因调查表。施工现场凡发生生产安全事故的，应按照"施工现场安全事故原因调查表"的要求进行原因调查与分析并记录，报项目监理部备案。

（11）施工现场特种作业人员登记表。电工、焊（割）工、架子工、起重机械操作工（包括司机、安装/拆卸工、信号工等）、场内机动车驾驶等特种作业人员上岗前，项目经理部应审查特种作业人员的上岗证．核对资格证原件后在复印件上盖章并由项目经理部存档，填入"施工现场特种作业人员登记表"，并报项目监理部核查。

（12）施工现场地上、地下管线保护措施验收记录表。施工现场应在平整场地、槽、坑、沟土方开挖前，编制地上、地下管线保护措施，由项目技术负责人组织相关人员进行审查，填写"施工现场地上、地下管线保护措施验收记录表"，并报项目监理部审查。

（13）施工现场安全防护用品合格证及检测资料登记表。项目经理部对采购和租赁的安全防护用品和涉及施工现场安全的重要物资应认真审核生产许可证、产品合格证、检测报告等相关文件，按"施工现场安全防护用品合格证及检测资料登记表"予以登记存档。

（14）施工现场施工安全日志表。施工安全日志应由专职安全员按照日常安全活动和安全检查情况，逐日按"施工现场施工安全日志表"记录。施工安全日志应装订成册（防拆的），页次、日期应连续，不得缺页缺日，填写出错可画"×"作废，但不能撕掉。工程项目部安全负责人应定期对施工安全日志进行检查，并签名以示负责。

（15）施工现场班（组）班前讲话记录表。各作业班（组）长于每班工作开始前必须对本班（组）全体人员进行班前安全交底并填写"施工现场班（组）班前讲话记录表"。本表可以班（组）为单位或工程项目为单位装订成册。由安全员将班（组）活动记录按天装订，然后按日期顺序成册。其内容、活动情况应定期进行讲评。

（16）施工现场安全检查隐患整改记录表。项目安全负责人检查过程中，应针对存在的安全隐患填写"施工现场安全检查隐患整改记录表"，包括检查情况及安全隐患、整改要求、整改后复查情况等内容，并签字负责。

（17）监理通知回复单。项目负责人接到监理通知后应积极组织整改，整改自行检查符合要求后，填写"监理通知回复单"，报项目监理部复查。

（18）施工现场安全生产责任制。项目经理部应将现场安全机构设置、制度、生产安全目标、管理责任书形成文字，公布在施工现场，并报项目监理部备案。

（19）施工现场总分包安全管理协议书。总分包应签订安全管理协议书，落实有关安全事项，形成文件并报项目监理部备案。

（20）施工现场施工组织设计及专项安全技术措施。项目经理部应针对工程项目编制施工现场施工组织设计及专项安全技术措施，并报项目经理部备案。

（21）施工现场冬雨风季施工方案。项目经理部应对冬季、雨季、台风季节施工的项目制订有针对性的专项施工方案，即冬季施工方案、雨季防雨防涝方案、防台风方案等，并应有检查记录，以保证工程质量和施工正常进行，并报项目监理部备案。

（22）施工现场安全资金投入记录。项目经理部应在工程开工前编制施工现场安全资金投入计划，取得项目监理部的认可，并以月为单位对项目安全资金使用情况进行小结，并报项目监理部备案。

（23）施工现场生产安全事故应急预案。项目经理部应编制施工现场生产安全事故应急预案，成立应急救援组织，配备必要的应急救援器材和物资；应对全体施工人员进行培训，定期组织演练，有相应的记录，并报建设单位、项目监理部备案。

（24）施工现场安全标识。项目经理部应对施工现场各类安全标识发放、使用情况进行登记；施工现场安全标识设置应与施工现场安全标识布置平面图相符，使安全标识起到应有的效果。

（25）施工现场自身检查违章处理记录。项目经理部应对施工现场的违章作业、违章指挥及处理整改情况及时记录，建立违章处理记录台账。

（26）本单位上级管理部门、政府主管部门检查记录。项目经理部应对本单位上级管理部门、政府主管部门来施工现场检查的有关情况，检查出的不足之处、整改建议等予以记录。

2. 危险性较大的分部分项工程归档文件的内容及要求

(1)专项施工方案及审批意见：由施工单位提供，建设单位、施工单位、监理单位共同保存。

(2)专项施工方案修改、变更意见或文件，专家论证审查意见书：由施工单位提供，建设单位、施工单位、监理单位共同保存。

(3)安全技术交底单：由施工单位提供，施工单位保存。

(4)自行检查、巡查记录：由施工单位提供，施工单位保存。

(5)安全技术措施实施验收记录：由施工单位提供，建设单位、施工单位、监理单位共同保存。

(6)应急救援预案：由施工单位提供，建设单位、施工单位、监理单位共同保存。

3. 一般施工作业项目归档文件的内容及要求

(1)安全技术措施：由施工单位提供，施工单位、监理单位共同保存。

(2)安全技术措施交底单：由施工单位提供，施工单位保存。

(3)自行检查、巡查记录：由施工单位提供，施工单位保存。

(4)安全技术措施实施验收记录：由施工单位提供，施工单位、监理单位共同保存。

6.5.2 施工现场消防保卫安全管理资料的内容及归档要求

1. 施工现场消防保卫安全管理资料的内容及要求

(1)施工现场消防重点部位登记表。项目经理部应根据施工总平面图中消防设施布置将施工现场消防重点部位进行登记，如施工现场消防重点部位发生变化，应重新进行登记，以保持与现场实际情况一致，并报建设单位、项目监理部备案。

(2)施工现场用火作业审批表。作业人员每次用火作业前，必须到项目经理部办理用火申请，并填写"施工现场用火作业审批表"，经项目经理部审批同意后，方可用火作业。

(3)施工现场消防保卫定期检查表。项目经理部安全负责人应根据施工消防的要求，定期组织有关人员对施工现场消防、保卫设施进行检查，并按"施工现场消防保卫定期检查表"进行记录。

(4)施工现场居民来访记录。施工现场应设置居民来访接待室，对居民来访内容进行登记，并记录处理结果。

(5)施工现场消防设备平面图。施工现场消防设施、器材平面图应明确现场各类消防设施、器材的布置位置和数量，并报项目监理部核查。

(6)施工现场消防保卫制度及应急预案。项目经理部应制定施工现场的消防保卫制度、现场消防保卫管理方案、重大事件和重大节日管理方案、现场火灾应急救援预案和消防安全操作规程等相关技术文件，并将文件向相关人员进行交底，报项目监理部审查。

(7)施工现场消防保卫协议。建设单位与总包单位、总包单位与分包单位必须签订施工现场消防保卫协议，明确各方相关责任；协议必须履行签字、盖章手续，并报项目监理部备案。

(8)施工现场消防保卫组织机构及活动记录。施工现场应设立消防保卫组织机构，成立义务消防队，定期组织教育培训和消防演练；各项活动应有文字和图片记录，并报项目监理部备案。

(9)施工现场消防审批手续。项目经理部应在工程施工前，到当地消防部门进行申报登记，以便消防部门了解施工现场的消防布置，取得审批手续；应将消防安全许可证存档，以备查验，并报项目监理部核查。

(10)施工现场消防设施、器材维修记录。施工现场各类消防设施、器材应经项目经理部验收合格，定期对消防设施、器材进行检查，以及按使用期限及时更换、补充、维修等；应对此形成文字记录。

(11)施工现场防火等高温作业施工安全措施及交底。施工现场防火等高温作业施工时，应制订相关的防中暑、防火灾的安全防范技术措施，并对所有参与防火作业的施工人员进行书面交底，所有被交底人必须履行签字手续，并报项目监理部备案。

(12)施工现场警卫人员值班、巡查工作记录。警卫人员应在每班作业后填写施工现场警卫人员值班、巡查工作记录，对当班期间主要事项进行登记。

2. 施工现场消防保卫安全归档文件的内容及要求

(1)防火安全技术方案：由施工单位提供，建设单位、施工单位、监理单位共同保存。

(2)消防设备、设施平面布置图：由施工单位提供，施工单位、监理单位共同保存。

(3)消防设备、设施、器材、材料验收记录：由施工单位提供，施工单位、监理单位及其他相关单位共同保存。

(4)临时用房防火技术措施：由施工单位提供，施工单位、监理单位共同保存。

(5)在建工程防火技术措施：由施工单位提供，施工单位、监理单位共同保存。

(6)消防安全技术交底单：由施工单位提供，施工单位保存。

(7)消防设施、器材检查维修记录：由施工单位提供，施工单位保存。

(8)消防安全自行检查、巡查记录：由施工单位提供，施工单位保存

(9)动火审批证：由施工单位提供，施工单位、监理单位共同保存。

(10)应急救援预案：由施工单位提供，施工单位、监理单位共同保存。

6.5.3 安全防护管理资料的内容及归档要求

1. 脚手架安全管理资料的内容及要求

(1)施工现场钢管扣件式脚手架支撑体系验收表。对钢管扣件式脚手架支撑体系，应根据实际情况分段、分部位，由施工单位项目技术负责人组织相关单位人员验收；六级以上大风及大雨后、停用超过一个月后均要进行相应的检查验收，并报项目监理部备案。

(2)施工现场落地式(悬挑)脚手架搭设验收表。落地式(悬挑)脚手架搭设完成后，施工单位项目技术负责人应组织相关单位人员验收；六级以上大风及大雨后、停用超过一个月后均要进行相应的检查，并报项目监理部备案。

(3)施工现场工具式脚手架安装验收表。工具式脚手架包括门式外挂脚手架、吊篮脚手架、附着式升降脚手架、卸料平台等。工具式脚手架安装完成后，施工单位项目技术负责人应组织相关单位人员验收，并报项目监理部备案。

(4)施工现场脚手架、卸料平台和支撑体系设计及施工方案。落地式钢管扣件式脚手架、工具式脚手架、卸料平台及支撑体系等，应在施工前编制相应的专项施工方案，并按施工方案进行搭设、安装，以保证脚手架安全。施工方案应存放在施工现场备查，并报项目监理部备案。

2. 基坑支护与模板工程安全管理资料内容及要求

(1)施工现场基坑支护验收表。基坑支护完成后，施工单位应组织相关单位人员按照设计文件、施工组织设计、施工专项方案及相关规范进行验收，并报项目监理部审查。

(2)施工现场基坑支护沉降观测记录表、水平位移观测记录表。施工单位和专业承包单位应按规定指派专人对基坑、土方、护坡开挖及开挖后的支护结构进行监测，并按"施工现场基坑支护沉降观测记录表"或"施工现场基坑支护水平位移观测记录表"进行数据记录；项目监理部对监测的程序进行审核，如发现观测数据异常，应立即采取必要的纠正措施。

(3)施工现场人工挖孔桩防护检查(验收)表。人工挖孔桩工程应编制专项施工方案，超过16 m时应进行专家论证；项目经理部应每天派专人对人工挖孔桩作业进行安全检查；项目监理部应定期对检查表及实物进行抽查，并用"施工现场人工挖孔桩防护检查(验收)表"进行记录。

(4)施工现场特殊部位气体检测记录表。对人工挖孔桩和密闭空间等施工中可能存在有毒有害气体的场所，应有专项施工方案；应在每班作业前进行气体检测，按"施工现场特殊部位气体

检测记录表"进行记录，并报项目监理部备案。

(5)施工现场模板工程验收表。模板工程应按工程施工质量验收规范进行验收。对一些特殊的模板工程，如高度大于 8 m 或跨度大于 18 m 的梁模板，施工总荷载大于 15 kN/m²，集中荷载大于 20 kN/m；以及大面积满堂红支模等，在施工组织设计、专项施工方案中应明确进行稳定性、强度等安全验收，除按规范验收外，还应专门对其安全性进行验收，按"施工现场模板工程验收表"进行记录，并报项目监理部审查。

(6)施工现场基坑、土方、护坡及模板施工方案。基坑、土方、护坡及模板施工必须按有关规定做到有方案、有审批；模板工程还应有设计计算书。方案应报项目监理部审查认可。

3."三宝""四口""临边"防护安全管理资料内容及要求

(1)施工现场"三宝""四口""临边"防护检查记录表。施工现场"三宝""四口""临边"防护，应按当地住房和城乡建设主管部门的规定定期进行检查；当地没有具体规定的，每周至少应检查一次；凡出现风、雨天气后及每升高一层施工时，都应及时进行检查，并报项目监理部备案。每发现一个人、一处存在安全防护措施不到位的情况，均应及时作出处理，并责成立即改正。

(2)施工现场"三宝""四口""临边"防护措施方案。项目经理部应在施工组织设计或有关专项安全技术方案中，对"三宝""四口""临边"防护作出详细规定，包括材料器具的品种、规格、数量、安装方式、质量要求、安装时间及责任人等。

4.安全防护归档文件内容及要求

(1)安全防护专项施工方案：由施工单位提供，施工单位、监理单位共同保存。

(2)修改、变更防护方案意见或文件：由施工单位提供，施工单位、监理单位共同保存。

(3)防护技术交底单：由施工单位提供，施工单位保存。

(4)防护设施验收记录：由施工单位提供，施工单位、监理单位共同保存。

(5)防护设施检查、巡查记录：由施工单位提供，施工单位保存。

(6)防护用品验收记录：由施工单位提供，施工单位、监理单位及其他相关单位共同保存。

(7)应急救援预案：由施工单位提供，施工单位、监理单位共同保存。

6.5.4 临时用电安全管理资料的内容及归档要求

1.临时用电安全管理资料的内容及要求

(1)施工现场施工临时用电验收表。施工现场施工临时用电架设安装完成后，必须由总承包单位组织验收合格后方可使用，验收时可根据施工进度分项、分回路进行；项目监理部应对验收资料及实物进行核查。

(2)施工现场电气线路绝缘强度测试记录表。电气线路绝缘强度测试包括临时用电动力、照明线路等绝缘强度测试，可按系统回路进行，测试结果报项目监理部备案。

(3)施工现场临时用电接地电阻测试记录表。临时用电接地电阻测试包括临时用电系统、设备的重复接地、防雷接地、保护接地及设计有要求的接地电阻测试，测量结果报项目监理部备案。

(4)施工现场电工巡检维修记录表。施工现场电工应按有关要求进行巡检维修，并由值班电工每日填写记录表；项目安全负责人要定期进行检查，以保证巡检维修到位、有效。

(5)施工现场临时用电施工组织设计及变更资料。临时用电设备在 5 台及以上或设备总容量在 50 kW 及以上者，均应编制临时用电施工组织设计，并按相关要求进行审批；如发生变更，应重新办理审批手续，并报项目监理部备案。

(6)施工现场总、分包临时用电安全管理协议。总包单位、分包单位必须订立临时用电管理协议，明确各单位相关责任；协议必须履行签字、盖章手续，并报项目监理部备案。

(7)施工现场电气设备测试、调试技术资料。电气设备的测试、检验单和精度记录，应由设备生产者或专业维修者提供。

2. 临时用电安全归档文件的内容及要求

(1)用电组织设计或方案：由施工单位提供，建设单位、施工单位、监理单位共同保存。

(2)修改用电组织设计的意见或文件：由施工单位提供，建设单位、施工单位、监理单位共同保存。

(3)用电技术交底单：由施工单位提供，施工单位保存。

(4)用电工程检查验收表：由施工单位提供，施工单位、监理单位共同保存。

(5)电气设备试验单、检验单和调试记录：由施工单位提供，施工单位保存。

(6)接地电阻、绝缘电阻和漏电保护器漏电参数测定记录表：由施工单位提供，施工单位保存。

(7)定期检(复)查表：由施工单位提供，施工单位保存。

(8)电工安装、巡检、维修、拆除记录：由施工单位提供，施工单位保存。

(9)应急救援预案：由施工单位提供，施工单位、监理单位共同保存。

6.5.5 施工机械机具安全管理资料的内容及归档要求

1. 施工升降机安全管理资料的内容及要求

(1)施工现场施工升降机安装/拆卸任务书。施工现场施工升降机安装/拆卸均应有明确的任务书，以保证安装质量和落实安装/拆卸的安全责任。

(2)施工现场施工升降机安装/拆卸安全和技术交底记录表。施工现场施工升降机安装/拆卸任务书下达后，安装/拆卸单位安全负责人、技术负责人应对升降机安装/拆卸的安全、技术措施进行详细的安全技术交底，以保证安装/拆卸质量和安全。

(3)施工现场施工升降机基础验收表。施工现场施工升降机基础验收应根据升降机安装技术要求的承载力、强度、基础尺寸、地脚螺栓规格数量等进行；基础完工后应达到一定强度，升降机安装前应进行全面验收。

(4)施工现场施工升降机安装/拆卸过程记录表。施工现场施工升降机在安装/拆卸施工中，应对各安装/拆卸环节情况进行记录，包括各项工作的分工、每个施工人员的工作内容及周围环境安装/拆卸过程中的一些情况，以便验收时了解安装/拆卸全过程的情况。

(5)施工现场施工升降机安装验收记录表。施工现场施工升降机安装完毕后，由安装单位组织相关单位负责人进行全面验收，判断其是否符合标准，特别是试运行、坠落试验及安全装置，应经过实地试验和检查，并报项目监理部核查。日常和定期检查参照此表执行。

(6)施工现场施工升降机接高验收记录表。施工现场施工升降机每次接高都应经过验收后才能运行使用；在接高过程中应"按施工现场施工升降机安装/拆卸过程记录表"进行记录，接高完成后应按"施工现场施工升降机接高验收记录表"的内容检查验收记录，并报项目监理部核查。

(7)施工现场施工升降机运行记录表。施工现场施工升降机在使用过程中，每日应对运行情况进行记录，并对发生的事项详细记录。每周使用单位的负责人应检查记录。

(8)施工现场施工升降机维修保养记录表。施工现场施工升降机应由产权单位负责定期维修保养并作出记录。

(9)施工现场机械租赁、使用、安装/拆卸安全管理协议书。出租和承租双方应签订租赁合同和安全管理协议书，明确双方的安全责任和义务，报项目监理部备案。

(10)施工现场施工升降机安装/拆卸方案。施工现场施工升降机安装前，应编制设备的安装/拆卸方案，经安装/拆卸单位技术负责人审批准后方可进行作业。

(11)施工现场施工升降机安装/拆卸报审报告。施工现场施工升降机安装/拆卸报审报告，按当地住房城乡建设主管部门的规定执行。

(12)施工现场施工升降机使用登记台账。施工单位应建立施工现场施工升降机使用登记台账，对每台机械使用情况详细记录。

(13)施工现场施工升降机登记备案记录。施工现场施工升降机登记备案记录，内容包括设备登记编号、使用情况登记资料、安装告知手续等。

2. 塔式起重机与起重吊装安全管理资料的内容及要求

(1)施工现场塔式起重机安装/拆卸任务书。施工现场塔式起重机安装/拆卸均应有专项任务书，以保证安装质量和落实安装/拆卸的安全责任。

(2)施工现场塔式起重机安装/拆卸安全和技术交底书。施工现场塔式起重机安装/拆卸任务下达后，安装/拆卸单位的安全负责人、技术负责人应对塔式起重机安装/拆卸的安全和技术措施进行详细交底，以确保安装/拆卸的质量和安全。

(3)施工现场塔式起重机基础验收记录表。施工现场塔式起重机基础验发应根据塔式起重机安装技术要求的承载力、场地环境、固定支脚、基础尺寸、平整度及预埋螺栓情况、接地电阻等，在塔式起重机安装前进行一次全面验收，以保证塔式起重机安装和使用期间的安全。

(4)施工现场塔式起重机轨道验收记录表。轨道行走式塔式起重机的轨道验发应根据安装技术要求，对其路基碎石厚度、钢轨接头、轨距、轨顶面倾斜度及接地装置等，在钢轨铺设完成塔式起重机安装前进行全面检查验收。

(5)施工现场塔式起重机安装/拆卸过程记录表。施工现场塔式起重机在安装/拆卸过程中，应对安装/拆卸过程中的有关环节情况进行记录，包括各项工作的分工、每个人员的工作内容、重点环节的检查等一些情况，以便验收检查时了解安装/拆卸过程的情况。

(6)施工现场塔式起重机附着检查记录表。施工现场塔式起重机在安装过程中或安装后或每次提升后增加的附着，都应进行全面检查，以保证合格。

(7)施工现场塔式起重机顶升检验记录表。施工现场塔式起重机需要顶升的，应委托原安装单位或具有相应资质的安装单位按照专项施工方案实施；每次顶升完毕，使用单位应组织相关人员进行检查验收，合格后才能投入使用，并报项目监理部备案。

(8)施工现场塔式起重机安装验收记录表。施工现场塔式起重机安装完成后，安装/拆卸单位应先自行检查合格，总包单位应组织施工单位、有关分包单位等相关人员进行全面检查验收，须进行检测的应委托有相应资质的检测单位检测合格后才能投入使用，并报项目监理部审查。日常和定期检查参照此表执行。

(9)施工现场塔式起重机安装垂直度测量记录表。施工现场塔式起重机安装完成后，其安装垂直度应由安装单位测量，按"施工现场塔式起重机安装垂直度测量记录表"记录，报施工单位及租赁单位。

(10)施工现场塔式起重机运行记录表。施工现场塔式起重机运行记录表是一张通用表格。施工现场使用的塔式起重机、施工电梯、移动式起重机、物料提升机等起重机械操作人员应在每班作业后填写，运行中如发现设备有异常情况，应立即停机检查报修，排除故障后方可继续运行。运行记录通常装订成册，连续编页码，不得缺页数。施工现场塔式起重机运行记录表每个台班都必须填写；产权单位安全负责人至少应每周审查一次，签字负责。该记录表由设备产权单位和使用单位存档。

(11)施工现场塔式起重机维修保养记录表。施工现场塔式起重机在使用过程中，应按设备使用说明书要求定期请专业人员对设备进行维修保养；维修保养工作应由设备租赁单位或产权单位负责按期进行。机械设备都应在维修保养的有效期内使用。

(12)施工现场塔式起重机检查记录表。由施工单位组织相关人员定期或雨天、风天、停用一周之后进行检查。

(13)施工现场塔式起重机租赁、使用、安装/拆卸安全管理协议书。租赁的塔式起重机等施工机具，出租和承租双方应签订租赁合同，并签订使用、安装/拆卸过程中的安全管理协议书，明确双方在租赁、使用期间及安装/拆卸过程中的安全责任和义务；委托安装/拆卸单位安装/拆卸塔式起重机时，还应签订安装/拆卸合同，也应明确安装/拆卸安全责任。塔式起重机的安装/拆卸单位资质、相关人员的资格证书及设备统一编号应存档备查，并报项目监理部备案。

(14)施工现场塔式起重机安装/拆卸方案及群塔作业方案、起重吊装作业专项施工方案。塔式起重机安装/拆卸、起重吊装作业等必须编制专项施工方案，涉及群塔（两台及以上）作业时必须制订相应的方案和措施，确保各相邻塔式起重机之间的安全距离；应制订起重作业的安全措施，绘制平面布置图，并报项目监理部核查。

(15)施工现场塔式起重机安装/拆卸报审报告。该报审报告按当地住房城乡建设主管部门的规定执行。

(16)施工现场塔式起重机机组与信号工安全技术交底。塔式起重机使用前，总承包单位与机械出租单位应共同对塔式起重机机组人员和信号工进行联合安全技术交底，并做好记录。

3. 施工机具安全管理资料的内容及要求

(1)施工现场施工机具检查验收记录表。施工机具包括物料提升机械、电动吊篮、龙门式起重机、打桩及钻孔机械、挖掘机、装载机、混凝土泵、混凝土搅拌机、钢筋机械、木工机械等中小型机械。施工机具的检查验收，由租赁单位主动向施工单位提供已经过检查的有关资料及必须现场检查的部位情况，按"施工现场施工机具检查验收记录表"进行记录，有关负责人签字，报项目经理部核查（其中1~8台每台一验，9~10台可每棚、每房一验）。

(2)施工现场施工机具安装验收记录表。为保证施工机具正常运行和安全使用，凡进入施工现场需安装的机具都应根据实际情况进行安装验收，并填写"施工现场施工机具安装验收记录表"。

(3)施工现场施工机具维修保养记录表。施工现场施工机具的维修保养应填写"施工现场施工机具维修保养记录表"，施工单位自有施工机具由项目经理部负责，租赁的施工机具由出租单位负责，应建立机械设备的检查、维修和保养制度，编制设备保修计划。

(4)施工现场施工机具使用单位与租赁单位租赁、使用、安装/拆卸安全管理协议。凡是租赁的施工机具，使用单位与租赁单位应签订租赁、使用、安装/拆卸过程中的安全管理协议，明确双方的责任和义务；凡由租赁单位负责维修保养及安全责任管理的，由租赁单位建立施工机具检查、维修和保养制度，编制保修计划，保证施工机具的安全使用。

(5)施工现场施工机具安装/拆卸施工方案。凡需安装/拆卸的施工机具，都必须由安装单位编制安装/拆卸施工方案，并经技术负责人批准，按施工方案进行安装/拆卸。

4. 建筑起重机械安全归档文件的内容及要求

(1)建筑起重机械备案证明、使用登记证明：由施工单位提供，施工单位、监理单位及其他相关单位共同保存。

(2)起重设备、自升式架设设施安装/拆卸工程专项施工方案：由施工单位提供，施工单位、监理单位共同保存。

(3)安装/拆卸、使用安全技术交底单：由施工单位提供，施工单位保存。

(4)设备、设施安装工程自查与验收记录：由施工单位提供，施工单位、监理单位共同保存。

(5)定期自行检查记录、定期维护保养记录、维修和技术改造记录：由施工单位提供，施工单位及其他相关单位共同保存。

(6)运行故障记录：由施工单位提供，施工单位保存。

(7)累计运转记录：由施工单位提供，施工单位保存。

(8)应急救援预案：由施工单位提供，施工单位、监理单位共同保存。

6.5.6 施工现场文明生产安全管理资料的内容及归档要求

(1)施工现场施工噪声监测记录表。施工现场在作业过程中，各类设备产生的噪声在场界边缘应符合国家有关标准。项目经理部应定期在施工现场场地边界对噪声进行监测，将监测结果填入"施工现场施工噪声监测记录表"，并报项目监理部备案。

(2)施工现场文明生产定期检查表。项目经理部项目安全负责人应根据施工安全制度及施工现场文明施工的情况，组织有关人员定期对各项内容等进行检查，并按"施工现场文明生产定期检查表"记录。

(3)施工现场办公室、生活区、食堂等卫生管理制度。办公区、生活区、食堂等各类场所应制定相应的卫生管理制度、卫生设施布置图，明确各区域负责人。

(4)施工现场应急药品、器材的登记及使用记录表。施工现场应配备必要的应急药品和器材，并对应急药品、器材的配备品种、数量及使用情况进行登记。

(5)施工现场急性职业中毒应急预案。施工现场应编制急性职业中毒应急预案，并应定期演练，保证发生中毒事故时能有效启动。

(6)施工现场食堂卫生许可证及炊事人员的卫生、培训、体检证件。施工现场设置食堂时，必须办理卫生许可证和炊事人员的健康合格证、培训证，并将相关证件在食堂明示，复印件存档备案。

(7)施工现场各阶段现场存放材料堆放平面图及责任区划分，材料保存、保管制度。施工现场应绘制材料堆放平面图，现场内各种材料应按照平面图进行堆放，并明确各责任区的划分，确定责任人；各种材料应建立保存、保管、领取、使用的相关制度，并抄报项目监理部备案。

(8)施工现场成品保护措施。施工现场应制订各类成品、半成品的保护措施，并将措施落实到相关管理部门和作业人员，并报项目监理部审查。

(9)施工现场各种垃圾存放、消纳管理制度。项目经理部应对施工现场的垃圾、建筑渣土建立处理制度，对处理结果进行检查，并及时对运输和处理情况进行记录，报项目监理部审查。

(10)施工现场环境保护管理方案。项目经理部应识别和评价作业过程中可能出现的环境危害因素，制订环境污染控制措施，编制项目环境保护管理方案；应成立由项目经理负责的环境保护管理机构，制定相关责任制度，明确责任人，并报项目监理部审查。

◎ 模块小结

按照工程建设过程中参建单位的不同，可将建设工程施工现场安全管理资料划分为建设单位施工现场安全管理资料(A类)、监理单位施工现场安全管理资料(B类)、施工单位施工现场安全管理资料(C类)三大类。

建设单位施工现场安全管理资料主要包括施工现场安全生产监管备案登记表，施工现场变配电站、变压器、地上和地下管线及毗邻建筑物、构筑物资料移交单，建筑工程施工许可证，夜间施工审批手续，施工合同，施工现场安全生产防护、文明施工措施费用支付统计，建设单位向当地住房城乡建设主管部门报送的危险性较大的分部分项工程清单，上级主管部门、政府主管部门检查记录等。

监理单位施工现场安全管理资料主要包括工程技术文件报审表，施工现场施工起重机械安装/拆卸报审表，施工现场施工起重机械验收核查表，施工现场安全隐患报告书，工作联系单，监理通知，工程暂停令，工程复工报审表，安全生产防护、文明施工措施费用支付申请表，安全生产防护、文明施工措施费用支付证书，施工单位安全生产管理体系审核资料，施工单位专项安全施工方案及工程项目应急救援预案审核资料等。

课后习题

一、选择题

1. 工程质量监督，由( )单位到质量监督机构办理履行工程质量监督的手续，由质量监督机构负责提供。

A. 建设 B. 施工 C. 监理 D. 设计

2. 所谓检验，就是对检验项目中的性能进行量测、检查、试验等，并将结果与( )要求进行比较，以确定每项性能是否合格所进行的活动。

A. 标准规定 B. 监理 C. 建设单位 D. 常规

3. 在建筑工程中，对安全、卫生、环境保护和公众利益起决定性作用的检验项目为( )项目。

A. 主控 B. 关键 C. 重要 D. 主检

4. 监理文件管理的对象是( )，它们是工程建设监理信息的主要载体之一。

A. 监理文件资料 B. 监理质量控制资料

C. 施工单位资料 D. 监理管理资料

5. 工程开/复工报审表属于( )。

A. 监理管理 B. 监理质量控制

C. 监理进度控制 D. 监理造价控制

6. 工程竣工预验收合格后，由( )向建设单位提交工程质量评估报告。

A. 总监理工程师代表 B. 监理工程师

C. 项目总监理工程师 D. 监理单位法人代表

7. 工程质量评估报告，由总监理工程师及( )签字，并加盖公章。

A. 总监理工程师代表 B. 监理工程师

C. 监理单位技术负责人 D. 监理单位法人代表

8. 施工单位在接到监理通知之后，对通知中提到的问题应认真分析、制订措施，及时整改，并把整改的结果填写( )，经项目经理签字、项目部盖章后报项目监理部复查。

A. 整改单 B. 复查表

C. 联系函 D. 监理通知回复单

9. 单位工程安全和功能检验资料核查及主要功能抽查记录由( )。

A. 施工单位项目经理 B. 总监理工程师

C. 建设单位项目负责人 D. 施工单位项目经理和总监理工程师

10. 两个以上施工单位在同一作业区域内进行可能危及对方安全生产的施工活动，未签订安全生产管理协议，责令( )。

A. 立即改正 B. 限期改正 C. 立即停工 D. 停工改正

11. ( )依法对本单位的安全生产全面负责。

A. 施工单位主要负责人　　　　　　　　B. 安全员

C. 项目经理　　　　　　　　　　　　　　D. 施工员

12. 施工单位发生生产安全事故，实行施工总承包的建设工程，由( )单位负责上报事故。

A. 分包　　　　　B. 总承包　　　　　C. 监理　　　　　D. 建设

13. 施工单位应当对从业人员进行安全生产教育和培训，未经安全生产教育和培训合格的从业人员，不得( )。

A. 进入工地　　　　B. 录用　　　　　C. 从业　　　　　D. 上岗作业

14. 组织应建立完善的信息管理制度和安全( )制度，坚持全过程管理的原则。

A. 教育　　　　　B. 检查　　　　　C. 交底　　　　　D. 责任

15. 根据《建设工程安全生产管理条例》规定，施工单位的主要负责人、项目负责人、( )应当经住房城乡建设主管部门或者其他有关部门考核合格后方可任职。

A. 资料员　　　　　　　　　　　　　　B. 技术员

C. 总工程师　　　　　　　　　　　　　D. 专职安全生产管理人员

二、名词解释

1. 现场安全资料

2. 监理单位安全资料

三、简答题

1. 简述安全管理资料的管理要求。

2. 简述建设单位施工现场归档文件内容及要求。

模块 7　建筑工程资料的归档、组卷与移交

模块 7　课程内容及对应素养元素

章节	内容	讨论	素养元素
模块 7 建筑工程资料的归档、组卷与移交	归档文件的质量要求	1. 归档文件的质量要求有哪些？ 2. 以小组为单位收集某工程建筑工程资料，如何完成该资料的归档任务？	团结合作 严谨细致

思维导图

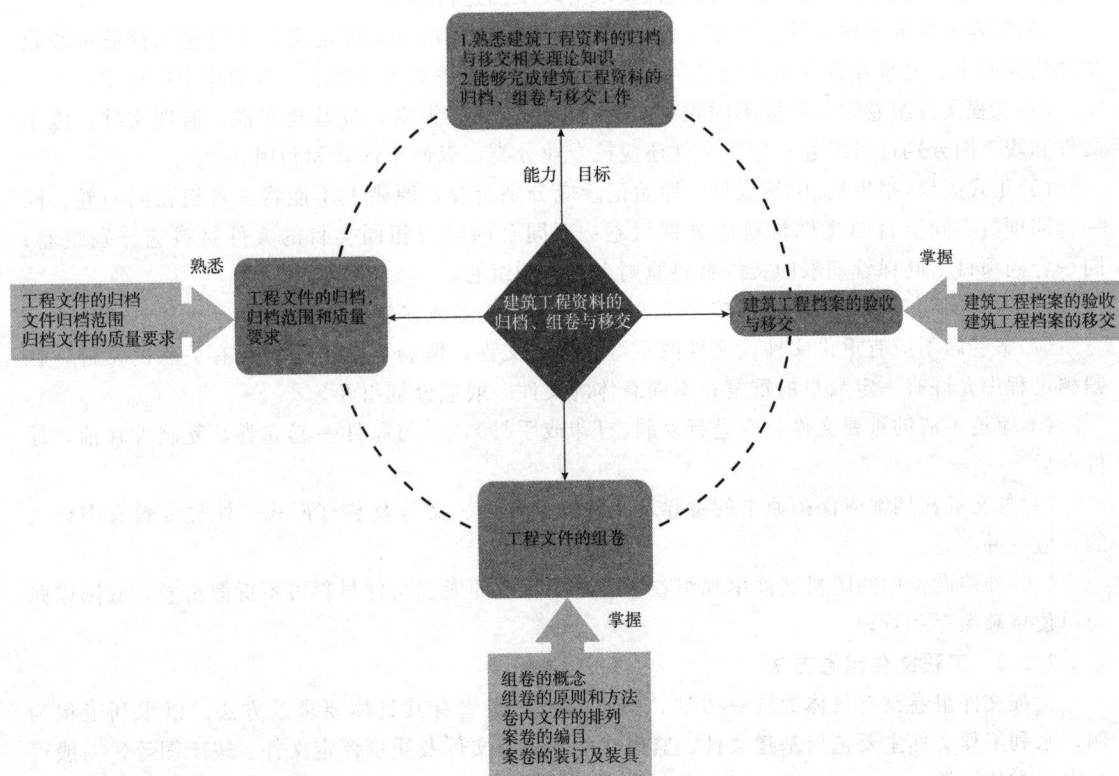

7.1　工程文件的归档范围及要求

建筑工程文件的归档范围见附录表格。

7.2 工程文件的组卷

工程文件的载体有纸质载体、光盘载体两种。工程文件组卷归档的工程档案可采用纸质载体、微缩品载体和光盘载体三种形式。这里主要介绍采用纸质载体的工程文件组卷、归档有关方法、要求。

7.2.1 工程文件组卷原则、要求

1. 工程文件组卷原则

组卷要遵循工程文件的形成规律和成套性特点，保持案卷内材料的有机联系，便于档案的保管和利用，符合档案管理要求。一个建设工程由多个单位工程组成时，工程文件应按单位工程组卷。

2. 工程文件组卷一般要求

(1)组卷前要详细检查基建资料、监理资料、施工资料和设计资料，按要求收集齐全、完整。案卷内材料的载体和书写材料应符合耐久性要求，不能有热敏纸，不能有铅笔、圆珠笔、红墨水、纯蓝墨水、复写纸等书写的字迹。

(2)工程竣工后，应绘制竣工图。竣工图应反差明显、图面整洁、线条清晰、字迹清楚，能满足微缩和计算机扫描的要求，并按相关要求对竣工图进行组卷。

(3)工程文件如基建文件、监理文件、施工文件、建筑物质量评定文件及房建工程质量验收文件均应齐全、完整并符合相关规定。文件材料和图纸应满足质量要求，否则应予以返工。

(4)工程文件组卷时，应按不同收集、整理单位及文件类别，按基建文件、监理文件、施工文件和竣工图分别进行组卷；施工文件还应按专业分类，以便于保管和利用。

(5)正式成果(报告)、中间成果、原始记录应分别组卷，原则上不能将三者组在同一卷；同一合同项目不同类目的文件材料应分别组卷；不同合同项目相同类目的文件材料应分别组卷；同一合同项目不同保管期限的文件材料原则上应分别组卷。

(6)同一问题一卷装不下，可按单位工程、分部工程组成多卷。

(7)案卷内不应有重份文件，文件内不得有重页文件，但卷与卷之间相互有关联的文件，在归档过程中允许有一定数量的重复；不同载体的文件一般应分别组卷。

(8)字迹不清的重要文件，应进行复制(打印或手抄)，并与原件一起立卷，复制件在前，原件在后。

(9)外文资料档案应保持原来的案卷及文件排列顺序、文号及装订形式，外文资料有中译文的，应一并立卷。

(10)外购设备中的随机文件单独组卷。引进项目中的成套文件材料可不拆散组卷；底图以张为单位单独保存和管理。

7.2.2 工程文件组卷方法

工程文件组卷没有具体的统一方法，但不同工程组卷有其具体要求及方法。以水利工程为例，水利工程文件主要包括基建文件、监理文件、施工文件及质量评定文件、竣工图等，一般可按以下方法组卷。

(1)基建文件组卷。基建文件可按建设程序、专业、形成单位等组成一卷或多卷；也可根据类别和数量的多少组成一卷或多卷，如工程决策立项文件卷，征地拆迁文件卷，勘察、测绘与设计文件卷，工程开工文件卷，商务文件卷，工程竣工验收与备案文件卷。同一类基建文件还可根据数量多少组成一卷或多卷。

(2)监理文件组卷。监理文件可按单位工程、分部工程、专业、阶段等组卷。监理文件可根据文件类别和数量多少组成一卷或多卷。

（3）施工文件组卷。施工文件可按单位工程、分部工程、专业、阶段等组卷；每个专业再按照文件类别的顺序排列，并根据文件数量多少组成一卷或多卷。

对于专业化程度高，施工工艺复杂，通常由专业分包施工的单元工程应分别单独组卷。单独组卷的单元工程按照顺序排列，并根据文件数量的多少组成一卷或多卷。

（4）建筑物施工质量评定文件组卷。根据单位工程或专业进行分卷，每单位工程应组成一卷，如堤防工程、灌浆工程、土砌工程、混凝土面板堆石坝、浆砌石坝、发电厂房等，应分别组成一卷或多卷。

（5）房建工程质量验收文件组卷。房建工程施工质量验收文件应按文件的类别或专业进行分类组卷，有时也按单位工程进行组卷，并根据质量验收文件的多少组成一卷或多卷。

（6）竣工图可按单位工程、专业等组卷，并根据文件数量多少组成一卷或多卷。

（7）组卷时，案卷及卷内文件不重份，不同载体的文件一般应分别组卷。

（8）组成的卷案应美观、整齐。若卷内存在多类工程文件时，同类文件可按自然形成的顺序和时间排序，不同文件之间可按一定顺序进行排列。

7.2.3 卷内文件的排序

卷内文件排序是指通过对卷内文件进行认真分析，仔细研究，寻找出它们之间的主要联系，并按照其主要联系排序，从而固定每份文件在卷内文件中的位置。不同工程卷内文件排序不同，同一工程卷内文件排序也不尽相同。

1. 卷内文件排序一般要求

（1）文字材料应按事项、专业顺序排列。同一事项的请示与批复、同一文件的印本与定稿、主件与附件不能分开，应按批复在前、请示在后，印本在前、定稿在后，主件在前、附件在后的顺序排列。

（2）设计文件按凭证性材料、基础性材料、预可行性研究、可行性研究、招投标设计、施工图设计、设计修改等内容排列。

（3）施工文件按管理、依据、建筑、安装、材质与产品检验、施工试验、施工记录、检查验收、质量评定等内容排列。

①施工综合管理文件按文件类型、问题、时间排列。

②材质证明文件按材质类别、批次排列。

③试验检验、施工记录、质量检查、评定、验收文件按单位工程、分部（分项）工程、桩号、高程排列。

（4）设备文件按依据性、开箱验收、随机图样、安装调试和运行维修等顺序排列。即按开箱验收单→装箱单→合格证（产品质量证明书）→出厂检验文件→使用说明书→厂家图→安装调试记录的顺序排列。

（5）合同及决算类文件按立项、招标、投标、评标、中标、合同谈判、合同及审批、合同变更、合同索赔、工程量核定、概预算及审批、价差文件、奖励、造价分析、评估文件、统计报表、结算文件、审计文件、完（竣）工决算排列。

（6）设计变更、现场洽商、材料变更等有关变更类文件按类别、时间、文号排列。

（7）图纸应按专业排列，同专业图纸应按图号顺序排列。

（8）文字材料和图纸材料原则上不能混装在一个装具内，如文件材料较少，需放在一个装具内时，文字材料和图纸材料必须混合装订，其中文字材料排前，图样材料排后。有译文的外文文件译文在前，原文在后。

2. 卷内文件排序举例

【例1】某重大水利水电枢纽工程施工文件案卷排列。

（1）管理文件。首先，按主题（问题）分类，如质量管理、进度管理、费用管理等，涉及几个方面的综合性文件资料排在最后一类；其次，按文件资料产生的时间排列；最后，按重要程度排列。

（2）质量检查文件。首先，就某一单元工程，按成果文件、中间性文件和原始文件依次分类排列；其次，按重要文件和次要文件排列。

（3）工程验收文件。在质量检查文件整理的基础上，依次按类排列到相应的单位工程、分部工程、单元工程。

（4）材质证明与质量检验文件。首先针对某一材料按检验成果、检验原始记录、材质证明排列；其次按材料种类、型号、批次排列。

（5）施工综合文件。排列顺序为开工令，工程技术交底、图纸会审纪要，施工组织设计，施工大事记，施工记录等。

（6）合同及决算文件。排列顺序为合同及变更，索赔文件，设计变更（按专业、部位、时间排序），工程更改洽商函件（按专业、部位、时间排序），材料代用核定审批件（按品种、型号排序），工程量核定文件，竣工决算。

（7）竣（完）工验收文件。排列顺序为验收批准书、鉴定书（签证），验收申请报告，设计报告，监理报告，施工报告，总公司项目管理报告。

（8）竣工图纸的编排。

①按总体和局部的关系排列。即总体性、综合性的图在前，局部性的图居中，细部的、大样性的图排后。如按总体布置图→系统图→平面图→大样图等。

②按合同项目工程的单位工程（分部工程、分项工程、单元工程）分专业立卷。

（9）图文混合材料。分两种情况处理。第一，对要编制文件（对象）或保管单位的全面情况进行说明或指导的综合性材料，排列在图样的前面；第二，只是针对本卷内图样进行补充说明或局部性一般说明的，其文字文件排在图样的后面。

【例2】某水电工程建设项目文件组卷方法。

（1）征地拆迁文件、招标文件、投标文件及评标文件、承包合同、合同谈判、业主各部门形成或收到的非普发性的针对具体工程建设项目的工程各项管理文件和工程的阶段验收、竣工验收形成的文件、工程结算（决算）及工程审计报告等有关的工程文件。由主管部门和建设单位根据工程文件形成的阶段、性质、内容，分别按项目结合问题、年度、单项或单位工程、形成单位、保管期限等分别组卷。

（2）建设项目设计文件包括地质勘察资料、（预）可研性研究、概算、施工图设计等由设计院或建设单位按项目、阶段、单位（分部）工程、专业分别组卷。

（3）建设项目施工阶段形成的施工文件包括开工报告、施工组织设计、施工方案（措施）、施工计划及批复，施工月（季、年）报、施工日志、质量缺陷（问题）认定处理等及有关工程质量、进度、安全、水土保持（简称水保）、环境保护（简称环保）等文件由施工单位按合同项目的单位工程或分部工程和专业及阶段结合问题、年度、保管期限等分别组卷。各项施工原始记录、原材料出厂证明、各种试验检验报告、单元工程验收及质量评定文件等由施工单位按合同项目的单位工程或分部、单元工程结合专业、阶段及文件类型和桩号、高程分别组卷。

（4）建设项目监理工作形成的监理文件包括监理通知、开（停、复）工令、备忘录、有关会议纪要、施工质量检验分析、合同管理文件、计划进度管理文件、工程质量控制文件、工程技术管理文件、工程计量与支付文件、与建设单位及各参建单位的来往函件、监理月（季、年）报、监理日志由监理单位按合同项目结合问题、文件类型、年度、保管期限等分别组卷。监理大纲、监理规划、监理细则、监理（总结）报告及其审核或批复意见由监理单位按监理合同项目结合专题及不同的专业组卷。

（5）建设项目安全监测、测量、水保、环保、试验检测等中心形成的文件分别由各中心负责整理。其中，月（季、年）报、日志分别由各中心按年度组卷；各种抽检原始记录、各种正式成果、报告及与建设单位和各参建单位的来往函件等分别由各中心按合同项目结合单位工程（含分部）、文件类型、问题及不同的专业、保管期限分别组卷。

（6）涉及工程变更的设计变更文件、工程联系单等由施工单位按单位工程、分部工程结合专业、年度组卷。

（7）竣工图由施工单位按单位工程、分部工程结合专业、装置等组卷。

（8）竣工验收文件由承办单位按单位工程结合专业、阶段、问题等组卷。

（9）设备、技术、工艺、专利、商检及索赔文件应由承办单位按单位工程、专业、台（套）件结合保管期限等组卷，但同一型号的设备一次采购了多台（套），且随机文件相同的部分只归一个台（套），其他台（套）相同的部分可不编入，但必须在卷内备考表中注明。现场使用的译文及安装、调试形成的非标准图、竣工图、设计变更、试运行及维护过程中形成的文件，工程事故处理文件由施工单位按台（套）或合同工程结合保管期限等组卷。

（10）工程建筑物照片按导流工程、混凝土坝、引水工程、发电厂房工程、升变压工程、机组设备安装、对外交通工程、场内公路、管理设施、施工临时工程、其他工程组卷。其他资料如工程签字仪式和开工庆典、各有关重要会议（经验交流会、技术鉴定会等）、上级领导参观检查指导、技术咨询、交流活动等根据实际情况可分别组卷或将上述内容全部组在一起。

7.3　建筑工程档案的验收与移交

工程竣工档案是工程建设的重要组成部分，但部分有关领导和单位对其重要性认识不到位，建设施工单位交纳工程保证金削弱了工程竣工档案管理责任，有关单位对工程竣工档案管理缺乏行之有效的治档法规。

1. 工程档案的验收

对列入城建档案馆（室）档案接收范围的工程，建设单位在组织工程竣工验收前，应提请城建档案管理机构对工程档案进行预验收。建设单位未取得城建档案管理机构出具的认可文件，不得组织工程竣工验收。

2. 工程档案验收的内容

（1）工程档案齐全、系统、准确、规范。

（2）工程档案的内容必须真实、准确地反映工程建设活动和工程实际状况。

（3）工程档案已整理立卷并符合有关规范的规定。

（4）竣工图绘制方法、图式及规格等符合专业技术要求，图面整洁，盖有竣工图章。

（5）文件的形成、来源符合实际，要求单位或个人签章的文件，其签章手续完备。

（6）文件材质、幅面、书写、绘图、用墨、托裱等符合要求。

3. 工程档案移交、份数及手续

列入城建档案馆（室）接收范围的工程，建设单位在工程竣工验收备案例，必须向城建档案馆（室）移交一套符合规定的工程档案；建设单位自行保留一套工程档案。

当建设单位向城建档案（室）移交工程档案时，应办理移交手续，填写移交目录，双方签字、盖章后方可交接。

4. 停建、缓建建设工程的档案的管理

停建、缓建建设工程的档案的管理应暂由建设单位保管。

5. 对改建、扩建和维修的工程档案管理

建设单位应当组织设计、施工单位据实修改、补充和完善原工程档案。对改变的部位，应当重新编制工程档案，并在工程竣工验收备案前向有关单位移交。

模块小结

工程档案的编制和向工程档案保管单位移交的编报制度主要体现在：一要及时、全面地收集整理资料；二要按规定编制合格的工程档案；三要按规定向工程档案保管部门移交档案。

建设工程档案是指在建设工程活动中直接形成的具有归档保存价值的文字、图表、声像等各种形式的历史记录。

建设工程档案资料包括规划文件资料、建设文件资料、施工技术资料、竣工图与竣工测量资料、竣工验收资料和声像资料等。

视频：文件归档范围及质量要求   视频：文件归档规范基本要求   视频：项目资料管理制度及职责

课后习题

一、选择题

1. 归档文件必须（   ）、准确、系统，能够反映工程建设单位活动的全过程。

A. 完整   B. 齐全   C. 全面   D. 系统

2. 工程档案一般不少于（   ）套。

A. 一   B. 两   C. 三   D. 四

3. 归档的工程文件应为（   ）。

A. 原件   B. 复印件   C. 原件或复印件   D. 原件及复印件

4. 工程文件中文字材料幅面尺寸规格宜为（   ）幅面。

A. A1   B. A2   C. A3   D. A4

二、名词解释

1. 工程文件

2. 工程档案

3. 组卷方法

三、简答题

1. 工程文件的归档应符合哪些规定？

2. 城建档案管理机构在进行工程档案预验收时，应重点验收哪些内容？

模块 8　建筑工程资料管理软件

模块 8　课程内容及对应素养元素

章节	内容	讨论	素养元素
模块 8 建筑工程资料管理软件	信息技术的应用	1. 说说你所知道的目前发展比较快的信息技术。 2. 有哪些新兴的信息技术应用到了建筑工程建设中？	科学发展 创新意识

思维导图

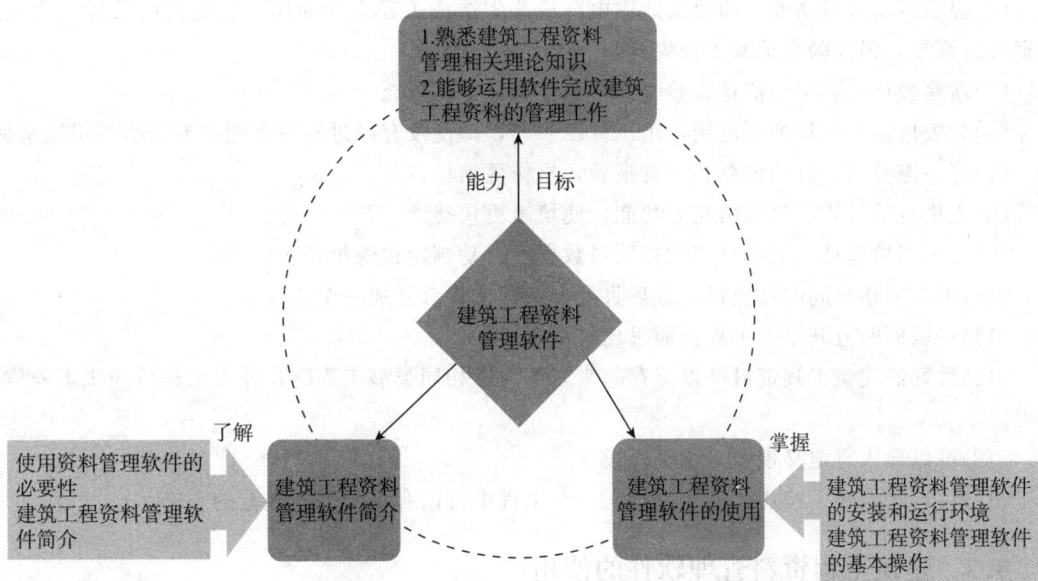

8.1　建筑工程资料管理软件简介

8.1.1　工程管理软件使用的意义

工程项目中涉及大量的建筑资料，反映了施工工作情况和管理工作情况，是工程档案的重要内容，在竣工验收阶段、索赔过程中都有着重要的作用，关系到项目建设过程的效率。在建筑工程建设初期，其形成的工程资料多为相关立项文件，其中内容反映着项目决策可行性、科学性，同时，也需以此为依据开展项目招投标、造价控制等工作。在此阶段，需参考概算、预算设计招投标文件和合理工程设计图纸等，应用相关勘察资料指导后续施工。因此，需对这些资料实施全面管理，以发挥出其实际效用。

施工过程中产生的文档资料，在项目初期内容更多、更复杂且时刻都在发生变动，尤其是有关于项目质量的资料，与施工组织中质量控制、施工现场质量控制有关。做好工程资料管理是保证其控制效果的重要举措，可以以资料为基础开展管理工作。

工程资料管理软件的使用，可以提高管理文档资料的水平，对所有资料进行分类和电子化的管理，保证资料的完整性和准确性，并及时更新文档，确保资料的时效性价值；可以提高项目的科学管控，利用这些资料，建筑项目的管理人员可以节省资料整理和管理的时间，提升管理效率；还可以将这些资料作为决策的重要依据之一，以此为基础制订工作规划，科学管控项目，在问题发生后，也能第一时间根据资料追溯责任，强化相关人员的责任意识。

8.1.2 建筑工程资料管理软件简介

建筑工程资料管理软件经过多年与施工现场使用者的合作已日趋完善，大幅提高了施工现场建筑工程资料管理的工作效率，是建筑行业广大施工技术人员的必备工具。建筑工程资料管理软件具有以下特点。

(1)具备完善的建筑工程资料数据库管理功能，可方便地查询、修改、统计、汇总、组卷、打印。

(2)实现了表格数据简单录入、快捷修改的填写方式。

(3)可以设置软件登录和工程登录两级密码保护，保护用户工程信息。

(4)提供自动备份功能，即便工地用电环境恶劣造成工程文件损坏，也能找回最后一次正确数据进行恢复，最大限度地减少损失。

(5)新建表格后，工程信息、验收部位等信息可自动填充。

(6)为表格提供大量填写范例，用户可以参照，即使没有做过资料管理的人员也可迅速掌握。

(7)可一键分部、分项汇总和一键报验，操作更简单。

(8)表格自动计算、自动填充等功能，使填表更快捷。

(9)可根据检验批一般项目和主控项目数据，自动判定检验批是否合格。

(10)可以多用户同时做项目，最后将几个工程文件合并成一个文件。

(11)可以同时打开多个工程，通过比较填表。

(12)做好的建筑工程资料可以保存起来，下次做相同类型工程时，导入工程后同步工程信息即可。

(13)可以导入自定义模板，编辑模板。

(14)可以跨专业、跨规范借用表格，一个工程中可以有多个不同规范的表格。

8.2 建筑工程资料管理软件的使用

8.2.1 建筑工程资料管理软件的安装和运行环境

以"××资料天津版"为例进行讲解。

建筑工程资料管理软件功能见表 8-1。

表 8-1 建筑工程资料管理软件功能简介

自动升级	自动提示升级，一键升级更新软件；接入网络可及时升级软件
自动填表	自动导入工程常用信息；可以在常用信息中进行编辑，直接修改常用信息
查找功能	输入关键字可以快速找到表格
序号自动填充	表格序号自动填充，依次累计加一

检验批自动填写	《建筑工程施工质量验收统一标准》(GB 50300—2013)验收表格填写检验批容量之后,样本总数、最小实抽样数量、检查记录自动填写
一键生成原始记录表	根据检验批中的数据,可一键生成原始记录表格
填表说明及表格范例	提供表格的填表说明以及范例,供填表时参考
规范的自由切换	方便借用及查看其他规程的表格
工程表格相互导入	表格可以在不同工程之间相互导入、移动,常用于工程文件之间的合并
导入/导出电子表格	方便的导入 Excel、Word、文本文件和批量导入表格,导出文本、Excel、PDF 文件
绘图、导图	软件自带画图工具,可以插入不同版本的 CAD 软件,可以直接调入 CAD 画版,还可以截图
表格批量打印	实现表格多张一起打印,也可以按表格的编制时间打印表格
电子组卷	做完工程后,软件可对工程数据分类组卷,常用于换计算机打印表格

1. 软件的安装

(1)把安装光盘放入光驱,打开光盘,选择"工程资料管理软件",双击"××资料天津版"(图 8-1)后开始安装。

(2)在弹出的安装界面中,单击"立即安装"按钮即可实现一键安装,如图 8-2 所示。

(3)安装完成,单击"立即体验"按钮(图 8-3),可以直接打开软件。

2. 软件的运行环境

该软件可安装运行在普通计算机环境下。

(1)硬件环境要求:PC 586 或以上,内存 64 MB 或以上。

图 8-1　软件程序

(2)软件环境要求:操作系统为中文 Windows 98/ME/NT/2000/XP,同时兼容 Windows VISTA、Windows 7、Windows 8 和 Windows 10 系统等。

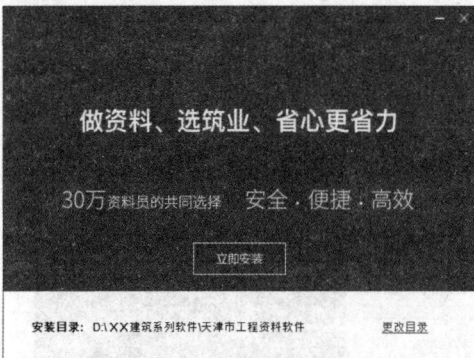

图 8-2　建筑工程资料软件安装界面 1

图 8-3　建筑工程资料软件安装界面 2

8.2.2　建筑工程资料管理软件的基本操作

1. 主界面及功能模块

软件安装完成后,在桌面生成快捷方式"××资料天津版"。双击桌面图标,即可启动建筑工程资料管理软件。

(1)软件注册。插上加密锁打开软件，如果出现"资料注册"对话框，则说明用户的资料需要注册；如果没有出现"资料注册"对话框，则说明用户的软件已注册。

注册方法如下。

①扫微信二维码，关注微信，选择"享服务"→"我要注册码"，依次填入信息码、姓名、电话，获取软件注册码。

②单击"资料注册"对话框上方的 QQ 获取注册码，进行注册。

(2)账户登录。第一次打开软件，会提示用户账户登录；如果没有账户，可以单击左下角的"账户注册"按钮注册一个新账户，登录账号后可享受直接下载程序、在线升级、直通网站等服务。选中"记住密码"和"自动登录"复选框，下次打开软件可自动登录，而不会弹出"用户登录"对话框，如图 8-4 所示。

可直接关闭"用户登录"对话框，不会影响软件基本功能的使用。

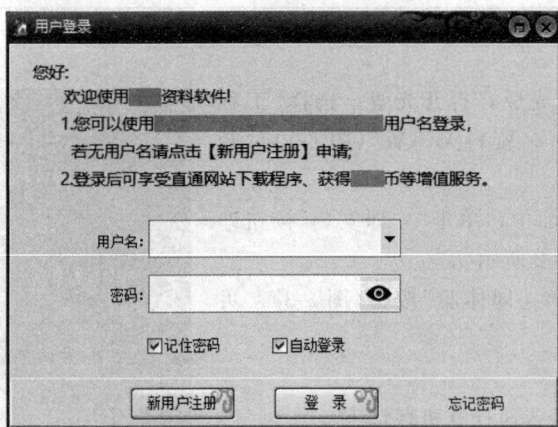

图 8-4　"用户登录"对话框

(3)软件主界面。图 8-5 所示为软件主界面。打开软件后，主界面上会自动弹出"工程向导"对话框(图 8-6)，第一次使用时只需要在"工程名称"栏输入即可。"近期打开的文件"列表显示最近打开过的工程文件。

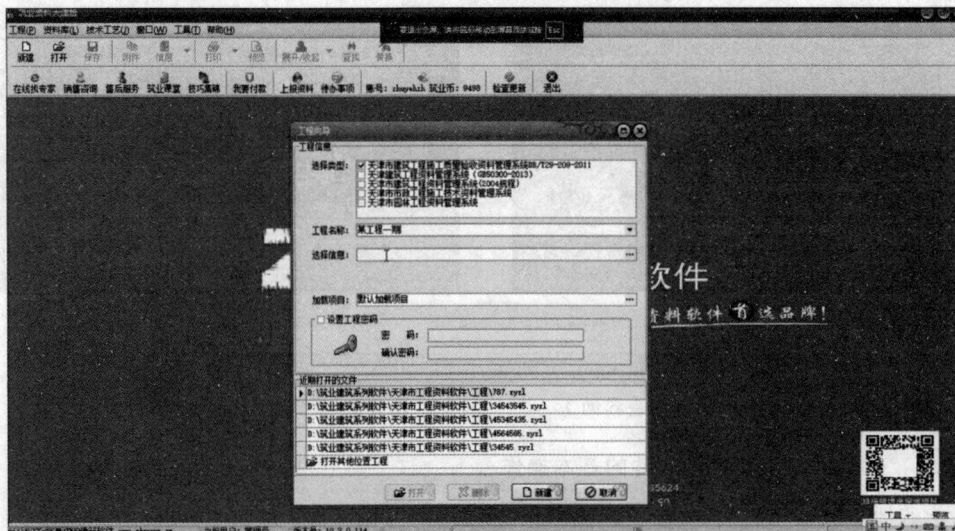

图 8-5　软件主界面

2. 新建工程

(1)单击"新建"选项后弹出"工程向导"对话框(图 8-6)。

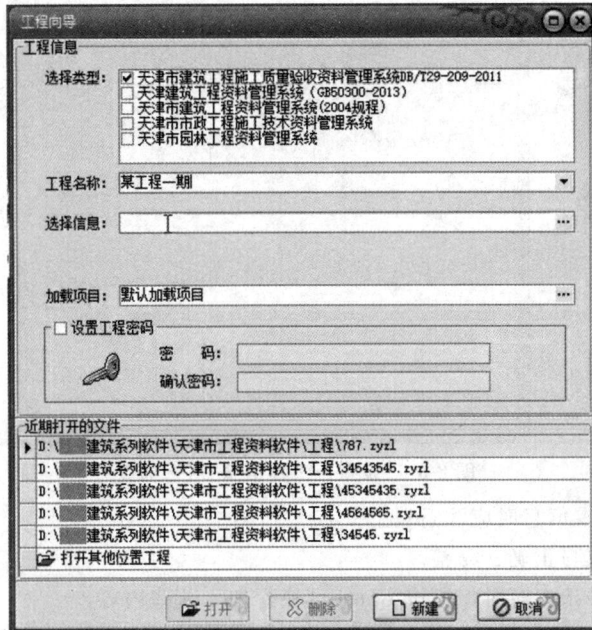

图 8-6　"工程向导"对话框

(2)在"选择类型"中选择相应的类型,在"工程名称"位置输入新建工程的名称,单击"新建"按钮,即可新建工程。

(3)单击"新建"按钮后会有初始化操作。软件初始化操作完毕后会弹出"设置—工程信息"对话框,在页面中可输入工程信息,包括工程项目名称、单位(子单位)工程名称、施工标准及编号、建筑结构类型、工程地址(建设地点)等,如图 8-7 和图 8-8 所示。

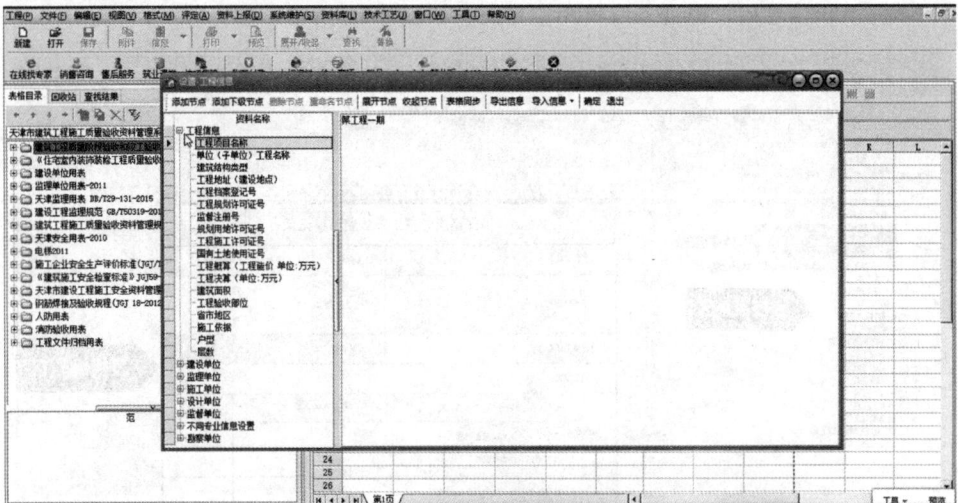

图 8-7　"设置—工程信息"对话框

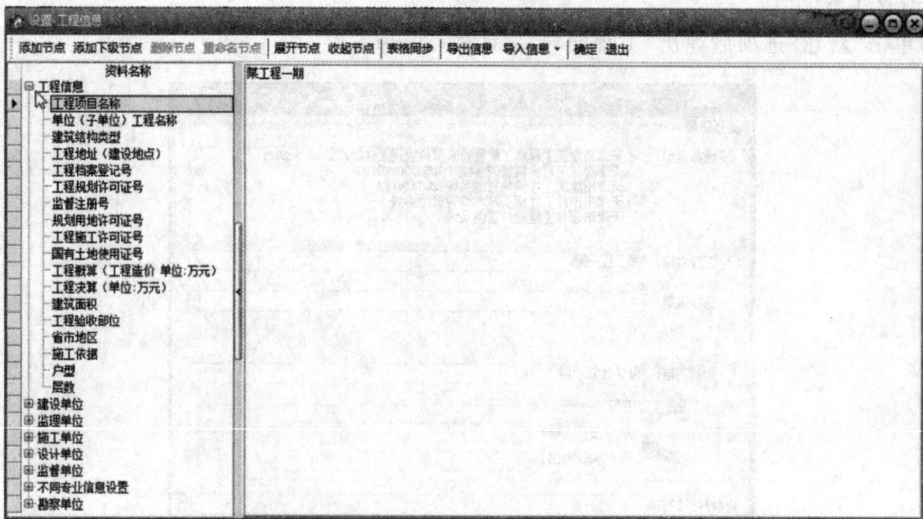

图 8-8 "设置—工程信息"对话框 2

(4)在填写工程基本信息时应注意以下几点。

①工程信息必须填写正确、完整。

②在同一项中有多条内容时，可按 Enter 键换行加入这些内容。

③在填写完工程信息退出后，若需要再次编辑，可选择"系统维护"菜单下的"工程信息"项或单击工具栏中的"信息"按钮对工程信息进行再次修改。"工程信息"修改完成后，可单击"表格同步"按钮更新表格中的工程信息。

"工程信息"中主要包括工程基本信息和相关单位信息，这些信息都是填写表格时所必需的，可在以后新建表格时自动导入用户所填写的信息。因此，完整、规范地输入这些信息，可极大地提高填表效率。

3. 资料编辑

用户填完工程信息后，即进入编辑操作界面，如图 8-9 所示。

图 8-9 编辑操作界面

模板目录区：软件自带标准模板，分别按工程资料管理规程和组卷目录排序，用于显示软件自带的资料表格模板。注意：软件自带的标准模板不允许删除，只有在新建表格之后，才能对其进行填写、编辑等处理操作。

表格编辑区：是表格填写的工作区域，用于显示和编辑当前所选表格的内容。

下面将按照表格填写的常规步骤，介绍相关的详细操作。

(1)模板目录。图 8-10 中呈现了资料管理软件自带的表格模板目录。要查找一种表格时，首先要确认表格所属编制单位(基建文件、监理资料、施工资料等)并找到相应的目录，然后展开该级目录查找。单击"+"即可展开模板目录；也可以通过工具栏"查找"按钮，输入关键字后查找表格，例如，要查找关于"隐蔽"的表格，查找结果中将会出现所有带"隐蔽"字样的表格，如图 8-11 所示。

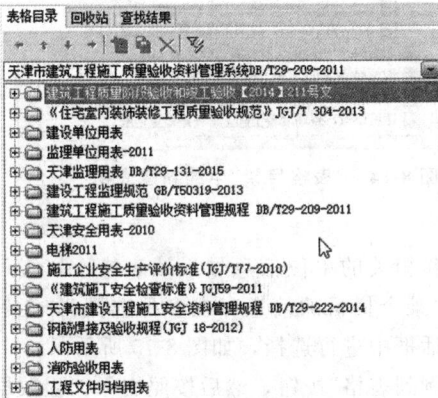

图 8-10 模板目录

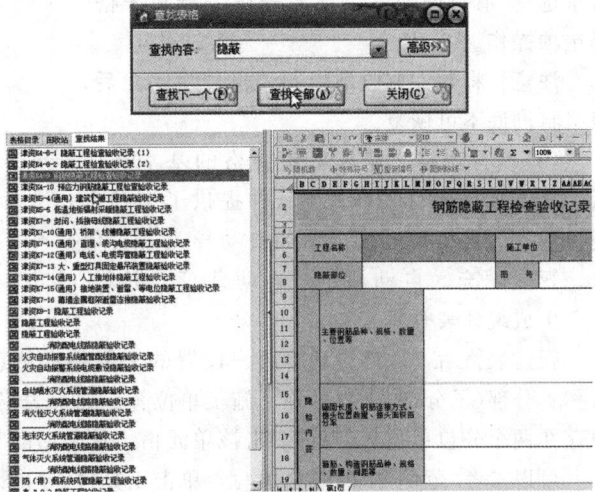

图 8-11 查找表格

(2)新建与删除表格。

①新建表格：在模板目录中查找或通过工具栏的"查找"按钮查找实际工程所需要的表格，然后单击鼠标右键选择"新建表格"选项，如图 8-12 所示。也可以在所需的表格模板上双击或单击工具栏上的"新建"按钮新建表格。

在弹出的"新建表格"对话框中可修改默认的表格名称，在"表格目录"中就可以看到新建的表格，如图 8-13、图 8-14 所示。

图 8-12 新建表格

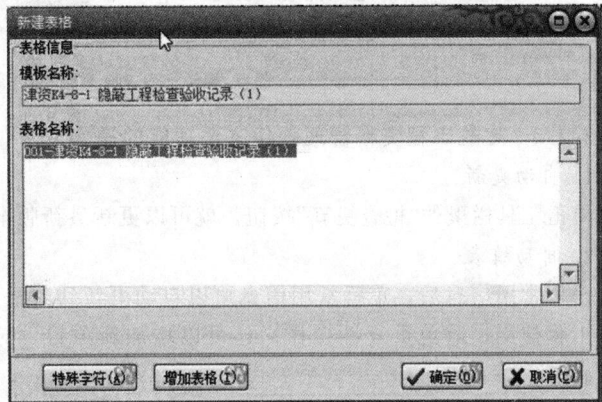

图 8-13 新建表格名称修改

注意：用户可以在"表格名称"栏中修改表格的名称，还可以选择新建表格的数量，但模板名称是软件默认的，不允许修改。

②删除表格：在新建表格后，因为各种原因可能需要将其删除，这时可在需要删除的表格上单击鼠标右键选择"删除表格"即可。表格将被删除到软件的回收站中（注意并不是操作系统的回收站中）。还可以通过单击鼠标右键相关目录选择"清空回收站""还原表格""删除表格"等选项操作。

注意：将软件回收站中的表格再次删除后，表格将彻底不可恢复。

（3）填写表格。完成新建表格的基本操作后，接下来是填写表格。该软件提供了多种方便、快捷的表格填写功能，如自动导入表头信息、智能填充、自动评定、自动计算、汇总、自动生成统计表等。

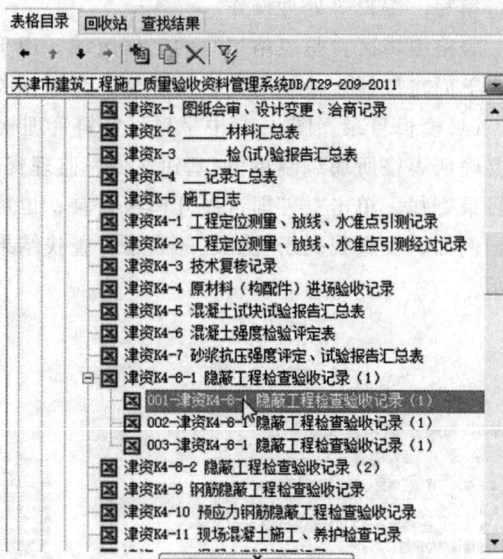

图 8-14 "表格目录"中的新建表格

新建表格后，软件自动将用户设置的工程基本信息和相关的单位信息导入该表格，如工程名称、分部（子分部）工程名称、施工单位等。如果表格中某个栏目的信息存在多种选择（如工程中存在两个分包单位），则可双击该单元格，从弹出的对话框中进行选择，如图 8-15 所示。

可以参考"范例"中的表格填写，单击工具栏"导出范例到表格"按钮，然后按照实际工程数据进行修改即可，如图 8-16 所示。

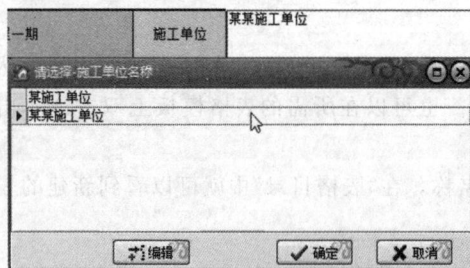

图 8-15 项目工程名称信息选择

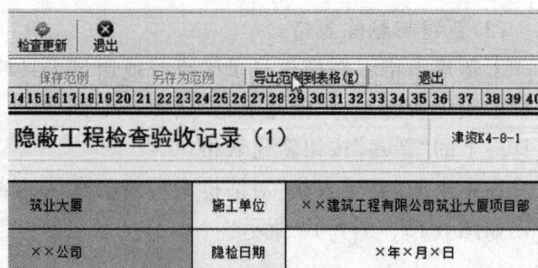

图 8-16 导出范例到表格

8.2.3 建筑工程资料管理软件主要功能的操作

1. 自动更新

单击工具栏里的"检查更新"按钮，就可以更新最新版本或查看当前是否为最新版本（图 8-17）。

2. 自动填表

设置常用信息后，工程常用信息可以自动更新到表格，并可以导入填写完成的信息，方便下一个工程使用，避免重复性操作；还可以增加新项目，对常用信息、通用信息、系统信息进行管理。

新建表格后，一些基本信息会自动生成，生成的信息是在"工程信息"中填写的内容，工程信息填写得越全面，生成相关内容也就越全面，填写表格的效率就会越高，如图 8-18 所示。

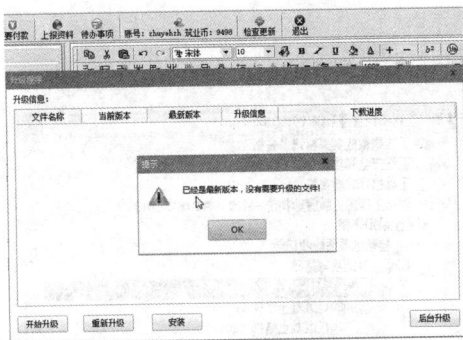

图 8-17　自动更新

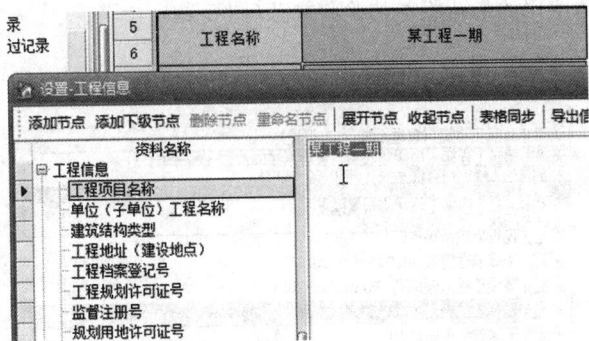

图 8-18　自动填表

3. 查找功能

单击工具栏"查找"按钮，选中"表格目录"的第一行，在"查找表格"对话框中输入要查找的关键字，单击"查找全部"按钮，即可找到全部带有关键字名称的表格，如图 8-19 所示。

单击"查找表格"对话框的"高级"按钮，可以实现更精准的查找，如图 8-20 所示。

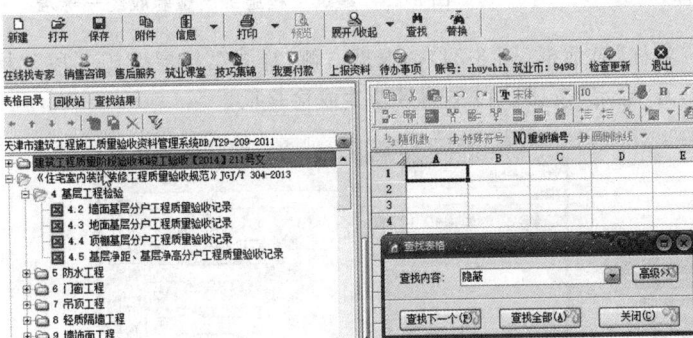

图 8-19　查找表格

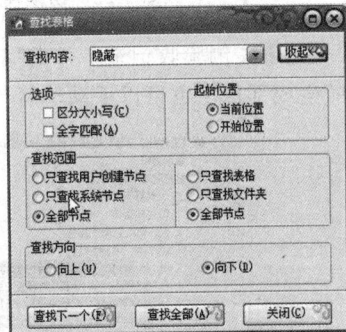

图 8-20　高级查找

4. 序号自动填充

填写开头的序号，之后只需要在序号右边的单元格填写内容，其对应的序号会自动依次累计加一。如图 8-21 所示，手动填写序号"1"，填写后续内容时表格会自动生成序号"2、3、4……"

图 8-21　序号自动填充

5. 检验批自动填写

填写完成检验批容量，相应的样本总数、最小实际抽样数量、检查记录、检查结果等可以自动填充数据。

单击"表格目录"右上角的黄色下拉按钮，切换到"天津市建筑工程资料管理系统（2004 规程）"模板库，如图 8-22 所示。

在"表格目录"中找到《建筑工程施工质量验收统一标准》（GB 50300—2013）"，可以看到天津使用的最新版本的验收规范(图 8-23)。

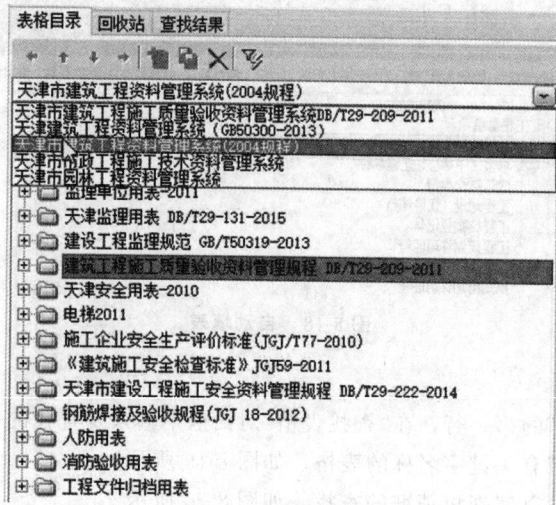

图 8-22 切换模板库

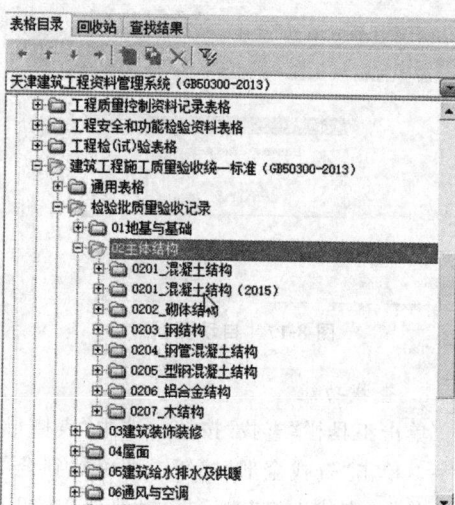

图 8-23 建筑工程施工质量验收统一标准

双击左侧验收记录,弹出"部位名称"对话框(图 8-24),根据右侧"样式""楼层""施工段""构件"生成部位,也可以手动填写,单击"确定"按钮,在左侧目录生成检验批。

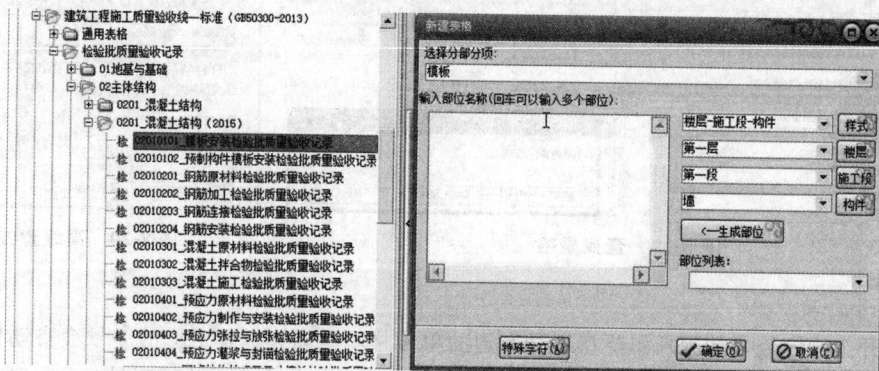

图 8-24 部位名称对话框

填写表格中的检验批容量,会自动生成其他数据信息,如图 8-25 所示。

模板安装检验批质量验收记录

02010101　　001

单位(子单位)工程名称		分部(子分部)工程名称	主体结构/混凝土结构	分项工程名称	模板
施工单位	某施工单位	项目负责人		检验批容量	123㎡
分包单位	某单位	分包单位项目负责人		检验批部位	第一层~第一段~
施工依据	《混凝土结构施工规范》GB 50666-2011		验收依据	《混凝土结构工程施工质量验收规范》GB50204-2015	

		验收项目	设计要求及规范规定	样本总数	最小/实际抽样数量	检查记录	检查结果
主控项目	1	模板及支架材料质量	第4.2.1条		/	质量证明文件齐全有效	√
	2	现浇混凝土模板及支架安装质量	第4.2.2条	123	全 /	抽查 处,合格 处	√
	3	后浇带处的模板及支架独立设置	第4.2.3条	123	全 /	抽查 处,合格 处	√
	4	支架竖杆和竖向模板安装在土层上的安装要求	第4.2.4条			检测合格,报告编号	
	1	模板安装的一般要求	第4.2.5条	123	全 /	抽查 处,合格 处	%
	2	隔离剂的品种和涂刷方法质量	第4.2.6条	123	全 /	抽查 处,合格 处	%
	3	模板起拱高度	第4.2.7条	123	13 / 13	抽查13处,合格13处	100%
	4	现浇混凝土结构多层连续支模、支架的竖杆、垫板要求	第4.2.8条	123	全 /	抽查 处,合格 处	%

图 8-25 检验批填写

6. 一键生成原始记录表

软件可以按照"分部分项"汇总表格、"原始记录"生成及信息的修改、自动生成"报验表(报审表)"，进行"评定"等操作，单击表格上的工具栏即可实现，如图8-26所示。

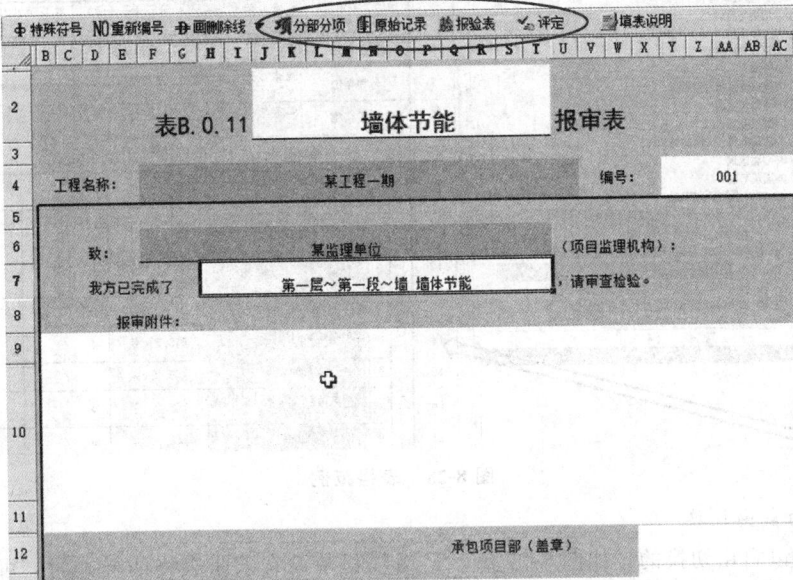

图8-26　一键生成原始记录表

7. 填表说明及表格范例

软件工具栏的"填表说明"提供表格的填写说明具体到单个检测项目的填写规则，提供表格的填写范例作为填写表格的参考。单击"填表说明"按钮，会出现对应表格的相关规范的内容，如图8-27所示。

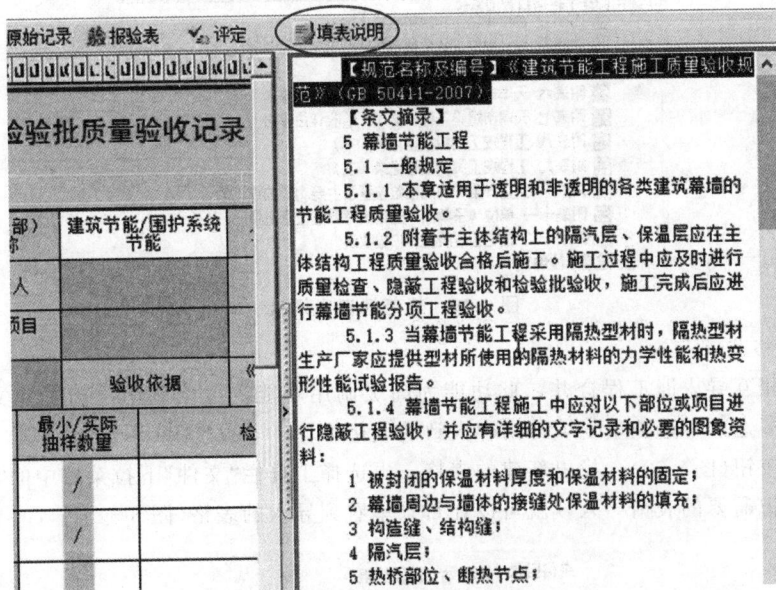

图8-27　填表说明

可以参考范例填写表格，单击左侧范例表格，然后单击工具栏"导出范例到表格"按钮，按照实际数值修改即可，如图8-28所示。

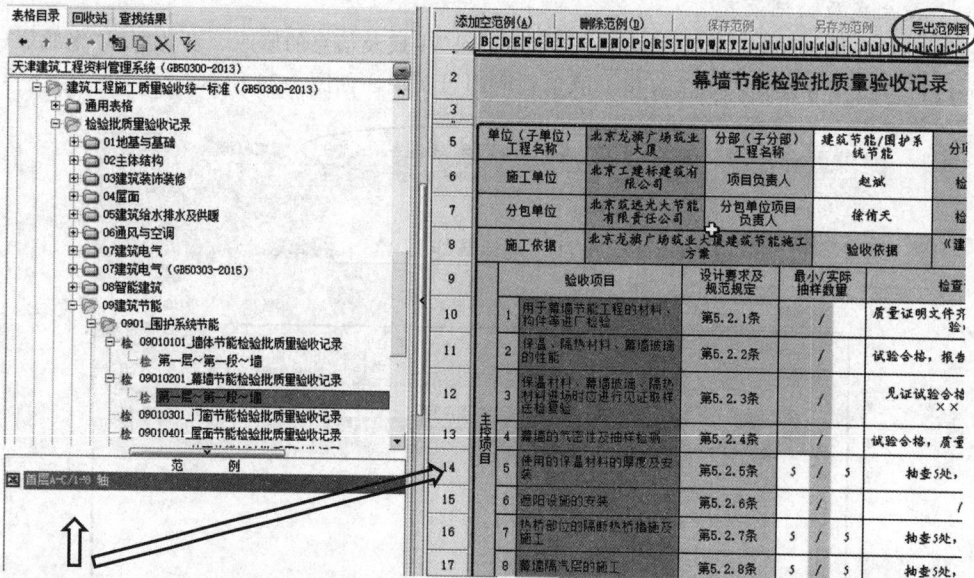

图 8-28 表格范例

8. 规范的自由切换

规范是可以自由切换的，如图 8-29 所示。当规程中没有某张表格的样式时，可以通过规范切换来借用或参考其他规程中的表格。

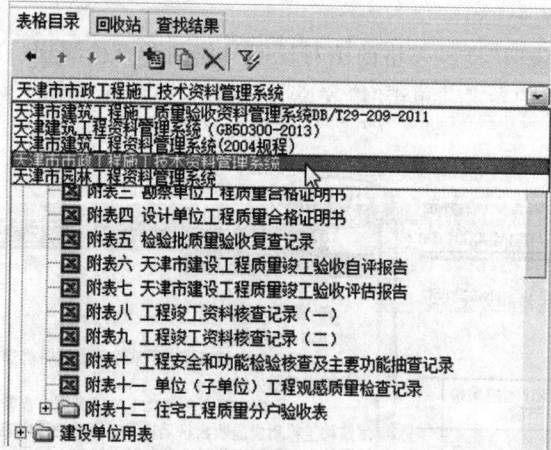

图 8-29 规范的自由切换

9. 工程表格相互导入

工程表格相互导入即工程合并，此功能为高级调用功能，可以调用之前工程文件里面的任意表格，可以多选，可避免重复填写内容大致的表格。

单击筛选按钮(图 8-30)，找出新建的表格，再选择工具栏"文件"下拉菜单中的"工程导入"选项(图 8-31)，把需要的表格导入，就可以在目录里看到导入的表格(图 8-32)。

图 8-30 筛选按钮

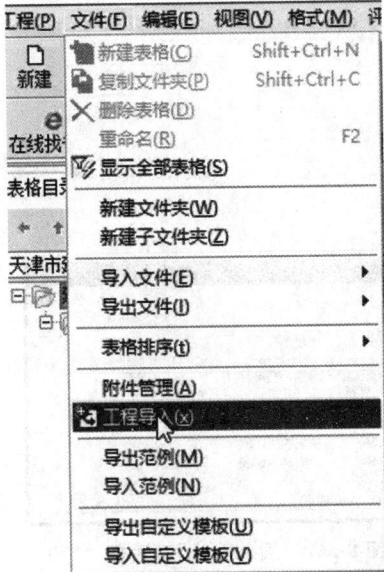

图 8-31 工程导入选项

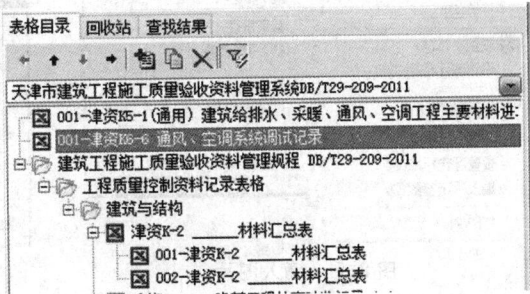

图 8-32 导入的表格

10. 导入/导出电子表格

此功能可以方便地导入 Excel、Word、文本文件和批量导入表格，导出文本、Excel、PDF 文件。

（1）导出：选择新建填写完成的表格，单击鼠标右键，在弹出的快捷菜单中选择"导出文件"选项，再选择导出的格式即可（图 8-33）。可以批量导出 PDF 文件，还可以选择导出后合并成一个文件。

（2）导入：选择新建填写完成的表格的上一级目录，单击鼠标右键，在弹出的快捷菜单中选择"导入文件"选项，再选择导入格式即可（图 8-34）。

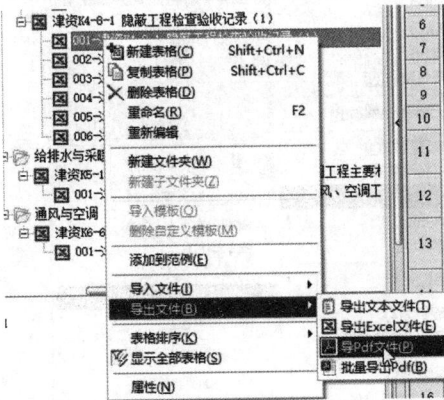

图 8-33 导出文件

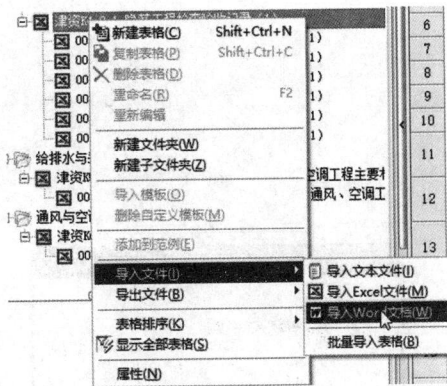

图 8-34 导入文件

11. 导入图片

可以插入普通照片格式。插入 CAD 图时可用绘制图片的功能，把 CAD 图复制过来，关闭时单击"更新"按钮即可。

（1）从文件导入图片：在要导入图片的表格的空白处，单击鼠标右键，在弹出的快捷菜单中选择"插入图片"→"从文件导入图片"选项（图 8-35），弹出"插入图片"对话框（图 8-36），选择图片、样式、对齐方式即可。可以通过选择对话框左下角的"图片浮动显示（大小任意调整）"实现更改插入照片的大小。

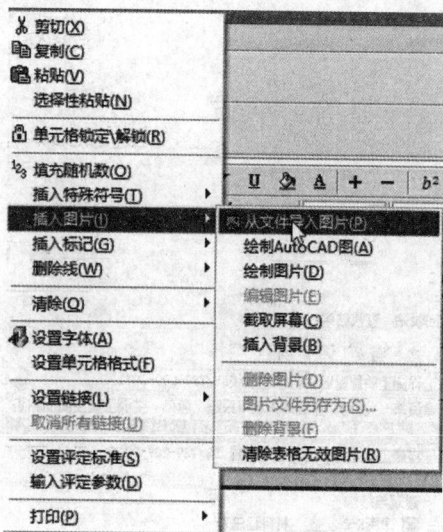

图 8-35 插入图片

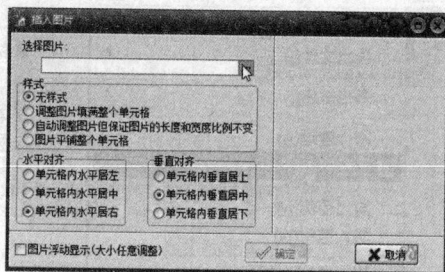

图 8-36 "插入图片"对话框

（2）插入 CAD 图片：选择"绘制 AutoCAD 图"选项时，由于 CAD 版本比较多，一般会报错，无法导入。可以先打开 CAD 图，选中要导入的部分后复制，然后返回软件，选择"绘制图片"选项，在自带画图工具中右击，选择"粘贴"选项，调整大小和位置后，单击右上角关闭，弹出"是否将图形保存并更新"对话框，单击"是"按钮即可（图 8-37）。可以通过"绘制图片"中的工具栏绘制图片。此方法可以插入不同版本的 CAD 软件，可以直接调入 CAD 画版，也可以截图。

（3）截取屏幕导入法：选择"截取屏幕"选项（图 8-38），会弹出截屏提示（图 8-39），切换页面选择需要截屏的区域后双击，就回到了表格页面且已完成图片插入。

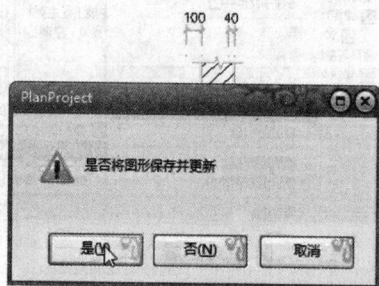

图 8-37 插入 CAD 图

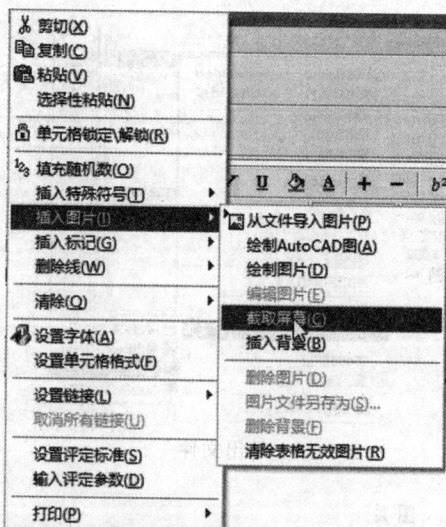

图 8-38 截取屏幕

图 8-39 截屏

12. 表格批量打印

要实现批量打印表格，可以单击工具栏"打印"按钮，选择"自定义打印工程"选项，显示的表格即新建的所有表格(图 8-40)，可以选择要打印的表格、打印份数等。

资料名称	打印表格	打印份数	是否套打	打印背景	打印签章	打印电子...
程施工质量验收资料管理规程 DB/T29-209-2011	☐		☐	☐		
质量控制资料记录表格	☐					
建筑与结构	☐					
津资K-2 材料汇总表	☑			☐		
001-津资K-2 材料汇总表	☑	1	☐	☑	按照默认设置	按照默认设置
002-津资K-2 材料汇总表	☑	1	☐	☑	按照默认设置	按照默认设置
津资K4-1 工程定位测量、放线、水准点引测记录	☑			☑		
001-津资K4-1 工程定位测量、放线、水准点引测记录	☑	1	☐	☑	按照默认设置	按照默认设置
002-津资K4-1 工程定位测量、放线、水准点引测记录	☑	1	☐	☑	按照默认设置	按照默认设置
003-津资K4-1 工程定位测量、放线、水准点引测记录	☑	1	☐	☑	按照默认设置	按照默认设置
004-津资K4-1 工程定位测量、放线、水准点引测记录	☑	1	☐	☑	按照默认设置	按照默认设置
005-津资K4-1 工程定位测量、放线、水准点引测记录	☑	1	☐	☑	按照默认设置	按照默认设置
006-津资K4-1 工程定位测量、放线、水准点引测记录	☑	1	☐	☑	按照默认设置	按照默认设置
007-津资K4-1 工程定位测量、放线、水准点引测记录	☑	1	☐	☑	按照默认设置	按照默认设置
008-津资K4-1 工程定位测量、放线、水准点引测记录	☑	1	☐	☑	按照默认设置	按照默认设置
009-津资K4-1 工程定位测量、放线、水准点引测记录	☑	1	☐	☑	按照默认设置	按照默认设置

图 8-40 显示的表格

13. 电子组卷

工程完成后，软件可以对工程数据分类组卷，可以打印输出组卷目录，还可以把组卷后的文件复制到其他计算机打印或刻录到光盘保存电子数据。

选择工具栏"资料上报"下拉菜单中的"电子组卷"选项(图 8-41)，可与筛选出填写的所有表格，然后把资料按照施工单位、监理单位、建设单位、档案馆、监督单位选择相对应的表格(图 8-42)，单击工具栏"组卷"按钮，会弹出"组卷设置"对话框(图 8-43)，可以选择所有单位，也可以每个单位单独组卷，根据提示完成即可。

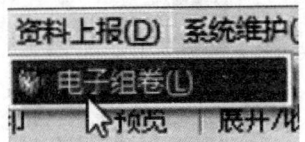

资料上报(D) 系统维护(
电子组卷(L)
预览 展开/收

图 8-41 "电子组卷"按钮

以"所有单位"组卷为例，最小化软件后，在桌面可以看到"××××组卷"文件夹，打开后如图 8-44 所示，文件夹包含各单位"·zyzj"格式的组卷文件，以及应用程序"组卷浏览器"。通过"组卷浏览器"可以打开浏览各单位"·zyzj"格式组卷文件(图 8-45)，可以打印，但是不能修改信息。上交组卷文件时，只需要把对应单位的组卷文件和组卷浏览器发给相关单位即可。

资料名称	施工单位	监理单位	建设单位	档案馆	监督单位
筑工程施工质量验收资料管理规程 DB/T29-209-2011	☐	☐	☐	☐	☐
工程质量控制资料记录表格	☐				
建筑与结构					
津资K-2 材料汇总表					
001-津资K-2 材料汇总表	☐	☐	☐	☐	☐
002-津资K-2 材料汇总表	☐	☐	☐	☐	☐
津资K4-1 工程定位测量、放线、水准点引测记录					
001-津资K4-1 工程定位测量、放线、水准点引测记录	☐	☐	☐	☐	☐
002-津资K4-1 工程定位测量、放线、水准点引测记录	☐	☐	☐	☐	☐
003-津资K4-1 工程定位测量、放线、水准点引测记录	☐	☐	☐	☐	☐
004-津资K4-1 工程定位测量、放线、水准点引测记录	☐	☐	☐	☐	☐
005-津资K4-1 工程定位测量、放线、水准点引测记录	☐	☐	☐	☐	☐
006-津资K4-1 工程定位测量、放线、水准点引测记录	☐	☐	☐	☐	☐
007-津资K4-1 工程定位测量、放线、水准点引测记录	☐	☐	☐	☐	☐
008-津资K4-1 工程定位测量、放线、水准点引测记录	☐	☐	☐	☐	☐
009-津资K4-1 工程定位测量、放线、水准点引测记录	☐	☐	☐	☐	☐

图 8-42 电子组卷

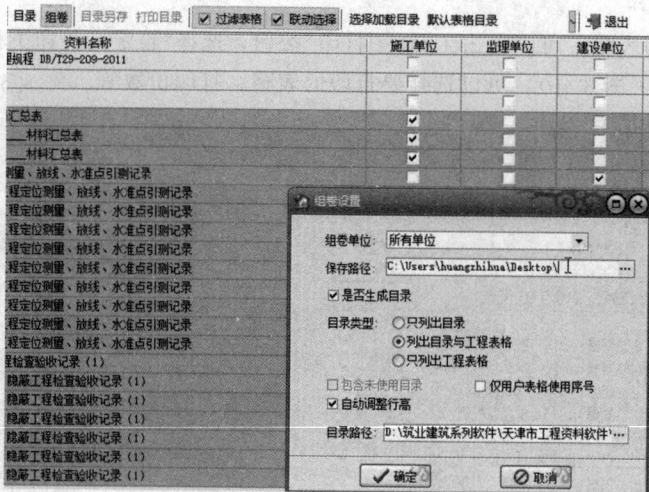

图 8-43 "组卷设置"对话框

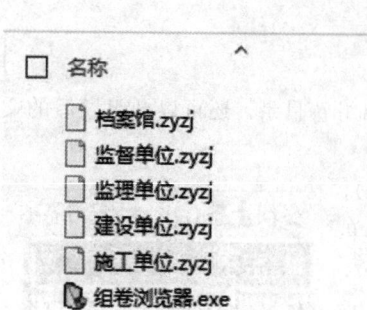

图 8-44 组卷文件夹

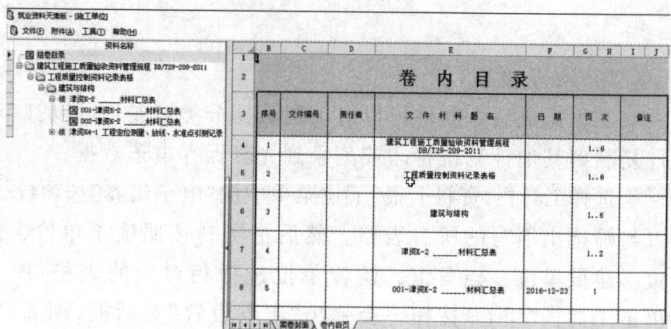

图 8-45 施工单位组卷资料

模块小结

建筑工程资料管理软件具备完善的建筑工程资料数据库管理功能；可方便地对建筑工程资料进行查询、修改、统计、汇总、组卷和打印；实现了表格数据简单录入、快捷修改的填写方式；可以设置软件登录和工程登录两级密码，保护用户工程信息；提供自动备份功能，即便工地用电环境恶劣造成文件损坏，也能找回最后一次正确数据进行恢复，最大限度地减少损失；新建表格后，工程信息、验收部位等信息可自动填充。

建筑工程资料管理软件提供了大量表格填写范例，供用户参照，即使没有做过资料管理的人员也可迅速掌握；可一键分部、分项汇总和一键报验，操作更简单；表格自动计算、自动填充等功能，使填表更快捷；可根据检验批一般项目和主控项目数据，自动判定检验批是否合格；可以多用户同时做项目，然后将几个工程文件合并成一个完整文件；可以同时打开多个工程，通过比较填表；做好的建筑工程资料可以保存起来，下次做相同类型工程时，导入工程后同步工程信息即可；可以导入自定义模板，编辑模板；可以跨专业、跨规范借用表格，一个工程中可以有多个不同规范的表格等。

一、选择题

1. 下列不属于施工资料管理软件的是（ ）。

A. PKPM 工程资料软件   B. 工程资料软件

C. 恒智天成工程资料软件   D. BIM 工程资料软件

2. 下列建筑工程资料管理软件的安装运行环境描述正确的是（ ）。

A. PC 486 或以上   B. 内存 32 M 或以上

C. 显卡应支持 12 位或以上真色彩   D. 800×600 显示模式

3. 在使用软件是删除的表格应在（ ）找回。

A. 电脑系统的回收站   B. 软件系统中的回收站

C. 根目录下   D. 原来删除的部位点击右键选择刷新

4. 将建设工程文件资料按照一定的原则和方法，将有保存价值的建设工程文件资料分类整理成案卷的过程称为（ ）。

A. 分类   B. 组卷   C. 归档   D. 装订

5. 资料软件截图的快捷键（ ）进行设置。

A. 在屏幕空白处点击鼠标右键设置快捷键

B. 在"格式"下拉菜单中选择"设置快捷键"

C. 在"工具"下拉菜单中选择"选项"单击使用快捷键设置

D. 在"编辑"下拉菜单中选择"设置"快捷键

6. 插入的图片无法显示，或者显示失真，下列正确的做法是（ ）。

A. 插入图片时应选中"自动调整图片大小"

B. 在下拉"菜单"中选中"按单元格式大小"插入

C. 在"格式"下拉菜单中选择"图片"

D. 在"属性"下拉菜单中选择"工具显示"

7. 截屏插入图片快捷键是（ ）。

A. Ctrl＋Alt＋A   B. Ctrl＋Alt＋B

C. Ctrl＋Alt＋C   D. Ctrl＋Alt＋D

二、简答题

1. 简述建筑工程资料管理软件的特点。

2. 简述电子组卷的步骤。

附录　建筑工程文件归档范围表

附表 1　工程准备阶段的文件(A 类)

类别	归档文件	保存单位				
		建设单位	设计单位	施工单位	监理单位	城建档案馆
A1	立项文件					
1	项目建议书批复文件及项目建议书	●				●
2	可行性研究报告批复文件及可行性研究报告	●				●
3	专家论证意见、项目评估文件	●				●
4	有关立项的会议纪要、领导批示	●				●
A2	建设用地、拆迁文件					
1	选址申请及选址规划意见通知书	●				●
2	建设用地批准书	●				●
3	拆迁安置意见、协议、方案等	●				○
4	建设用地规划许可证及其附件	●				●
5	土地使用证明文件及其附件	●				●
6	建设用地钉桩通知单	●				●
A3	勘察、设计文件					
1	工程地质勘察报告	●	●			
2	水文地质勘察报告	●	●			
3	初步设计文件(说明书)	●	●			
4	设计方案审查意见	●	●			●
5	人防、环保、消防等有关主管部门(对设计方案)审查意见	●	●			●
6	设计计算书	●	●			○
7	施工图设计文件审查意见	●	●			●
8	节能设计备案文件	●				●
A4	招投标文件					
1	勘察、设计招投标文件	●	●			
2	勘察、设计合同	●	●			●
3	施工招投标文件	●		●	○	
4	施工合同	●		●	○	●
5	工程监理招投标文件	●			●	

类别	归档文件	保存单位				
		建设单位	设计单位	施工单位	监理单位	城建档案馆
6	监理合同	●			●	●
A5	开工审批文件					
1	建设工程规划许可证及其附件	●		○	○	●
2	建设工程施工许可证	●		●	●	●
A6	工程造价文件					
1	工程投资估算材料	●				
2	工程设计概算材料	●				
3	招标控制价格文件	●				
4	合同价格文件	●		●		○
5	结算价格文件	●		●		○
A7	工程建设基本信息					
1	工程概况信息表	●	○			●
2	建设单位工程项目负责人及现场管理人员名册	●				●
3	监理单位工程项目总监及监理人员名册	●			●	●
4	施工单位工程项目经理及质量管理人员名册	●		●		●

附表 2　监理文件(B 类)

类别	归档文件	保存单位				
		建设单位	设计单位	施工单位	监理单位	城建档案馆
B1	监理管理文件					
1	监理规划	●			●	●
2	监理实施细则	●		○	●	●
3	监理月报	○			●	
4	监理会议纪要	●		○	●	
5	监理工作日志				●	
6	监理工作总结				●	●
7	工作联系单	●		○	○	
8	监理工程师通知	●		○	○	○
9	监理工程师通知回复单	●		○	○	○
10	工程暂停令	●		○	○	●
11	工程复工报审表	●		●	●	●
B2	进度控制文件					
1	工程开工报审表	●		●	●	●
2	施工进度计划报审表	●		○	○	

类别	归档文件	保存单位				
		建设单位	设计单位	施工单位	监理单位	城建档案馆
B3	质量控制文件					
1	质量事故报告及处理资料	●		●	●	●
2	旁站监理记录			○	●	
3	见证取样和送检人员备案表	●		●	●	
4	见证记录	●		●	●	
5	工程技术文件报审表			○		
B4	造价控制文件					
1	工程款支付	●		○	○	
2	工程款支付证书	●		○	○	
3	工程变更费用报审表	●		○	○	
4	费用索赔申请表	●		○	○	
5	费用索赔审批表	●		○	○	
B5	工期管理文件					
1	工程延期申请表	●		●	●	●
2	工程延期审批表	●			●	●
B6	监理验收文件					
1	竣工移交证书	●		●	●	●
2	监理资料移交书	●			●	

附表 3　施工文件(C 类)

类别	归档文件	保存单位				
		建设单位	设计单位	施工单位	监理单位	城建档案馆
C1	施工管理文件					
1	工程概况表	●		●	●	○
2	施工现场测量管理检查记录			○	○	
3	企业资质证书及相关专业人员岗位证书	○		○	○	○
4	分包单位资质报审表	●		●	●	
5	建设单位质量事故勘察记录	●		●	●	●
6	建设工程质量事故报告书	●		●	●	●
7	施工检测计划	○		○	○	
8	见证试验检测汇总表	●		●	●	●
9	施工日志			●		
C2	施工技术文件					

类别	归档文件	保存单位				
		建设单位	设计单位	施工单位	监理单位	城建档案馆
1	工程技术文件报审表	○		○	○	
2	施工组织设计及施工方案	○		○	○	○
3	危险性较大分部分项工程施工方案	○		○	○	○
4	技术交底记录	○		○		
5	图纸会审记录	●	●	●	●	●
6	设计变更通知单	●	●	●	●	●
7	工程洽商记录(技术核定单)	●	●	●	●	●
C3	进度造价文件					
1	工程开工报审表	●	●	●	●	●
2	工程复工报审表	●	●	●	●	●
3	施工进度计划报审表			○	○	
4	施工进度计划			○	○	
5	人、机、料动态表			○	○	
6	工程延期申请表	●		●	●	●
7	工程款支付申请表	●		○	○	
8	工程变更费用报审表	●		○	○	
9	费用索赔申请表	●		○	○	
C4	施工物资出厂质量证明及进场检测文件					
	出厂质量证明文件及检测报告					
1	砂、石、砖、水泥、钢筋、隔热保温、防腐材料、轻骨料出厂证明文件	●		●	●	○
2	其他物资出厂合格证、质量保证书、检测报告和报关单或商检证等	○		●	○	
3	材料、设备的相关检验报告、型式检测报告、3C强制认证合格证书或3C标志	○		●	○	
4	主要设备、器具的安装使用说明书	●		●	○	
5	进口的主要材料设备的商检证明文件	○		●	○	
6	涉及消防、安全、卫生、环保,节能的材料、设备的检测报告或法定机构出具的有效证明文件	●		●	●	○
7	其他施工物资产品合格证、出厂检验报告					
	进场检验通用表格					
1	材料、构配件进场检验记录			○	○	
2	设备开箱检验记录			○	○	
3	设备及管道附件试验记录	●		●	○	

类别	归档文件	保存单位				
		建设单位	设计单位	施工单位	监理单位	城建档案馆
	进场复试报告					
1	钢材试验报告	●		●	●	●
2	水泥试验报告	●		●	●	●
3	砂试验报告	●		●	●	
4	碎(卵)石试验报告	●		●	●	
5	外加剂试验报告	○		●	●	
6	防水涂料试验报告	●		●	○	
7	防水卷材试验报告	●		●	○	
8	砖(砌块)试验报告	●		●	●	●
9	预应力筋复试报告	●		●	●	●
10	预应力锚具,夹具和连接器复试报告	●		●	●	●
11	装饰装修用门窗复试报告	●		●	○	
12	装饰装修用人造木板复试报告	●		●	○	
13	装饰装修用花岗石复试报告	●		●	○	
14	装饰装修用安全玻璃复试报告	●		●	○	
15	装饰装修用外墙面砖复试报告	●		●	○	
16	钢结构用钢材复试报告	●		●	●	●
17	钢结构用防火涂料复试报告	●		●	●	●
18	钢结构用焊接材料复试报告	●		●	●	●
19	钢结构用高强度大六角头螺栓连接副复试报告	●		●	●	●
20	钢结构用扭剪型高强度螺栓连接副复试报告	●		●	●	●
21	幕墙用铝塑板、石材、玻璃、结构胶复试报告	●		●	●	●
22	散热器、供暖系统保温材料、通风与空调工程绝热材料、风机盘管机组、低压配电系统电缆的见证取样复试报告	●		●	●	●
23	节能工程材料复试报告	●		●	●	●
24	其他物资进场复试报告					
C5	施工记录文件					
1	隐蔽工程验收记录	●		●	●	●
2	施工检查记录			○		
3	交接检查记录			○		
4	工程定位测量记录	●		●	●	●
5	基槽验线记录	●		●	●	●
6	楼层平面放线记录			○	○	○
7	楼层标高抄测记录			○	○	○
8	建筑物垂直度、标高观测记录			●	○	○

类别	归档文件	保存单位				
		建设单位	设计单位	施工单位	监理单位	城建档案馆
9	沉降观测记录			●	○	●
10	基坑支护水平位移监测记录			○	○	
11	桩基、支护测量放线记录			○	○	
12	地基验槽记录	●	●	●	●	●
13	地基钎探记录	●		○	○	●
14	混凝土浇灌申请书			○	○	
15	预拌混凝土运输单			○		
16	混凝土开盘签定			○	○	
17	混凝土拆模申请单			○	○	
18	混凝土预拌测温记录			○		
19	混凝土养护测温记录			○		
20	大体积混凝土养护测温记录			○		
21	大型构件吊装记录	●		○	○	●
22	焊接材料烘培记录			○		
23	地下工程防水效果检查记录	●		○	○	
24	防水工程试水检查记录	●		○		
25	通风(烟)道、垃圾道检查记录	●		○	○	
26	预应力筋张拉记录	●		●	○	●
27	有黏结预应力结构灌浆记录	●		●	○	●
28	钢结构施工记录	●		●	○	
29	网架(索膜)施工记录	●		●	○	●
30	木结构施工记录	●		●	○	
31	幕墙注胶检查记录	●		●	○	
32	自动扶梯、自动人行道的相邻区域检查记录	●		●	○	
33	电梯电气装置安装检查记录	●		●	○	
34	自动扶梯、自动人行道电气装置检查记录	●		●	○	
35	自动扶梯、自动人行道整机安装质量检查记录	●		●	○	
36	其他施工记录文件					
C6	施工试验记录及检测文件					
	通用表格					
1	设备单机试运转记录	●		●	○	○
2	系统试运转调试记录	●		●	○	○
3	接地电阻测试记录	●		●	○	○
4	绝缘电阻测试记录	●		●	○	○
	建筑与结构工程					
1	锚杆试验报告	●		●	○	○

类别	归档文件	保存单位				
		建设单位	设计单位	施工单位	监理单位	城建档案馆
2	地基承载力检验报告	●		●	○	●
3	桩基检测报告	●		●	○	●
4	土工击实试验报告	●		●	○	●
5	回填土试验报告(应附图)	●		●	○	●
6	钢筋机械连接试验报告	●		●	○	○
7	钢筋焊接连接试验报告	●		●	○	○
8	砂浆配合比申请书、通知单	●		○	○	○
9	砂浆抗压强度试验报告	●		●	○	●
10	砌筑砂浆试块强度统计、评定记录	●		●	○	○
11	混凝土配合比申请书、通知单	●		○	○	○
12	混凝土抗压强度试验报告	●		●	○	●
13	混凝土试块强度统计、评定记录	●		●	○	○
14	混凝土抗渗试验报告	●		●	○	○
15	砂、石、水泥放射性指标报告	●		●	○	○
16	混凝土碱总量计算书	●		●	○	○
17	外墙饰面砖样板黏结强度试验报告	●		●	○	○
18	后置埋件抗拔试验报告	●		●	○	○
19	超声波探伤报告、探伤记录	●		●	○	○
20	钢构件射线探伤报告	●		●	○	○
21	磁粉探伤报告	●		●	○	○
22	高强度螺栓抗滑移系数检测报告	●		●	○	○
23	钢结构焊接工艺评定	●		○	○	○
24	网架节点承载力试验报告	●		●	○	○
25	钢结构防腐、防火涂料厚度检测报告	●		●	○	○
26	木结构胶缝试验报告	●		●	○	○
27	木结构构件力学性能试验报告	●		●	○	○
28	木结构防护剂试验报告	●		●	○	○
29	幕墙双组分硅酮结构胶混匀性及拉断试验报告	●		●	○	○
30	幕墙的抗风压性能、空气渗透性能、雨水渗透性能及平面内变形性能检测报告	●		●	○	○
31	外门窗的抗风压性能、空气渗透性能和雨水渗透性能检测报告	●		●	○	○
32	墙体节能工程保温板材与基层黏结强度现场拉拔试验	●		●	○	○
33	外墙保温浆料同条件养护试件试验报告	●		●	○	○
34	结构实体混凝土强度验收记录	●		●	○	○
35	结构实体钢筋保护层厚度验收记录	●		●	○	○

类别	归档文件	保存单位				
		建设单位	设计单位	施工单位	监理单位	城建档案馆
36	围护结构现场实体检验	●		●	○	○
37	室内环境检测报告	●		●	○	○
38	节能性能检测报告	●		●	○	●
39	其他建筑与结构施工试验记录与检测文件					
	给水排水及供暖工程					
1	灌(满)水试验记录	●		○	○	
2	强度严密性试验记录	●		●	○	○
3	通水试验记录	●		○	○	
4	冲(吹)洗试验记录	●		●	○	
5	通球试验记录	●		○	○	
6	补偿器安装记录			○	○	
7	消火栓试射记录	●		●	○	
8	安全附件安装检查记录			●	○	
9	锅炉烘炉试验记录			●	○	
10	锅炉煮炉试验记录			●	○	
11	锅炉试运行记录	●		●	○	
12	安全阀定压合格证书	●		●	○	
13	自动喷水灭火系统联动试验记录	●		●	○	○
14	其他给水排水及供暖施工试验记录与检测文件					
	建筑电气工程					
1	电气接地装置平面示意图表	●		●	○	
2	电气器具通电安全检查记录	●		○	○	
3	电气设备空载试运行记录	●		●	○	
4	建筑物照明通电试运行记录	●		●	○	○
5	大型照明灯具承载试验记录	●		●	○	
6	漏电开关模拟试验记录	●		●	○	
7	大容量电气线路结点测温记录	●		●	○	
8	低压配电电源质量测试记录	●		●	○	
9	建筑物照明系统照度测试记录	●		○	○	
10	其他建筑电气施工试验记录与检测文件					
	智能建筑工程					
1	综合布线测试记录	●		●	○	○
2	光纤损耗测试记录	●		●	○	○
3	视频系统末端测试记录	●		●	○	○
4	子系统检测记录	●		●	○	○
5	系统试运行记录	●		●	○	○

类别	归档文件	保存单位				
		建设单位	设计单位	施工单位	监理单位	城建档案馆
6	其他智能建筑施工试验记录与检测文件					
	通风与空调工程					
1	风管漏光检测记录	●		○	○	
2	风管漏风检测记录	●		●	○	
3	现场组装除尘器、空调机漏风检测					
4	各房间室内风量测量记录	●		○	○	
5	管网风量平衡记录	●		○	○	
6	空调系统试运转调试记录	●		●	○	○
7	空调水系统试运转调试记录	●		●	○	○
8	制冷系统气密性试验记录	●		●	○	○
9	净化空调系统检测记录	●		●	○	○
10	防排烟系统联合试运行记录	●		●	○	
11	其他通风与空调施工试验记录与检测文件					
	电梯工程					
1	轿厢平层准确度测量记录	●		○	○	
2	电梯层门安全装置检测记录	●		●	○	
3	电梯电气安全装置检测记录	●		●	○	
4	电梯整机功能检测记录	●		●	○	
5	电梯主要功能检测记录	●		●	○	
6	电梯负荷运行试验记录	●		●	○	○
7	电梯负荷运行试验曲线图表	●		●	○	
8	电梯噪声测试记录	○		○	○	
9	自动扶梯、自动人行道安全装置检测记录	●		●	○	
10	自动扶梯、自动人行道整机性能、运行试验记录	●		●	○	○
11	其他电梯施工试验记录与检测文件					
C7	施工质量验收文件					
1	检验批质量验收记录	●		○	○	
2	分项工程质量验收记录	●		●	●	
3	分部(子分部)工程质量验收记录	●		●	●	●
4	建筑节能分部工程质量验收记录	●		●	●	●
5	自动喷水系统验收缺陷项目划分记录	●		○	○	
6	程控电话交换系统分项工程质量验收记录	●		●	○	
7	会议电视系统分项工程质量验收记录	●		●	○	
8	卫星数字电视系统分项工程质量验收记录	●		●	○	
9	有线电视系统分项工程质量验收记录	●		●	○	
10	公共广播与紧急广播系统分项工程质量验收记录	●		●	○	

类别	归档文件	保存单位				
		建设单位	设计单位	施工单位	监理单位	城建档案馆
11	计算机网络系统分项工程质量验收记录	●		●	○	
12	应用软件系统分项工程质量验收记录	●		●	○	
13	网络安全系统分项工程质量验收记录	●		●	○	
14	空调与通风系统分项工程质量验收记录	●		●	○	
15	变配电系统分项工程质量验收记录	●		●	○	
16	公共照明系统分项工程质量验收记录	●		●	○	
17	给水排水系统分项工程质量验收记录	●		●	○	
18	热源和热交换系统分项工程质量验收记录	●		●	○	
19	冷冻和冷却水系统分项工程质量验收记录	●		●	○	
20	电梯和自动扶梯系统分项工程质量验收记录	●		●	○	
21	数据通信接口分项工程质量验收记录	●		●	○	
22	中央管理工作站及操作分站分项工程质量验收记录	●		●	○	
23	系统实时性、可维护性、可靠性分项工程质量验收记录	●		●	○	
24	现场设备安装及检测分项工程质量验收记录	●		●	○	
25	火灾自动报警及消防联动系统分项工程质量验收记录	●		●	○	
26	综合防范功能分项工程质量验收记录	●		●	○	
27	视频安防监控系统分项工程质量验收记录	●		●	○	
28	入侵报警系统分项工程质量验收记录	●		●	○	
29	出入口控制(门禁)系统分项工程质量验收记录	●		●	○	
30	巡更管理系统分项工程质量验收记录	●		●	○	
31	停车场(库)管理系统分项工程质量验收记录	●		●	○	
32	安全防范综合管理系统分项工程质量验收记录	●		●	○	
33	综合布线系统安装分项工程质量验收记录	●		●	○	
34	综合布线系统性能检测分项工程质量验收记录	●		●	○	
35	系统集成网络连接分项工程质量验收记录	●		●	○	
36	系统数据集成分项工程质量验收记录	●			○	
37	系统集成整体协调分项工程质量验收记录					
38	系统集成综合管理及冗余功能分项工程质量验收记录	●		●	○	
39	系统集成可维护性和安全性分项工程质量验收记录	●		●	○	
40	电源系统分项工程质量验收记录	●		●	○	
41	其他施工质量验收文件					
C8	施工验收文件					
43	单位(子单位)工程竣工预验收报验表	●		●		●
44	单位(子单位)工程质量竣工验收记录	●	○	●		●
45	单位(子单位)工程质量控制资料核查记录	●		●		●

类别	归档文件	保存单位				
		建设单位	设计单位	施工单位	监理单位	城建档案馆
4	单位(子单位)工程安全和功能检验资料核查及主要功能抽查记录	●		●		●
5	单位(子单位)工程观感质量检查记录	●		●		●
6	施工资料移交书	●		●		
7	其他施工验收文件					

附表4　竣工图(D类)

类别	归档文件	保存单位				
		建设单位	设计单位	施工单位	监理单位	城建档案馆
1	建筑竣工图	●		●		●
2	结构竣工图	●		●		●
3	钢结构竣工图	●		●		●
4	幕墙竣工图	●		●		●
5	室内装饰竣工图	●		●		●
6	建筑给水排水及供暖竣工图	●		●		●
7	建筑电气竣工图	●		●		●
8	智能建筑竣工图	●		●		●
9	通风与空调竣工图	●		●		●
10	室外工程竣工图	●		●		●
11	规划红线内的室外给水、排水、供热、供电照明管线等竣工图	●		●		●
12	规划红线内的道路、园林绿化、喷灌设施等竣工图	●		●		●

附表5　工程竣工验收文件(E类)

类别	归档文件	保存单位				
		建设单位	设计单位	施工单位	监理单位	城建档案馆
E1	竣工验收与各案文件					
1	勘察单位工程质量检查报告	●		○	○	●
2	设计单位工程质量检查报告	●	●	○	○	●
3	施工单位工程竣工报告	●		●	○	●
4	监理单位工程质量评估报告	●		○	●	●
5	工程竣工验收报告	●	●	●	●	●
6	工程竣工验收会议纪要	●	●	●	●	●

続表

类别	归档文件	保存单位				
		建设单位	设计单位	施工单位	监理单位	城建档案馆
7	专家组竣工验收意见	●	●	●	●	●
8	工程竣工验收证书	●	●	●	●	●
9	规划、消防、环保、民防、防雷等部门出具的认可文件或准许使用文件	●	●	●	●	●
10	房屋建筑工程质量保修书	●				●
11	住宅质量保证书、住宅使用说明书	●		●		●
12	建设工程竣工验收备案表	●	●	●	●	●
13	建设工程档案预验收意见	●		○		●
14	城市建设档案移交书	●				●
E2	竣工决算文件					
1	施工决算文件	●		●		○
2	监理决算文件	●			●	○
E3	工程声像资料等					
1	开工前原貌、施工阶段、竣工新貌照片	●		○	○	●
2	工程建设过程的录音、录像资料(重大工程)	●		○	○	●
E4	其他工程文件					

注：表中符号"●"表示必须归档保存，"○"表示选择性归档保存

参 考 文 献

[1] 姚亚亚.建筑工程施工资料表格填写范例[M].北京:清华同方光盘电子出版社,2008.

[2] 张珍.建筑工程资料管理[M].武汉:武汉理工大学出版社,2010.

[3] 中华人民共和国住房和城乡建设部.GB/T 50328—2014 建设工程文件归档规范(2019 年版)[S].北京:中国建筑工业出版社,2014.

[4] 中华人民共和国国家质量监督检验检疫总局,中国国家标准化管理委员会.GB/T 18894—2016 电子文件归档与电子档案管理规范[S].北京:中国标准出版社,2016.

[5] 中华人民共和国国家质量监督检验检疫总局.GB/T 11821—2002 照片档案管理规范[S].北京:中国标准出版社,2002.

[6] 中华人民共和国住房和城乡建设部.GB 50300—2013 建筑工程施工质量验收统一标准[S].北京:中国建筑工业出版社,2013.

[7] 中华人民共和国住房和城乡建设部.GB 50202—2018 建筑地基基础工程施工质量验收规范[S].北京:中国计划出版社,2018.

[8] 中华人民共和国住房和城乡建设部.GB 55007—2022 砌体结构通用规范[S].北京:中国建筑工业出版社,2022.

[9] 中华人民共和国住房和城乡建设部.GB 50204—2015 混凝土结构工程施工质量验收规范[S].北京:中国建筑工业出版社,2015.

[10] 中华人民共和国住房和城乡建设部.GB50205—2020 钢结构工程施工质量验收标准[S].北京:中国计划出版社,2020.

[11] 中华人民共和国住房和城乡建设部,国家质量监督检验检疫总局.GB 50206—2012 木结构工程施工质量验收规范[S].北京:中国建筑工业出版社,2012.

[12] 中华人民共和国住房和城乡建设部.GB 50207—2012 屋面工程质量验收规范[S].北京:中国建筑工业出版社,2012.

[13] 中华人民共和国住房和城乡建设部.GB 50208—2011 地下防水工程质量验收规范[S].北京:中国建筑工业出版社,2011.

[14] 中华人民共和国住房和城乡建设部.GB 50209—2010 建筑地面工程施工质量验收规范[S].北京:中国计划出版社,2010.

[15] 中华人民共和国住房和城乡建设部.GB 50210—2018 建筑装饰装修工程施工质量验收标准[S].北京:中国建筑工业出版社,2018.

[16] 中华人民共和国住房和城乡建设部.GB 55020—2021 建筑给水排水与节水通用规范[S].北京:中国建筑工业出版社,2021.

[17] 中华人民共和国建设部.GB 50242—2016 建筑给排水及采暖工程施工质量验收规范[S].北京：中国标准出版社，2016.

[18] 中华人民共和国住房和城乡建设部.GB 50303—2015 建筑电气工程施工质量验收规范[S].北京：中国建筑工业出版社，2015.

[19] 中华人民共和国住房和城乡建设部.GB 55032—2022 建筑与市政工程施工质量控制通用规范[S].北京：中国建筑工业出版社，2022.